YESODEI SMOCHOS

MOURNING

and

REMEMBRANCE

in Halachah and Jewish Tradition

YESODEI SMOCHOS

MOURNING

and

REMEMBRANCE

in Halachah and Jewish Tradition

RABBI AARON FELDER

C·I·S PUBLISHERS
New York · London · Jerusalem

Copyright © 1992

All rights reserved.
This book, or any part thereof,
may not be reproduced in any
form whatsoever without the express
written permission of the copyright holder.

Published and distributed
in the U.S., Canada and overseas by
C.I.S. Publishers and Distributors
180 Park Avenue, Lakewood, New Jersey 08701
(908) 905-3000 Fax: (908) 367-6666

Distributed in Israel by
C.I.S. International (Israel)
Rechov Mishkalov 18
Har Nof, Jerusalem
Tel: 02-538-935

Distributed in the U.K. and Europe by
C.I.S. International (U.K.)
89 Craven Park Road
London N15 6AH, England
Tel: 01-809-3723

Cover design: Deenee Cohen
Typography: Simcha-Graphic Associates

ISBN 1-56062-121-4 hard cover
1-56062-122-2 soft cover

Library of Congress Catalog Card Number

PRINTED IN THE UNITED STATES OF AMERICA

ברכה לראש משביר

הנני להזכיר לברכה ולתהלה ידידי היקר,
רודף צדקה וחסד, אוהב התורה ולומדיה
ר׳ אברהם הכהן שידען נ״י
אשר תרם וסייע בהוצאת הספר ברוח נדיבה
לזכר ולעילוי נשמות
אביו ר׳ יוסף בן חנוך הענוך הכהן ז״ל
נפטר י׳ מר חשון, שנת תשכ״ו
ואמו פערל בת משה ע״ה
נפטרה ה׳ מנחם אב, שנת תשמ״ט
ת.נ.צ.ב.ה.
השי״ת ימלא כל משאלות לבו לטובה ולברכה ויזכר לאורך ימים וכל טוב

This Sefer has been dedicated by
ABE SHEIDEN
in loving memory of his parents
JOSEPH and POLLY SHEIDEN ע״ה

מכתב עידוד וברכה מאאמו"ר שליט"א אב"ד טאראנטא קנדה

PHONES
RES 787-7256
STUDY 782-8849

STUDY: 583-585 GLENGROVE AVE.

הרב גדלי' פעלדער

RABBI G. FELDER

107 VIEWMOUNT AVENUE
TORONTO, ONTARIO M6B 1T5

בס"ד ג' אלול תשל"ד

בלב מלא שמחה וגיל הנני מודה לה' החונן לאדם דעת והמלמד לאנוש בינה שזכני לראות עלים נדפסים מפרי הילולים שהגיש לפני בני בחורי חמד הישיבה צבי השעיר עדיין לגאון וכו' מוה"ר אהרן שליט"א שזכה בסייעתא דשמיא ליכנס באהלה של תורה ולהיות נמנה בין תלמידי כתלי בית המדרש מתחלה באהלה ואחר כשש שנים באשלה"ג ושם נעשה תחלה להסמך ע"י גדולי הרבנים ומאורי התורה באמונה קדושה עד שזכו סמוכי גדולי ומאורי התורה באשלה"ג ידם עליו ואחר לפני חמש שנים נשא פנימה אל הקודש להסתופף בצל תורת משה דשמעתא המאוש באוש תורת משה על פני תבל ומשיב לדשנו בעיני הגאון האדיר כשה"ג מוהר"ר מרן ר' משה פיינשטיין שליט"א ונעשה הוא מתלמידיו המובהקים להשיב במילים ולהעיד בדברים שני עיני אב מעיד עליו ולא עוד אלא שרבו המובהק ששמחתי כאב ואבי"ע שמחתי ואין שמחה אלא תשמה כמבואר במדרש (תנחומא ויקב ב') ושמחת אב בחכמת ובתורת בן יגיע שגן בדברי הילולו המעידים אשר עמל ויגע בשכל ודעת סידר דבריהם ויסודי שמות הציב ובלשונו רב פתח לפני הקורא והמעיין דרך קשה לשעדי הנוף הלכתא בסוגיא ובהכמת התורה ובמוסקים בדברי ראשונים ואחרונים, ישב לעומקא של הלכה בחידוש ובסברא, מגלה מצפוני קדמונים אשר מאירים לנו דרך התורה בו נלך נוטי בתורתם השני מגששים באפלה כבה"עיד אבון המעיים יגדל חכמי התורה הגאון הנודלה בעל נו"ב ע"ב (ראה שו"ת או"ח מה"ק סי' ל"ה) מסביב ומבאר. מבשר ומאשר בדברי רבותינו באחרונים בחידוש מעלו בסברא ובהקימות להלכה למעשה ועל דא קאמינא לאדם דעת אשר לא מנע תסבו ואמיתו מנאי.

עם סיום דברי אבוא בתפלה ובקשת אב, יהא רעוא שתזכה לעלות מעלה מעלה במי התורה לשמאים לדרש ד' לעשות בכל טוב יחד עם רעיתך היקרה הכשרה והמושלמת מגלות סתרי תורה, לשם תמיד באהבה של תורה ולראות פרי עמלתך לטובה. ולהשקית השבנית בית בתיבת מחותני המופלג בתו"ר ר' משה אבלר שיחי', תשאו רב עונג ונחת מיוחל העקשים, יגדלו בדרכי התורה ויראת שמים ויהי' להוד ולתפארת למשפחתם ולבית ישראל.

כאמירת אביך אוהבך נצח השואה לכבוד התורה ולומדיה,

גדלי' הכ"צ פעלדער

הסכמת הגאון האמיתי שר התורה ועמוד ההוראה
מורי ורבי מרן ר' משה פיינשטיין שליט"א

RABBI MOSES FEINSTEIN
455 F. D. R. DRIVE
NEW YORK, N. Y. 10002

OREGON 7-1222

משה פיינשטיין
ר"מ תפארת ירושלים
ניא יארק

בע"ה

[handwritten letter in Hebrew]

נאום משה פיינשטיין

הנה ידידי השוקד על התורה ויורד לעומק הלכה למעשה כש"ת הרה"ג מוהר"ר אהרן פעלדער שליט"א בן ידידי הרב הגאון מוהר"ר גדליהו פעלדער שליט"א מטאראנטא, המפורסם בחבוריו לכמה מקצועות בהוראה, ועתה הנה בנו הרה"ג מהר"א הנ"ל, הולך בעקבות אביו, וחבר ספר חשוב על הלכות אבלות, הנחוץ מאד להרבנים אשר בכל עיירות מדינתנו, לידע דבר ברור בהלכות אלו להשיב להשואלים, שבענין זה איכא הרבה שואלים יותר מלדינים אחרים שלכן חיבר זה בשפת אנגלית המדובר במדינה זו, כדי שיבינו ביותר איך לעשות, ורוב הדברים שהיה בהן צורך לברר ביותר דבר אתי, ומה שיצא מאתנו אחר העיון בעזר השי"ת כתבם, והוא דבר טוב שידעו איך לעשות ולא יהיו דברים אלו כהפקר, שיעשה כל אחד כרצונו, באשר הן מחוסרין ידיעה, וידוע לי איך שהרב המחבר עמל ויגע בזה הרבה בכל דברי רבותינו בפסקים ובתשובות ועשה להוציא דבר מתוקן מתחת ידו בעזר השי"ת, לאשר שהוא ירא את ה' מרבים, ועשה חבור זה לשמה, והוא שקדן גדול בתורה גם בכל הענינים לאסוקי אליבא דהלכתא, כי הוא מבאים אלי בכל יום כי הוא חבר חשוב מחברי הכולל שעוסקים בהוראה, אשר מועטים הם בזמננו. ויתברך מן השמים להתגדל בתורה בכל המקצועות להיות אחד מן הגדולים אשר בארץ. וע"ז באתי על החתום ביום ה' בתמוז תשל"ד.

נאום משה פיינשטיין

מזכרת נצח בספר
לז"נ החבר חיים בן החבר אהרן ז"ל
נפטר י"ג מנחם אב, שנת תשי"ח
ת.נ.צ.ב.ה.
הונצח לזכרון ע"י בני יד"נ היקר, איש האצילות והחסד
דר. יוסף מאנדעלבוים ומשפחתו

∽

הכרת תודה וברכה
להבחור שמחה ליב בן בנימין הכהן נ"י למשפחת שענמאן
אשר עזר לי הרבה בסדור הספר
ישלם ה' פעלו ויזכה לברכה והצלחה עד עולם

CONTENTS

PREFACE	xi
IM PSICHAS HASEFER	xiii
CHAPTER 1 THE BLESSING OF DAYAN HAEMES	1
Notes and References	2
CHAPTER 2 LAWS OF K'RIAH	3
Section 1: General Laws	3
Section 2: Laws Applicable to Individuals who are Mourners for Parents	6
Section 3: Laws Applicable to Mourners for Relatives other than Parents	7
Section 4: Laws Applicable to Mourners for Multiple Deaths that Include at Least One Parent	8
Section 5: Laws that Apply to Mourners for Two or More Relatives	9
Section 6: Laws Applicable to Non-Mourners Present at the Demise of an Individual	9
Notes and References	10
CHAPTER 3 LAWS OF ANINUS	14
Section 1: General Laws	14
Section 2: Restrictions Placed on an Onen	15
Section 3: Laws Concerning Day of Interment	20
Notes and References	22
CHAPTER 4 LAWS CONCERNING THE RESPECT FOR THE DEAD AND THE FUNERAL	28
Section 1: Conduct at the Time of Imminent Death	28
Section 2: Laws Concerning the Taharah	31
Section 3: The Requirements of Shrouds for the Deceased	34
Section 4: Laws Pertaining to the Casket	36
Section 5: Laws Pertaining to the Funeral	36
Section 6: Laws Concerning a Eulogy for the Deceased	39
Section 7: The Prohibition Against Having any Benefit from a Deceased	40
Section 8: Additional Laws	41
Notes and References	42

CHAPTER 5	LAWS OF THE CEMETERY	53
	Section 1: The Blessing of Asher Yatzar Eschem BaDin	53
	Section 2: General Conduct at a Cemetery	53
	Section 3: The Manner of Burial	54
	Section 4: Tzidduk HaDin and the Burial Kaddish	55
	Section 5: Laws Concerning the Positioning of Graves in the Cemetery	57
	Section 6: Laws Concerning the Burial of Infants	58
	Section 7: Laws Concerning the Burial of Parts of the Body	59
	Section 8: Laws Concerning the Reopening of Graves and the Reinterment of Bodies	60
	Section 9: Laws Concerning the Requirement of Mourning During the Period of Reinterment	62
	Notes and References	63
CHAPTER 6	LAWS OF TUMAH FOR A KOHEN	72
	Section 1: General Laws	72
	Section 2: Laws Pertaining to a Kohen with a Deceased Relative	74
	Notes and References	76
CHAPTER 7	LAWS OF SHIVA	80
	Section 1: General Laws	80
	Section 2: Laws Concerning the Delayed News of a Relative's Death	85
	Section 3: The Meal of Condolence	87
	Section 4: Miscellaneous Requirements of the Shiva Period	88
	Section 5: Restrictive Obligations of Mourners During the Shiva	89
	Section 6: Laws Incumbent on Others in their Dealing with Mourners	96
	Section 7: Prayer Services in the House of the Mourner	96
	Section 8: Laws Concerning the Visit to Console the Mourner	100
	Notes and References	102
CHAPTER 8	LAWS OF THE SHLOSHIM AND THE YUD BAIS CHODESH MOURNING PERIODS	119
	Section 1: General Laws	119
	Section 2: Prohibited Activities	121
	Section 3: Laws Applying when Delayed Notification of Death Occurs	127

	Section 4: Additional Laws of Yud Bais Chodesh	128
	Notes and References	129
CHAPTER 9	LAWS OF KADDISH AND PRAYER SERVICES DURING SHLOSHIM AND YUD BAIS CHODESH PERIOD	137
	Section 1: Obligations of Reciting the Kaddish and Prayer Services	137
	Section 2: Priorities Among Mourners for the Recitation of the Kaddish and the Prayer Services	139
	Section 3: Additional Laws Concerning the Kaddish	140
	Section 4: Additional Laws Concerning the Prayer Services	141
	Notes and References	142
CHAPTER 10	LAWS PERTAINING TO THE MONUMENT	146
	Section 1: Services for the Erection of the Monument	146
	Section 2: General Laws	146
	Notes and References	148
CHAPTER 11	LAWS OF YIZKOR	151
	Notes and References	152
CHAPTER 12	LAWS OF YAHRZEIT	154
	Section 1: Laws Concerning for whom Yahrzeit is Observed	154
	Section 2: Laws Pertaining to the Fixing of the Yahrzeit Day	154
	Section 3: Laws Concerning One's Conduct on a Yahrzeit	156
	Notes and References	160
BIBLIOGRAPHY		165
GLOSSARY		168
INDEX		173
LIST OF ABBREVIATIONS		183

פתיחה למהדורא תנינא

אהללה ואברכה את ד׳ כתגמולוהי עלי שזיכני לפני חמש עשרה שנים לראות את ספרי הקטן — **„יסודי שמחות״** — יוצא לאור עולם, בעזרתו וסייעתו זכיתי שכבר אזלה ותמה המהדורות הראשונות של ספר הזה, וזהו סימן מובהק שנתקבל על דעתם של חכמי התורה ובעדת ישרון בסבר פנים יפות. יה״ר שיהא ספרי לתועלת, כי האבלים במרירות לבם מגששים באפלה בהיותם מחוסרי ידיעה בהנהו הלכתא והמבוכות והמכשלות רבות מאד, ובעזר השי״ת אזכה תמיד להיות ממצדיקי הרבים להגדיל תורה ולהאדירה.

במהדורה זו אשר הוצאתי לאור מחדש לאחר יגיעה רבה, השתדלתי להוסיף במקום שלא הייתי צריך לקצר וכן להביא דיעותיהם מהספרים הנוספים אשר באו לידי. כמ״כ הוספתי הנהו הלכתא שטרם נדונו ונתבררו בבהמ״ד כלל וכן מה שנתתי מענה על הבעיות ושאלוה המתעוררות בין עדת ישרון לאחר העיון בעזר השי״ת. והנה, לאחר יגיעה רבה זכיתי בסייעתא דשמיא לברך על המוגמר ולהגיש לעדת ישרון ספר אשר במהדורה זו ניכרת השלמות, מוגה ומורחב מהמהדורות הקודמות, אף שחלילה לי מלומר כי הושלמה המלאכה. מוצא אני לנכון להדגיש עוד פעם, שמעולם לא אמרתי קבלו דעתי וגם לא לקחתי על עצמי האחריות להיות כמכריע בדברים שתלוי בהם פלוגתא עד שטרחתי ויגעתי לבררם וגם דברתי עם מרא דשמעתא הגאון האדיר מורי ורבי (שליט״א) זצ״ל, והבוחר יבחר.

טרם אכלה דברי אפרוש כפי ופני כלפי הקודש בתפלה שיעזרני ד׳ להיות מהעוסקים בתורתו ועבודתו, ויחד עם רעיתי החשובה והמשכלת רות בתי׳ תחי׳, העומדת לימיני לאחיעזר ולאחיסמך בחכמה ודעת, נזכה לראות הרבה נחת מצאצאינו היקרים שיחיו ונשמח בקרוב לביאת משיח צדקנו אמן.

—אהרן פעלדער

פילאדעלפיא פע., מנחם אב שנת תש״נ

PREFACE

Man, in confronting death, is made aware of his paradoxical nature. Torah philosophy teaches its adherents of their immortality. As a possessor of a soul, of a חלק אלו-ה ממעל, *man is guaranteed an eternal life—*וחיי עולם נטע בתוכנו, *"An eternal life has been implanted in mankind." Yet, when one encounters a deceased this immortality seems quite unapparent and one sees only the other side of man's nature—his mortality, his inability to avoid the finality of death as an end to his life.*

As with all other aspects of life, the Torah teaches us the attitudes which we are to develop when reacting to death. . . . כל הנוגע במת בנפש האדם אשר יומת טמא יהי' (במדבר י"ט, י"ג), *"Whoever comes in contact with the mortal aspect of man, which is subject to death . . . shall remain defiled." Rabbi S. R. Hirsch explains that these words were chosen to convey the Torah attitude towards mortality in Immortal Man. Had it been written* נפש אדם אשר מת, *it would have referred to the demise of an individual. However, in an attempt to impart a much larger concept, the passage reads* נפש האדם אשר יומת—*the soul of mankind which is subject to death. When confronted with a deceased, the living are overwhelmed with the force of death, man's inescapable fate. The ensuing thoughts, that death may relate to man's spiritual being as well, make one who comes in contact with a deceased* טמא—*defiled or unfit. He then must go through a specified course of* טהרה *in order to purify himself and put his spiritual immortality in proper perspective in relation to his physical mortality.*

The laws of purification, as well as the laws of mourning, are given in order to help man through the ordeal of contact with death. The Torah recognizes the emotional re-

action as natural in these circumstances and attempts to harness and give direction to its expression through the laws of mourning. Understanding that time heals, these laws decrease as the emotions of mourning diminish in intensity. Thus, the aim is that man may not only carry out the necessary precepts as prescribed by the Torah, but to emerge from the crisis greatly strengthened in his Torah convictions.

Therefore, I have undertaken to compile the laws of mourning, referred to in various seforim, and have also included Halachic Responsa relevant to current problems that have arisen in modern life. In the YESODEI SMOCHOS I have also sought to clarify the various difficulties and questions that may occur upon the demise of a relative. My association with the Kollel Beth Medrash L'Torah V'Horoah in New York and my personal contact with the great Gaon and renowned Halachic authority, Horav Moshe Feinstein have enabled me to gather knowledge and experience in this area. I truly hope that those who will use the Yesodei Smochos will find it a source of comfort in their time of unfortunate sadness.

I wish to express my profound gratitude to two of my talmidim and friends, Mr. Mordechai Goldstein of Teaneck, New Jersey and Mr. Shlomo Gongola of Brooklyn, New York for their efforts on behalf of this sefer, without whose advice and technical assistance, Yesodei Smochos would not have been possible.

—AARON FELDER

New York, New York
September, 1974

עם פתיחת הספר

אודה ה׳ בכל לבב ואברכה שמו בכל עת אשר ברוב רחמיו וחסדיו זיכני לישב באהלה של תורה להיות נמנה בין חברי הכולל „בית מדרש לתורה והוראה״, שבראשו עומד מורנו ורבנו שר התורה ועמוד ההוראה הגאון האדיר מרן ר׳ משה פיינשטיין שליט״א, ר״מ דמתיבתא תפארת ירושלים. במשך כמה שנים זכיתי להסתופף בצלו ולהיות מבאי ביתו בכל יום והנני קובע ברכה מיוחדת למורי ורבי מרן הגאון שליט״א, יברכו ד׳ ברוב כח שיוכל להמשיך בעבודתו הקדושה והטהורה להרביץ תורה ולהשיב להמבקשים דבר ד׳ זו הלכה לאמיתה של תורה. ואני תפלה לא־ל עליון שיזכה ביחד עם כל בית ישראל לקבל פני משיח צדקנו במהרה בימינו אמן.

ממעמקי הלב אני תפלה שיזכני נותן התורה לראות ספרי הקטן זה המסודר על הלכות שמחות בא בקהל חכמי התורה, המעיינים ימצאו בו דברי חפץ ומעדנים לנפשם. מהות הספר, ללקט ולסדר דברים המפורשים בשו״ע ובגדולי הפוסקים ושו״ת כדי להקל על המעיין, שבמעט זמן ימצא הקורא חפצו כשאין פנאי לחפש ולבדוק בגנזי הספרים, ודבר בעתו מה טוב. יש בו גם דינים שטרם נדונו ונתבררו בבהמד״ר כלל ואחר העיון בעזר השי״ת זכיתי ת״ל למצוא פתרון על הבעיות ושאלות המתעוררות יום יום בין עדת ישרון. תקותי שחיבור זה יביא תועלת במדה מה לרבנים ולבעלי בתים החפצים לדעת דבר ד׳ זו הלכה, הגם שאין ידיעותי בתורה מספיקות לכתוב את כל הנחוץ בכל עניני אבלות, בכל זאת הקורא הנכבד ימצא בעבודתי זו דברים רבים ומועילים שעלו לי ביגיעה רבה. למותר לי להדגיש שאין אני קובע מסמרות בדברי ואין אני אומר ח״ו קבלו דעתי למי שבא לידי מסקנא שלא כדכתבתי, כי בודאי תלוי באשלי רברבי. וזאת למודעי, במקרה שאם ח״ו ימצא איזה טעות ושגיאה בדברי הן במה שציינתי מספרים אחרים והן במה שכתבתי מפי השמועה, נא להודיעני, כי מאד חביב אצלי בקורת אמיתי, מאד אודה להם בעד עיונם והערותיהם ואקיים ומודה על האמת כמקובל מודים דרבנן אינהו שבחייהו.

ועתה דברים אחדים אל הקורא הנכבד. מוצא אני לנכון להדגיש שהשמטתי דינים שאינם מצויים, שתכלית הספר להביא רק דינים ומנהגים הרגילים ונוגעים להלכה ולמעשה. ציינתי מקום מוצאה של כל הלכה בהערות שבסוף כל פרק למען יעיינו הקוראים במקומם של דברים בטעמם ונימוקם. עשיתי לי קו, שבכל מקום שכבר קדמוני רבנן בחכמתם לקבץ קיבוצים מכל ספרי דבי רב ולא השאירו עוללות, המעטתי מלהרבות בשיטות רק כלקוטי בתר לקוטי. לפעמים הוספתי בהערות הלכות אשר נראה לי כי מקומן בפנים הספר. בדברים שתלוי בהם פלוגתא והי׳ צורך להכריע בסברתם, טרחתי ויגעתי לבררם וגם דברתי עם מרא דשמעתא הגאון מורי ורבי שליט״א למען תוספות בירור ורק

אז לקחתי על עצמי האחריות להיות כמכריע. אולם מפני הקיצור הוכרחתי לכתוב רק תמצית הדברים וסמכתי שהקורא הנכבד יעיין במראי המקומות ויוסף לקח. מסיבה זו, גם לא הוספתי נופך משלי אף שיש לי כמה הערות נכונות בעזר השי״ת זולת עתים רחוקות כעין פליטת הקולמוס ועוד חזון.

ולהיות דחביבין עלי מה שכתוב בספר פלא יועץ מהגאון ר׳ אליעזר פאפו זצוק״ל, אעתיק קצת מדבריו שכתב במערכת א׳ עמו׳ כ״ד ד״ה אסיפה וז״ל: „ויעשו אסיפות כיד ה׳ הטובה עליהם מי מקיצורי דינים על ד׳ טורים מי מכללים מי מהקדמות ודרושים מי מתוכחות מוסר וכדומה כל אשר עושים חסד גדול יחשב ואין לך חסד גדול מזה שהוא חסד בנפש, ועושה אלה הם מזכים הרבים וזכות הרבים תלוי בם ואל יחושו ללעג השאננים שאומרים מה הועילו אלו החכמים ותקנתם לשנות לנו את הידוע ומפורסם בספרים, אין זה כי אם ללקט כסף וליטול את השם שהוציאו ספר, שרי להן מרייהו למדברים כן כי לא צדקו שבודאי הגמור יותר טובים לנו אלו הספרים של אסיפות מכל חיבורי הפלפולים והחריפות וזהו דרך ישרה לחוברי חיבורים״, עכ״ד.

פה מקום אתי לפריעת מעט מחובי ולהכיר תודה וברכה להורי היקרים אאמו״ר הרב הגאון ר׳ גדלי׳ ב״ר צבי פעלדער שליט״א, אב״ד טאָראנטאָ, קנדה, ולאמי מורתי הרבנית הענא איידל בת הרב הגאון ר׳ ישכר דוב טייכנר תחי׳ אשר מעודי גדלוני על דלתי התורה והיראה. יעזור ד׳ להאריך ימיהם ושנותיהם בטוב ובנעימים ויזכו לרוות נחת רוח מצאצאיהם ויראו דור ישרים מבורך.

הנני אביע בזה תודתי לדודי המופלג בתו״י הרב ר׳ משה יודא טייכנר שליט״א שעזרני בסידור ובהגהות ספר הזה לעילוי נשמת אביו הגאון הצדיק מוה״ר ישכר דוב בן אהרן זצ״ל שנפטר בעת סדרי הדברים לדפוס וזי״ע.

טרם אכלה דברי הנני מתפלל להשי״ת שזכות אבותי ורבותי תעמודנה לי שלא אכשל בדבר הלכה ויעזרני ד׳ לעסוק כל ימי בתורתו הקדושה ולראות נחת מצאצאי היקרים יחד עם רעיתי היקרה והמשכלת רות בתי׳ תחי׳, ויזכני ביחד עם כל בית ישראל לראות בהרמת קרן התורה.

—אהרן פעלדער

נוא יאָרק, אלול, תשל״ד

CHAPTER 1

The Blessing of Dayan HaEmes

1. A mourner should recite this blessing[1] at the time of death,[2] however, it is traditional to wait until *k'riah* is performed.[3]

2. The blessing should also be said upon hearing a credible rumor of a relative's death, even if no corpse is available and a Rabbinical Court has not yet given permission to sit *shiva*.[4]

3. If one mistakenly recited the blessing during the last throes of death but before death actually occurred, the obligation has been fulfilled and the blessing need not be repeated.[5]

4. A mourner should recite the blessing himself and not merely rely on hearing the blessing from another mourner.[6]

5. In general, an *onen* must not recite any blessing except for this one.[7] In addition, an *onen* should not answer *amen* upon hearing other mourners recite this blessing.[8]

6. If a mourner was informed of the death after burial, he is still obligated to recite the blessing.[9] If he failed to recite the blessing upon hearing of the death, he may recite the blessing any time during the first year. Should the mourner be informed of the death after one year had already passed, then the mourner may only recite the blessing during the following thirty days.[10]

7. The blessing may be recited on *Shabbos* and *Yom Tov*.[11]

8. The blessing should be recited for the death of an

infant less than thirty days old even though *shiva* and *k'riah* are not observed under such circumstances.[12]

9. All non-mourners who are present at the time of death or are informed of it at a later time should say the words *Boruch Dayan HaEmes,* and not the entire blessing.[13]

1. שו״ע או״ח סי׳ רכ״ב סעי׳ ב׳ — ברוך אתה ה׳ אלקנו מלך העולם דיין האמת. ועי׳ כל בו פרק א׳ סי׳ ב׳ אות 12 שמביא נוסח דיין האמת שופט אמת וצדק.
2. שו״ע שם סי׳ רכ״ג סעי׳ ב׳.
3. ראה גשר החיים ח״א פרק ד׳ אות ו׳ שמביא מקור למנהג זה, ועי׳ שו״ת יביע אומר ח״ב סי׳ כ״ג שאם היתה הקריעה פסולה אין צריך לחזור ולברך, וכן מצאתי ברמת רחל סי׳ ל״ג ובכל בו שם אות ח׳.
4. שו״ע שם סי׳ רכ״ב סעי׳ ב׳.
5. כל בו שם אות ט״ו.
6. שו״ת משפטי עזיאל יו״ד ח״ב סי׳ ק״ז וראה גשר החיים שם אות ז׳ דבדיעבד יצא יד״ח אם המברך מכוון להוציאו.
7. כל בו שם אות ד׳ (מערכת קריעה).
8. גשר החיים שם אות ח׳ אמנם בנחמו עמי פרק ט׳ סעי׳ ב׳ כתב דצריך לענות אמן.
9. שו״ע שם.
10. כ״ש ממרן שליט״א שיש לשער דמצטער על מתו עד זמן הנזכר, וראה גשר החיים שם אות כ״ו שאחר ג׳ ימים אין לברך, ועי׳ שו״ת יביע אומר שם שאם עבר יום הקבורה אין לברך, וכן מצאתי בכל בו שם אות י״ב. והלום ראיתי בגשר החיים פרק כ״ד סי׳ ב׳ אות ג׳ שבשמועה רחוקה אין לברך אם עבר מעת לעת משעת השמועה.
11. כל בו שם אות ד׳, ראה שו״ת מלמד להועיל יו״ד סי׳ ק״ה שאם שמע שמועה קרובה בשבת מותר לברך.
12. כ״ש ממרן שליט״א הואיל ומצטער על כך, וראה גשר החיים שם פרק ד׳ אות כ״א שאין לברך.
13. כל בו שם אות ד׳, וראה גשר החיים שם פרק ג׳ סי׳ א׳ אות ג׳ דאם הנפטר אדם גדול ומצטער על מיתתו יש לברך בשם ומלכות בשעת הקריעה. עי׳ גליון מהרש״א סי׳ ש״מ ועי׳ עוד ט״ז ומג״א או״ח סי׳ רכ״ג ס״ק ד׳ שכתבו דצריך לברך בשם ומלכות.

CHAPTER 2

Laws of K'riah

SECTION 1: General Laws

1 (a). Mourners for the following immediate relatives are obligated to perform *k'riah:* father, mother, son, daughter, brother, sister (from either the father's or mother's side), and spouse.

(b). In the event of divorce, there is no obligation to perform *k'riah* upon the death of one's former spouse.

(c). A convert tears *k'riah* only for family relationships arising after his or her conversion.[1]

2 (a). The garment must be torn after death has actually occurred. If *k'riah* was performed before this time, then the *k'riah* must be repeated.[2]

(b). The fulfillment of this obligation requires that the mourner stand during its execution. If *k'riah* was performed in any other position, repetition of the *k'riah* is required, except where permanent physical infirmity prevents one from standing.[3]

3. The tear must be made vertically and if it was made horizontally, it must be repeated.[4] *K'riah* from the seam is unacceptable and must be repeated.[5]

4. Pinning a ribbon on the lapel of a jacket or dress and cutting the ribbon is incorrect in spite of existing practices and is invalid for *k'riah*. One's obligation to actually tear one's garment(s) remains.[6]

5. A mourner who is present at the death-bed must tear his garment(s) immediately and cannot change to old clothes

before doing so. This prohibition against changing clothes applies any time when immediate *k'riah* is mandated.[7]

6. If the mourner is wearing borrowed clothing, *k'riah* can be done on that garment only if the lender knows that the mourner is visiting a sick relative.[8] Otherwise, the mourner must change to other clothing before doing *k'riah*, and if *k'riah* was performed with another's clothing, it must be repeated after changing. The same law applies concerning rented garments.[9]

7. If a mourner was not present at the death-bed or for some reason did not perform *k'riah* at that time, then he should preferably wait until either the eulogy is completed or before the casket is covered at the gravesite.[10]

8. When interment will be in Israel, it is preferable for those not travelling with the deceased to perform *k'riah* after the eulogy rather than at the airport.[11]

9. A bride or groom may perform *k'riah* immediately or defer it until the conclusion of the seven festive days following the marriage.[12]

10. There is a requirement to perform *k'riah* even if the deceased was deficient in moral character (e.g. was involved in theft or robbery).[13]

11. Even if death was the result of an intentional suicide, there exists an obligation for relatives to perform *k'riah*.[14]

12. In the event of the death of an infant, one should only perform *k'riah* for an infant who had lived to the end of the thirty day period after birth,[15] irrespective of whether or not a portion of these days were spent in an incubator,[16] with the following exception: If an infant was born prematurely before the seventh month of pregnancy, and had survived for several months in an incubator and subsequently died, then there is no requirement for *k'riah*.[17a] This law also applies to an infant placed on a respirator.[17b]

13. Males under the age of thirteen and females below

the age of twelve are required to perform *k'riah* at an age when they have the maturity to understand the nature of their loss.[18] Relatives or friends should tear the garment(s) for them.[19]

14. If the immediate relatives are informed that the deceased is to be re-interred at another site, they are obligated to perform another *k'riah*.[20] This law does not apply to the spouse of the deceased.[21]

15. In the event that a death is suspected but no corpse is available (i.e. an accident at sea), then one should perform *k'riah* as soon as a Rabbinical Court declares the person deceased.[22] If the body is recovered at some later time, a second *k'riah* should not be done.[23]

16. *K'riah* is prohibited on *Shabbos*[24] or *Yom Tov* even if *Yom Tov* is the day of the burial.[25] In this case, the *k'riah* must be performed after the completion of *Shabbos* or *Yom Tov*.[26]

17. If interment was during *Chol HaMoed*, then *k'riah* should be performed for all relatives;[27] except that those who observe *Minhag Ashkenaz* tear on *Chol HaMoed* only for the death of a parent and wait until after the completion of *Yom Tov* to tear for other relatives.[28a] The torn clothes should be removed until after the conclusion of the entire *Yom Tov*.[28b]

18 (a). If notification of death occurs during *Chol HaMoed* within the *shloshim* period, one should perform *k'riah* on *Chol HaMoed*.[29] However, if the *shloshim* period will end before the conclusion of the latter days of *Yom Tov*, even those who observe *Minhag Ashkenaz*[30a] should tear for all relatives during *Chol HaMoed*.[30b] (Refer to Paragraph 17.)

(b). If notification of the death of a parent after the *shloshim* period has ended occurs on *Chol HaMoed*, one should tear *k'riah* at the conclusion of the latter days of *Yom Tov*.[31]

19. The torn clothes should be changed immediately after the *shiva* has concluded.[32]

SECTION 2: Laws Applicable to Individuals Who are Mourners for Parents

1. All of the following garments must be torn if worn at the time of *k'riah*, or thereafter if the mourner puts on a change of clothes, until *shiva* has been completed:[33] shirt (excluding an undershirt),[34a] vest, sweater,[34b] jacket, dress, and blouse.[34c] Even if shiva has been delayed because death occurred on Yom Tov, every change of clothing during the *shiva* necessitates additional *k'riah*.[35]

2. The tear should consist of an initial cut, in from the lapel of a jacket or front button area of a shirt[36] and then continued vertically on the left side[37] of the body over the heart for a length slightly greater than 3½ inches.[38] If one began *k'riah* above this area, one should tear down until the heart is reached.[39]

3. One may not use a knife or other utensil to perform *k'riah*;[40] however, if difficulty is encountered then the initial cut may be made with a utensil.[41] The *k'riah* should be done by the mourner's own hand and others may assist only in the initial cut if the mourner meets with difficulty.[42]

4. The *k'riah* must be done in a place which is clearly visible to all and must be recognizable as a deliberate and not an accidental tear.[43]

5. For reasons of modesty, a woman may pin up the tear after it is made or she should cover it with another garment that does not require *k'riah* such as a coat.[44]

6. There is a continuous obligation to perform *k'riah* if for some reason it was not done at its proper time.[45]

7. The torn garments may never be permanently sewn, even if they are to be sold. However, the garments may be mended after the conclusion of the *shloshim*.[46] If a *Yom Tov*

Laws of K'riah

should occur during the *shloshim*, then the garment may be mended a short time before the sunset that ushers in the *Yom Tov*.[47]

SECTION 3: Laws Applicable to Mourners for Relatives Other than Parents

1. The mourner is required to tear only one garment[48] and the *k'riah* should preferably be performed on a shirt, blouse, or dress.[49] One may not use for the *k'riah* a garment which one would be embarrassed to wear in public, e.g. work clothes.[50]

2. The tear should consist of an initial cut, in the front button area of a shirt[51] and then continued on the right side[52] for a vertical tear slightly greater than 3½ inches.[53] The tear need not be visible[54] and may be performed with a knife or other utensil.[55]

3. The tear must be made by the mourner himself without the assistance of others.[56] (Refer to Section 2, paragraph 3.)

4. For reasons of modesty, a woman may pin up the tear after it is made, or she may cover it with another garment.[57]

5. (a). *K'riah* must be performed only if the mourner was informed of the death during the *shloshim*[58] (counted from the day of burial).[59]

(b). If one was informed after sunset[60] between the 30th and 31st day, one must also perform *k'riah*.[61]

(c). If one was notified of the death within the *shloshim* period, as considered from the point in time of the mourner, but because of a difference in time zones, *shloshim* has concluded in the place of interment, there still remains an obligation to perform *k'riah*.[62]

6. A mourner who was cognizant of the death but did not perform *k'riah* at the proper time, is only obligated to perform *k'riah* until nightfall[63] following the seventh day

after burial.[64] However, someone whose omission of *k'riah* was the result of mental illness is required to perform *k'riah* during the thirty days[65] following the return of sanity irrespective of the amount of time that has elapsed since the death.[66]

7. A change of clothes does not necessitate a new *k'riah*.[67] However, one should refrain from changing one's clothes until the conclusion of *shiva*.[68]

8. The tear may be mended after *shiva* and permanently sewn after *shloshim*. If *Yom Tov* occurs during *shiva*, then the tear may be mended immediately before the sunset that ushers in *Yom Tov*. If *Yom Tov* occurs during *shloshim*, then the tear may be permanently sewn before the sunset that ushers in the *Yom Tov*.[69]

SECTION 4: Laws Applicable to Mourners for Multiple Deaths that Include at Least One Parent

1. If one was simultaneously informed of the death of both a parent and one of the other five immediate relatives, one must first tear the garment for the parent, leave a space of one inch and then tear for the relative.[70]

2. If a mourner has just completed *shiva* upon the death of a parent and is informed of the death of a relative, the mourner may make a slight tear continuing from the previous one. On the other hand, if *k'riah* was performed upon the death of a relative and then a mourner was informed of the death of a parent, the mourner must leave a one inch space and perform a new *k'riah* even if the *shiva* period for the relative has already concluded.[71]

3. If one tore his garment for a parent and then was informed of the death of the other parent, the mourner may again tear the same garment with the requirement that a one inch gap be left between tears.[72]

SECTION 5: Laws that Apply to Mourners for Two or More Relatives

1. If one was informed of the death of several relatives at the same time, or before tearing the garment for one relative the mourner is informed of the death of another relative, only one tear is required.[73]

2. If a mourner was informed during the *shiva* period for one relative that another relative has died, another tear of 3½ inches is required. If the mourner was informed after *shiva*, then a slight additional tear is sufficient.[74]

SECTION 6: Laws Applicable to Non-Mourners Present at the Demise of an Individual

1. Someone present at the time of death is also obligated to tear *k'riah*. In this instance, one is only required to make a tear of 3½ inches at the bottom of the garment.[75]

2. If one was present at a death which occurred on *Shabbos* or *Yom Tov*, there is no obligation to perform *k'riah* at any time.[76]

1. שו"ע יו"ד סי' ש"מ סעי' א', וראה גשר החיים ח"א פרק ד' אות א' שמביא טעמי הקריעה.
2. ש"ך שם ס"ק ל"ט, וראה שו"ע שם סעי' כ"ה שאם מת תוך כדי דיבור יצא יד"ח.
3. שו"ע שם סעי' א', ראה זכרון בצלאל עמו' ב' שכתב דאין צריך לחזור ולקרוע כשיבריא.
4. פ"ת שם ס"ק ב'.
5. קש"ע סי' קצ"ה סעי' ב', וראה שו"ע שם סעי' כ'.
6. כל בו פרק א' סי' ב' אות ח', וראה שו"ת ישכיל עבדי ח"ו סי' כ"ח שאסור ללבוש סרט שחור, וע"י' כל בו שם אות י' שמותר ללבוש בגדים שחורים ואין בזה משום מנהג נכרי וכן מצאתי בשו"ת יביע אומר ח"ג סי' כ"ה. אמנם בגשר החיים פרק כ' סי' ו' כתב שאסור משום ובחוקותיהם לא תלכו.
7. שו"ת הר צבי יו"ד סי' רס"ג, וע"י' בכל בו שם אות ו' שמותר להחליף הבגדים.
8. שו"ע שם סעי' ל"ד.
9. ש"ך שם ס"ק נ', וראה גשר החיים פרק ד' אות כ"ב.
10. כל בו שם (מערכת קריעה) אות ג', גשר החיים שם אות ו'.
11. כ"ש ממרן שליט"א הואיל ואז החמום יותר.
12. גשר החיים פרק י"ט סי' ז' אות ה' ויקרע בצנעא ומיד ילבש בגדי חתן, וע"י' כל בו פרק ב' סי' ג' אות ג' ופרק א' סי' ד' אות ה' שאין לקרוע תוך ז' ימי המשתה. ראה שו"ת יביע אומר ח"ו יו"ד סי' ל"ד.
13. ש"ך יו"ד סי' שמ"ה ס"ק ה'. עי' פ"ת שם סי' ש"מ ס"ק ד'.
14. כל בו שם סי' ב' אות י"ח, וע"י' ש"ך שם סי' שמ"ה ס"ק א' שאין קורעין.
15. כל בו פרק ב' סי' ג' אות ח', וראה באות ט' אם צריך דוקא ל' יום מעת לעת.
16. שו"ת ציץ אליעזר ח"ט סי' כ"ח. עי' נועם חלק י"ח עמו' רצ"ח.
17a. כל בו שם אות י"א.
17b. ראה שו"ת יביע אומר ח"ב יו"ד סי' כ"ג.
18. שו"ת אגרות משה יו"ד ח"א סי' רכ"ד, כל בו פרק א' סי' ב' אות י"ט, עי' פ"ת שם ס"ק י' בנוגע שמועה קרובה.
19. שו"ע שם סעי' כ"ז, גשר החיים שם פרק ד' אות כ'.
20. שו"ע שם סי' ת"ג סעי' ב', וע"י' שו"ת אגרות משה יו"ד ח"א סי' ר"ס שאפילו מצאו המת בארון יש בו דין ליקוט עצמות, עי' חזון למועד פרק ל' ס"ק ב' שכתב דאם לא קרע באותו יום דצריך לקרוע כל זמן שאותו בגד עליו.
21. עי' פרק 5 אות 159.
22. שו"ע שם סי' שע"ה סעי' ז'.

23. ערוך השלחן שם אות י״ד.
24. שו״ע שם סי׳ ש״מ סעי׳ כ״ח.
25. שו״ע שם סעי׳ ל״א.
26. פ״ת שם ס״ק י״א, שו״ת יביע אומר ח״ד סי׳ כ״ה.
27. רמ״א שם, פ״ת שם, שו״ת אגרות משה או״ח ח״א סי׳ קס״ד, שו״ת חלקת יעקב ח״ג סי׳ ע״ד, ראה גשר החיים שם אות כ״ד בבירור הענין.
28. רמ״א שם, כל בו שם אות 23.
29. שו״ע שם סעי׳ ל״ב.

a30. ט״ז שם ס״ק י״ח, ש״ך שם ס״ק מ״ז.

b30. שו״ע שם סעי׳ ל״ב, עי׳ גליון מהרש״א שם.

31. ט״ז שם, עי׳ כל בו שם אות כ״ה, ראה קש״ע סי׳ קצ״ה ס״ק י״ד שקורעין על או״א אפילו בשמועה רחוקה. עי׳ גליון מהרש״א סי׳ ש״מ.
32. דרכי חיים ושלום סי׳ תקפ״א, ראה כל בו ח״ב פרק א׳ סי׳ ב׳ אות ג׳.
33. שו״ע שם סעי׳ י״ד.

a34. שו״ת יביע אומר יו״ד ח״ו סי׳ ל״ב ושו״ת מנחת יצחק ח״ט סי׳ קכו.

b34. שו״ע שם סעי׳ ט׳ וסעי׳ י׳, עי׳ כל בו שם אות ז׳, גשר החיים שם אות י״ד, שו״ת הר צבי יו״ד סי׳ רס״ב שאין לקרוע הטלית קטן, אולם ברמת רחל סי׳ ל״ז כתב שצריך לקרוע. ראה שו״ת יביע אומר שם.

c34. ראה ילקוט יוסף עמו׳ ס״ה שכתב דאין צריך לקרוע הסוועדער.

35. כל בו שם אות י״ג, וראה אות 19 ושו״ת ציץ אליעזר ח״ה סי׳ ה׳ שתיכף במוצאי שבת או יום טוב יחליף בגדיו שלא יצטרך לקרוע אותם.
36. שו״ע שם סעי׳ ב׳ וסעי׳ י״ב.
37. ט״ז שם ס״ק ו׳, ראה ש״ך שם ס״ק י״ט שאם קרע בצד ימין בדיעבד יצא יד״ח.
38. שו״ע שם סעי׳ ג׳, ראה שו״ת אגרות משה או״ח ח״א סי׳ קל״ו בדבר השיעור לפי מדת האינטשעס.
39. שו״ע שם סעי׳ ג׳.
40. שו״ע שם סעי׳ י״ד.
41. גשר החיים שם אות ט״ו.
42. גשר החיים שם, ומסתפק אם יוצאין בקריעה שנעשתה כולה ע״י אחר, ועי׳ כל בו שם אות ט׳ שכתב דרק מצוה מן המובחר שהאבל קורע בעצמו.
43. שו״ע שם סעי׳ י״ג, שו״ת ציץ אליעזר ח״ח סי׳ ל״ג דאינו צריך לקרוע לעיני העם ורק שלא יקפיד לקרוע דוקא בצנעא.
44. שו״ע שם סעי׳ י״א, ראה רמת רחל סי׳ ל״ח דהיום אינה צריכה לקרוע אלא בגד העליון בלבד, עי׳ שו״ת ציץ אליעזר חלק י״ב סי׳ ס״ה בנוגע חיובא דאשה בקריעה וכן בשו״ת יביע אומר ח״ו יו״ד סי׳ ל״ב. עי׳ עוד ערוך השלחן שם ס״ק י׳ שאינה צריכה לקרוע כל בגדי׳.

45. שו"ע שם סעי' י"ח.

46. שו"ע שם סעי' ט"ו, ראה כל בו שם אות כ"ג שהמהרי"ל לא תפר הקריעה כל י"ב חדש, ועי' בשו"ת ציץ אליעזר ח"ז סי' מ"ט שאם בשוגג תפר הבגד צריך לקרוע מחדש אם רוצה ללבשו.

47. ש"ך שם ס"ק כ"ה.

48. שו"ע שם סעי' ט'.

49. כ"ש ממרן שליט"א דהואיל וקורע רק בגד אחד, יותר טוב לקרוע בגד שיושבים בביתנו תדיר בו ולא על בגד שיש ספקות אם חייב לקרוע בו, עי' ט"ז ס"ק ה'. אמנם הכל בו שם אות ז' מפחד להכריע כן, אבל הגשר החיים שם אות י"ד קדמו לו וכותב שרובם נוהגים לקרוע כתונת הרגילה.

50. עי' אות 49.

51. עי' אות 36.

52. ט"ז שם ס"ק ו', ש"ך שם ס"ק י"ט.

53. עי' אות 38.

54. שו"ע שם סעי' י"ג.

55. שו"ע שם סעי' י"ד.

56. עי' אות 42. אולם בפ"ת שם ס"ק א' כתב שטוב לקרוע ע"י אחר.

57. עי' אות 44.

58. שו"ע שם סעי' י"ח.

59. דגול מרבבה יו"ד סי' ת"ב, ואף שרוה"פ סוברים שמונין מיום המיתה, אבל בקריעה לא אמרינן הלכה כדברי המיקל, ועי' כל בו שם אות כ"א.

60. ראה שו"ע אגרות משה יו"ד ח"ב סי' ע"ט שצה"כ במדינתנו 50 מינוט אחר השקיעה. ושמעתי ממרן שליט"א דמי שרוצה להקל ולא לקרוע כשנודע לו לסוף 20 מינוט אחר השקיעה כפי שיטת הגר"א אין למחות הואיל ורוה"פ סוברים שחייבים בדיני קריעה רק מדרבנן.

61. עי' אות 59, אמנם בשו"ת יביע אומר ח"א יו"ד סי' כ"ו וח"ו סי' ל"ב כתוב שאין צריך לקרוע.

62. עי' אות 59.

63. עי' אות 60.

64. שו"ע שם סי' שצ"ו סעי' א' וכל בו שם אות י"ב.

65. עי' אות 60.

66. ש"ך סי' שצ"ו ס"ק א', ועי' באר היטב ס"ק א'.

67. רמ"א סי' שמ"ו סעי' י"ד, כל בו שם אות 19.

68. כל בו שם.

69. ש"ך שם סי' ש"מ ס"ק כ"ה.

70. שו"ע שם סי' ש"מ סעי' כ"ג.

71. שו"ע שם, ראה קש"ע סי' קצ"ה סעי' י' שלאחר שבעה יוצא יד"ח כשמוסיף כל שהו למיתת שאר קרובים רק אם הבגד עוד עליו.
72. שו"ע שם סעי' כ"ב, ועי' כל בו שם אות כ' שמסתפק כשאמו מתה אחר אביו אם צריך קריעה חדשה או די בהוספה בלבד.
73. שו"ע שם סעי' כ"ג, ועי' כל בו שם אות י"ד שאם לא באו שתי השמועות בבת אחת חייב לקרוע פעמיים.
74. שו"ע שם סעי' כ"א, עי' אות 71.
75. רמ"א שם סעי' ב', ראה שו"ת יביע אומר ח"ד סי' ל"ה דהיום אין קורעין אפילו עומד שם בשעת יציאת נשמה אלא על רבו, אמנם בגשר החיים שם אות ט"ו כתוב שלתלמיד חכם מצוין או במוחזק לאדם כשר נוהגים רובם לקרוע, עי' שו"ת ציץ אליעזר חלק י"ג סי' ל"ה.
76. פ"ת שם ס"ק ג'.

CHAPTER 3

Laws of Aninus

SECTION 1: General Laws

1. An *onen* is someone who is required to mourn for the seven immediate relatives as listed in the chapter on *k'riah*[1a] (Refer to Chapter 2, Section 1, paragraph 1) with the exception of a *kohen* who does not become an *onen* for a deceased wife whom he was not permitted to marry, i.e. she was a divorcee.[1b]

2. *Aninus*, the state of being an *onen*, commences with the moment of death and concludes with the completion of the interment.[3]

3a. A bride or groom, even during the seven festive days, are not exempt from the laws of *aninus*.[4a]

3b. If a bride or groom is an *onen* on the wedding day only the *Vidui* should be recited before the Chupah.[4b]

4. Males under the age of thirteen and females under the age of twelve are not subject to the laws of *aninus*.[5] If they become of age during a time when the laws of *aninus* would still apply, the *aninus* commences from the day they become of age.[6]

5. Transferral of the deceased to a burial society does not conclude *aninus* unless the *onen* will have no further contact with the deceased.[7] For this reason, if the burial will take place in Israel, the laws of *aninus* cease to apply whenever the *onen* chooses to stop travelling with the deceased.[8]

6. The laws of *aninus* do not apply if the government has not released the body or if any impediment prevents the relatives from gaining possession of the body.[9]

7. If a body (even in the custody of relatives) is to be transferred to relatives in another city, *aninus* for the receiving relatives does not begin until arrangements for the arrival of the body have begun.[10]

8a. If the deceased cannot be buried because of a cemetery workers' strike, the laws of *aninus* only apply until the body is removed to the funeral home or cemetery and then again on the day of interment.[11a]

8b. This law also applies if the deceased cannot be buried because of adverse weather conditions.[11b]

9a. The laws of *aninus* do not apply upon the death of an infant who has not lived 30 days.[12] For infants who have spent time in an incubator, the laws of *aninus* apply when *k'riah* must be performed.[13a] (Refer to Chapter 2, Section 1, paragraph 12.)

9b. This law also applies to an infant placed on a respirator.[13b]

10. The laws of *aninus* do not apply on the day when the deceased is to be re-interred at another site.[14]

11. If a Rabbinical Court declared a person deceased when no body was available and a mourning period was observed, then *aninus* does not apply in the event that the body is later recovered.[15]

12. The laws of *aninus* apply even if death resulted from an intentional suicide.[16]

SECTION 2: Restrictions Placed on an Onen

1. An *onen* travelling to the city of the deceased should not put on *Tefillin*, eat meat, or drink wine,[17] but should observe all other *mitzvos* until reaching the city. Upon reaching the city, all laws of *aninus* will now apply to the *onen*.[18]

2. If relatives or a burial society are attending to the funeral arrangements, and a potential *onen* lives far away

from the deceased and has no plans to attend the funeral, then *aninus* does not apply to such a person.[19] If one lives nearby however, then *aninus* will apply even if the person has no plans to attend the funeral.[20]

3. An *onen* is restricted[21] from performing positive *mitzvos*, reciting prayers or blessings,[22] putting on *Tefillin*,[23] greeting his neighbor, and learning Torah.[24] However, all negative *mitzvos* must be observed including the washing of one's hands upon awakening, leaving the washroom, and before eating bread although no blessing may be recited.[25]

4. An *Onen*, who said the prayers or blessings because of ignorance of the laws, or who heard blessings or *Havdalah* from someone who is permitted to say them, need not repeat them after interment.[26]

5. An *onen* may mention various *pesukim* while eulogizing the deceased.[27]

6 (a). If one becomes an *onen* while performing a *mitzvoh*, then the *onen* may complete the *mitzvoh* and the *mitzvoh* need not be repeated.

(b). If one becomes an *onen* while reciting the *Pesukei Dezimrah*, he should continue his prayers until the conclusion of the *Yishtabach*.[29] However, if one becomes an *onen* after *Borchu*, then one continues until the *Shemoneh Esrei* is concluded.[30]

7. The *onen* may recite *Kaddish* only if other mourners will not miss their turn.[31] If the *onen* is in mourning or observing a *Yahrzeit* for a parent, he may recite *Kaddish* even if other mourners will miss their turn.[32]

8. An *onen* cannot be counted as one of the ten males required for a *minyan*,[33a] however the *onen* is part of the *minyan* in order to recite *Kaddish*.[33b]

9. If the *onen* must travel to the place of interment then the prayer for traveling on a journey should be omitted.[34]

10. An *onen* is further restricted from eating meat or

drinking wine,[35a] eating a festive meal, attending a wedding, party or any other joyous occasion, transacting business, bathing, shaving, taking a haircut,[35b] or having intimate relations with one's spouse.[36] If one becomes an *onen* during a meal, the *onen* may finish his portion of meat or wine. Likewise, any other restricted activity with which the *onen* is already occupied may be completed.[37]

11. An *onen* may drink beer or liquor although not to an excess which would lead to intoxication.[38]

12. An *onen* is not permitted to eat, drink, or smoke in the presence of the deceased.[39]

13. An *onen* should not smell any spices.[40]

14. In a situation where a substantial monetary loss would be incurred, the *onen* may sell his business so that it may remain open. However, the *onen* may not share in the profits until the conclusion of the *shiva*.[41] (Refer to the laws of *shiva*, Chapter 7, Section 5, paragraph 5 for greater detail.)

15. An *onen* is permitted to sit on a chair, sleep in a bed,[42] wear shoes, and to leave his home.[43]

16. On *Erev Shabbos* or *Yom Tov*, the laws of *aninus* apply the entire day.[44a] The restrictions mentioned in paragraph 10 apply even while the *onen* is preparing for *Shabbos* or *Yom Tov*.[44b]

17 (a). The laws concerning changing one's clothes for *Shabbos* are the same as those which apply during *shiva*.[45] (Refer to Chapter 7, Section 5, paragraph 14.)

(b). The laws of *aninus* are discontinued during *Shabbos*,[46] except that attending a joyous occasion,[47a] learning Torah[47b] and marital relations are still prohibited.[48] The *onen* should not serve as the *Shaliach Tzibbur* or *Baal Koreh*[49] and should not receive an *Aliyah*[50] even on a *Yahrzeit* day.[51] The *onen* should not recite *Tehillim* even if this is a weekly procedure.[52] However, *Shnayim Mikroh* may be recited if this is a usual *Shabbos* practice for the *onen*.[53] (Refer to the laws of *shiva* concerning the changing from a usual seat in the synagogue,[54] Chapter 7, Section 7, paragraph 10.)

18. An *onen* should refrain from reciting the evening prayers on Saturday night even if they are recited early during the *Plag HaMincha*.[55]

19 (a). An *onen* should recite the *Havdalah* if the interment was within three days after *Shabbos*[56] or one day after *Yom Tov*,[57a] omitting the blessings for the spices and fire.[57b]

(b). The *onen* is not required to recite the *Boruch HaMavdil* on Saturday night or *Ato Chonantonu* when reciting the prayers after the interment.[58]

20 (a). The laws of *aninus* do not apply on the first day of *Yom Tov*[59] with the exceptions that are mentioned in paragraph 17b,[60] and not on the second day of *Yom Tov*[61] except when the burial is to take place on that day.[62] Interment should be strongly discouraged on the second day of *Yom Tov*.[63] (Refer to Chapter 4, Section 5, paragraph 4.) However, should interment be taking place on the second day of *Yom Tov*, *aninus* commences with the morning of the second day of *Yom Tov*.[64]

(b). An *onen* who is a *Kohen* should leave the synagogue before *Birchas Kohanim* even on the first day of *Yom Tov*.[65]

(c). An *onen* may learn Torah on *Yom Tov*, but should not learn the laws pertaining to mourning.[66] It is preferable that he should not be called to the reading of the *Torah*.[67]

21. The laws of *aninus* apply during *Chol HaMoed*.[68]

22. The laws of *aninus* do not apply on *Yom Kippur*.[69]

23. An *onen* may build a *Sukkah* but this may not prevent him from attending to the funeral arrangements for the deceased.[70] During the *Yom Tov* of *Succos*, the *onen* is only obligated to eat in the *Sukkah* during the first day of the festival and also the second day, if the burial is not taking place on that day.[71] (Refer to the laws of *shiva* regarding the participation of an *onen* in the *Hakafos* and being called to

the *Torah* on *Simchas Torah*,[72] Chapter 7, Section 5, paragraphs 19–20.)

24. On *Chanukah*, the *onen* should either have another member of the household light the candles, or should refrain from lighting them entirely.[73]

25. An *onen* on *Purim* night should hear the *Megillah*[74] but refrain from all other *mitzvos*[75] during the festival.[76] During the daytime, an *onen* should wait until after the funeral to perform the *mitzvos* of *Purim*.[77] However, if the *onen* previously heard the *Megillah*, then he may refrain from hearing it a second time.[78]

26. On the eve of the fourteenth of *Nissan*, the *onen* should ask another person to conduct the search for leaven. However, the *Kol Chamirah* (verbal nullification) must be recited by the *onen* himself.[79] If no other person is available to perform the search in its proper time at night, even if someone would be available the following morning, the *onen* himself should perform the search without the blessing.[80]

27. On *Pesach*, the *onen* should keep all *mitzvos* pertaining to the *Seder*.[81] However, he should not wear a *kittel*[82] and if possible, he should not be the leader of the *Seder*.[83]

28. During the time between *Pesach* and *Shevuos* when the *Omer* is counted, the *onen* should wait until the burial is concluded to count that day. However, if the burial is delayed each day should be counted without a blessing.[84]

29 (a). An *onen* must fast on all fast days.[85a]

(b). An *onen* may not put on shoes on *Tisha B'Av*.[85b]

30. If an *onen* suffers an additional loss during the period of *aninus*, all appropriate prayers said at the funeral for the first relation should be recited.[86]

31. A mourner may not attend a funeral during the *shiva* period,[87a] unless it is for a relative for whom he or she becomes an *onen* in which case all laws of *aninus* apply including leaving the house to prepare funeral arrangements and traveling to the cemetery.[87b]

32. A *mohel* who becomes an *onen* should not perform the *mitzvah* of *milah* unless he is the only *mohel* available. Under such circumstances, he may also recite the blessing.[88]

33. If the father of a child who must undergo *milah* or be redeemed as a first born is an *onen*, the ceremony should be postponed until after the burial. The father should travel to the cemetery if he can return in time to participate in the *milah*. If the burial will not take place on the same day, then the *mohel* should recite both blessings.[89] However, a redemption of the first born should be postponed until after the burial.[90] (Refer to Paragraph 3 for further details.)

34. An *onen* who is a *Kohen* should not take part in the redemption of the first born.[91]

35. If someone is aware that an other person has incurred a loss but the *onen* himself is unaware of this loss, he still may invite the *onen* to a simcha or similar affair.[92]

36. For laws concerning an *onen* who may attend a wedding, refer to Chapter 7, Section 5, paragraph 11.

SECTION 3: Laws Concerning the Day of Interment

1. If interment was before the sixth hour of the day, the *onen* is required to recite the *Shacharis* prayers after burial.[93] (Refer to the end of paragraph 4a.)

2. If interment was after the sixth hour, only the following blessings should be recited: *Birchas HaTorah, Shelo Osani Goy, Shelo Osani Aved* and *Shelo Osani Ishah (Sheosani Kirtzonoh).*[94]

3. If the *aninus* commenced after *Alos HaShachar* and interment was on the same day, the entire *Birchos Ha-Shachar* must be recited.[95]

4 (a). *Tefillin* should not be put on during the entire day until after sunrise[96] on the second day of *shiva* even if the burial and death did not take place on the same day.[97] If the deceased is taken to another city or country for interment

and the mourners did not travel with the deceased, then the time when the mourners leave the presence of the deceased is considered as the day of interment.[98]

(b.) If the burial is held at night, the *Tefillin* may not be worn on the following day.[99]

5. One who becomes an *onen* when he is already obligated to recite one of the three daily prayers[100] must recite at the next *Shemoneh Esrei* that he is permitted to say, an additional *Shemoneh Esrei* with the provision that it is the next one in sequence from the one that he missed.[101] If interment coincides with a day when the *Musaf* prayers are added, there is always an obligation to recite them until after *Mincha*, even if he is exempted from the *Shacharis Shemoneh Esrei*.[102]

6. If someone recited *Birchas HaTorah* before becoming an *onen* and the burial takes place on that day, he need not repeat them.[103]

7. A groom during the seven festive days should put on *Tefillin* after interment on that same day.[104]

8. If the burial takes place on the second day of *Yom Tov* or on any day of *Chol HaMoed* (and the individual has the custom not to put on *Tefillin* on these days), nevertheless he should put on *Tefillin* on the day following the conclusion of *Yom Tov* (even though this is his first day of *shiva* when *Tefillin* may be worn).[105]

9. If the burial took place on *Chol HaMoed* and the individual has the custom of putting on *Tefillin* on these days, the *Tefillin* should not be worn even after interment.[106]

10. If the burial takes place on *Purim*, then the mourner should put on *Tefillin* after interment.[107]

a1. שו״ע יו״ד סי׳ שמ״א סעי׳ א׳, כל בו פרק ב׳ סי׳ א׳ אות א׳ וסי׳ ג׳ אות ו׳, ועי׳ סי׳ א׳ אות ג׳ דגם אשה אוננת.

b1. שו״ע שם סי׳ שע״ג סעי׳ ד׳.

2. עי׳ כל בו שם אות ה׳ שמביא טעמי האנינות.

3. ש״ך סי׳ שמ״א ס״ק ב׳, כל בו שם אות 2.

a4. כ״ש ממרן שליט״א הואיל וימי המשתה רגל דידיה הוא וברגל יש בו אנינות, ועי׳ גשר החיים ח״ב פרק ט״ו סי׳ ג׳, ואחרי בירור הענין מסיק דחתן פטור מאנינות, וכן מצאתי בכל בו שם סי׳ ג׳ אות ג׳.

b4. כ״ש ממרן שליט״א היות דבכל עת חייבים להתחרט על החטאים.

5. כל בו שם אות י״ט.

6. כל בו שם אות כ׳.

7. שו״ע שם סי׳ שמ״א סעי׳ ג׳, פ״ת שם ס״ק כ״א, ראה שו״ת רבי עזריאל סי׳ רנ״ג שעכ״פ יניח תפילין בלי ברכה, ועי׳ כל בו שם סי׳ א׳ אות י״ז שמותר בבשר ויין אם הוא איש חלוש וע״ע משנה ברורה סי׳ ע״א אות ד׳.

8. שו״ע שם סי׳ שע״ה סעי׳ ב׳.

9. שו״ע שם סי׳ שמ״א סעי׳ ד׳, כל בו שם סי׳ ג׳ אות ב׳.

10. רמ״א שם סעי׳ ג׳.

a11. גשר החיים ח״א פרק י״ח סי׳ א׳ אות ד׳, והלום ראיתי בנועם חלק ט״ז בשער ההלכה שאם סגרו הארון במסמרים ומסרו הארון לבעלי בית הקברות ולקחו שכר הקבורה ואת המת לרשותם, אז האבלים מותרים לשבת שבעה מיד וביום הקבורה יש להם לנהוג כדין פינוי עצמות.

b11. כ״ש ממרן שליט״א.

12. פ״ת שם ס״ק א׳, גשר החיים שם סי׳ ג׳ אות ב׳, שו״ת רבי עזריאל (טור) סי׳ שמ״א.

a13. עי׳ פרק 2 אות 16.

b13. ראה פרק ב׳ אות b17.

14. רמ״א שם סי׳ ת״ג סעי׳ א׳, שו״ת חלקת יעקב ח״ב סי׳ מ״ו, כל בו שם אות י״ז, עי׳ פ״ת שם סי׳ ת״ג ס״ק א׳ וחזון למועד פרק ל׳ ס״ק ד׳.

15. שו״ע שם סי׳ שע״ה סעי׳ ז׳, עי׳ חזון איש יו״ד סי׳ רי״ג סעי׳ א׳ שצריך לנהוג אנינות.

16. אבן יעקב סי׳ ב׳, כל בו שם אות י״ד, עי׳ גשר החיים שם אות ג׳ כשיש מטפלים אחרים לא חלים עליו דיני אנינות.

17. כל בו שם סי׳ א׳ אות י״ז.

18. כ״ש ממרן שליט״א דכשהוא בדרך אי אפשר לטפל בעניני המת.

19. שו״ת אגרות משה יו״ד ח״א סי׳ רנ״ג וכל בו שם.

Laws of Aninus

20. ש"ך סי' שמ"א ס"ק ה', כל בו שם.

21. עי' שו"ע שם סי' שמ"א סעי' א' דאינו רשאי להחמיר על עצמו, כל בו שם אות ו', גשר החיים שם סי' ב' אות י"ט, עי' עוד שו"ע או"ח סי' ע"א סעי' א' שכתב דאם רוצה להחמיר על עצמו שאין מוחין בידו ועי' עוד משנה ברורה שם אותיות ה'-ז'.

22. שו"ע יו"ד סי' שמ"א סעי' א', עי' כל בו שם אות 41 אם חייב לברך ברכת הנהנין וכן בגשר החיים שם אות 9, עי' עוד ילקוט יוסף סי' ג' אות י"ג אם האונן חייב לתת צדקה לעניים.

23. שו"ע שם סי' שפ"ח סעי' א'.

24. רמ"א שם סי' שמ"א סעי' ה', ערוך השלחן שם אות י'.

25. פ"ת שם סי' שמ"א ס"ק ד', כל בו שם אות י"ב, עי' חידושים וביאורים הלכות אונן סעי' ו' לבעל מטה אפרים שכתב דאינו נוטל מים אחרונים אחר הסעודה אמנם בילקוט יוסף סי' ג' אות י"ג כתוב שהאונן נוטל מים אחרונים.

26. פ"ת שם ס"ק י"ט, כל בו שם אות י"ג, גשר החיים שם אות כ'.

27. כל בו שם סי' ד' אות ז', ראה רמת רחל סי' מ"ו שגם מותר לאונן לומר תהלים שם.

28. כל בו שם סי' א' אות ז'.

29. כל בו שם.

30. כ"ש ממרן שליט"א דהא דאונן אינו קורא ק"ש או מתפלל הוא רק מדרבנן לכן יש להקל ולהתירו לגמור תפלתו עד אחר שמו"ע, עי' גשר החיים שם אות ו' דאם לא התחיל שמו"ע צריך להפסיק, עי' שערי תשובה סי' ע"א ס"ק ו' ומשנה ברורה שם אות י"א.

31. רמת רחל סי' מ"ו, אבן יעקב סי' מ"ו, עי' כל בו שם סי' ד' אות ט' דאין לומר קדיש, וכן מצאתי ביסודי ישרון ח"א מערכת קדיש אות ט', ושוב ראיתי בגשר החיים שם אות ג' שנוהגין דאונן אומר קדיש, עי' פ"ת שם ס"ק י"ד, שו"ת יביע אומר ח"ו סי' ל"ג ושו"ת ציץ אליעזר חלק י"ג סי' מ"ז. ראה ט"ז או"ח סי' ע"א ס"ק ב' שכתב דיאמר קדיש וראה עוד משנה ברורה שם אות ז' ושו"ת אגרות משה יו"ד ח"ג סי' ק"ס.

32. רמת רחל סי' מ"ז, גליון מהרש"א סי' שמ"א, ועי' פ"ת שם ס"ק ט' שיש אומרים דגם מותר לו להתפלל לפני העמוד.

33a. פ"ת שם ס"ק י"ד, באר היטב סי' נ"ה ס"ק ז' ומשנה ברורה סי' נ"ה אות כ"ד, כל בו שם אות ח'.

33b. רמת רחל שם, גשר החיים שם.

34. כ"ש ממרן שליט"א, עי' כל בו שם סי' א' אות י"א דצריך לברך.

35a. שו"ע שם סי' שמ"א סעי' א', כל בו שם סי' א' אות ח'.

35b. רמ"א שם סעי' ה', עי' כל בו שם סי' ד' אות ב'.

36. רמ"א שם, עי' שו"ת ציץ אליעזר חלק ט"ו סי' נ"ו בדבר תשמיש המטה כשהאונן אינו יודע שמת לו מת.

37. כל בו שם סי׳ א׳ אות ט׳, עי׳ שו״ת מנחת יצחק ח״ח סי׳ קכ״א.
38. כל בו שם אות ח׳, ועי׳ גשר החיים שם אות ב׳ שאוסר.
39. עי׳ פרק 4 אות 60-47, כל בו שם.
40. גשר החיים שם אות 9.
41. כל בו שם סי׳ ד׳ אות א׳, שו״ת חלקת יעקב ח״א סי׳ קל״א.
42. גשר החיים שם אות 5, ראה רמת רחל סי׳ מ״ח, ואחרי בירור הדברים מסיק שיש לחוש לדברי השו״ע שם סעי׳ ה׳ שאוסר ישיבה על גבי כסא.
43. שו״ע שם סעי׳ ה׳.
44a. גשר החיים שם סי׳ א׳ אות י׳, פ״ת שם ס״ק כ״ב וכל בו שם סי׳ ב׳ אות א׳, עי׳ גשר החיים פרק י״ח סעי׳ א׳ אות י׳ שכתב דאם מת סמוך לשבת שאי אפשר לקברו בערב שבת דלא חלה האנינות עד מוצאי שבת ועי׳ עוד קש״ע סי׳ קצ״ו סעי׳ י״ב ושערי תשובה סי׳ ע״א ס״ק ו׳.
44b. כ״ש ממרן שליט״א משום דכבר חלה אנינות עליו, עי׳ כל בו פרק ב׳ סי׳ ב׳ אות א׳ וסי׳ ד׳ אות 5 שכתב דאם מת סמוך לשבת שאי אפשר לקברו בערב שבת דמותר להסתפר ולהתגלח.
45. עי׳ פרק 7 אות 170-169.
46. שו״ע שם סעי׳ א׳, כל בו שם אות ב׳, עי׳ יסודי ישרון ח״ה עמו׳ ת״ט לבירור הענין וע״ע משנה ברורה סי׳ ע״א אות ח׳.
47a. דרכי החיים סי׳ ג׳ אות י׳, והמחבר אוסר אפילו להשתתף בסעודת שלש סעודות שנוהגין לאכול ביחד בבתי מדרשות.
47b. מג״א או״ח סי׳ תקמ״ח ס״ק ח׳, כל בו שם אות ד׳, ראה משנה ברורה סי׳ תקמ״ח אות כ״א.
48. רמ״א שם.
49. כל בו שם אות ג׳.
50. מג״א או״ח סי׳ תקמ״ח ס״ק ח׳, כל בו שם אות ד׳.
51. כל בו שם, יסודי ישרון ח״ד עמו׳ שע״ה.
52. עי׳ כל בו שם שמותר לומר תהלים אם יש לו קביעות בכל שבת.
53. כל בו שם, יסודי ישרון ח״ה עמו׳ ת״י.
54. עי׳ פרק 7 אות 235-232.
55. גשר החיים שם סי׳ ב׳ אות ט׳, כל בו שם אות ו׳, ראה ט״ז או״ח סי׳ ע״א ס״ק ד׳ שכתב דצריך לקרות קריאת שמע בעוד יום אמנם במג״א שם ס״ק ג׳ כתוב שאין לעשות כן וראה עוד משנה ברורה שם אות י׳. עי׳ שו״ת יביע אומר יו״ד ח״ו סי׳ ל״ג שכתב דצריך להתפלל ולהבדיל על הכוס מבעוד יום.
56. ש״ך שם ס״ק י״ב.
57a. גשר החיים שם אות ט׳ כל בו שם אות י״ב.
57b. שו״ע או״ח סי׳ רצ״ט סעי׳ ו׳.
58. כל בו פרק ד׳ סי׳ א׳ אות 14, עי׳ דעת תורה יו״ד סי׳ שמ״א שכתב דטוב שיאמר ברוך המבדיל בלא שם ומלכות או ישמע הבדלה מאחר.
59. שו״ע שם.

60. ראה אות a47.
61. גשר החיים שם סי׳ א׳ אות י״א, אמנם במג״א שם כתב דדוקא כשיש עכוב של אונס לא חלה האנינות, וראה כל בו שם אות ח׳, עי׳ שו״ת יביע אומר ח״ד סי׳ כ״ה דלא חלה אנינות ביום טוב, ראה משנה ברורה סי׳ ע״א אות י״א ושו״ת אגרות משה יו״ד ח״ג סי׳ קס״א.
62. שו״ע שם, שו״ת שם, ועי׳ בפ״ת שם ס״ק ט״ו דגם ביום טוב שני של ראש השנה מותר לקבור המת.
63. שו״ת אגרות משה או״ח ח״ג סי׳ ע״ו ויו״ד ח״ג סי׳ קס״א.
64. ט״ז שם ס״ק ג׳, ראה כל בו שם אות י״א, עי׳ גשר החיים שם וכל בו שם אות י׳ שאם המנהג לקבור רק אחר התפלה ואין לאונן מה לטפל במתו, מתפלל שחרית ומוסף, ועי׳ בפ״ת שם ס״ק ט״ו דגם ביום טוב שני של ראש השנה מותר לקבור המת, וראה מג״א סי׳ תקמ״ח ס״ק ח׳ אולם בש״ך יו״ד סי׳ שמ״א ס״ק ט׳ כתוב שיש בו דין אונן גם בלילה.
65. מג״א או״ח סי׳ קכ״ח ס״ק ס״ד, כל בו סי׳ ד׳ אות י׳, עי׳ בגשר החיים שם אות י״ב שאפילו נשאר בבית הכנסת אין לעלות לדוכן.
66. כל בו שם סי׳ ב׳ אות ז׳. אולם במג״א סי׳ תקמ״ח ס״ק ח׳ כתוב שאסור.
67. משנה ברורה או״ח סי׳ תקמ״ח אות ט״ז, מג״א שם.
68. שו״ע או״ח סי׳ תקמ״ח סעי׳ ה׳, כל בו שם אות י״ג.
69. כל בו שם אות ט״ו.
70. כל בו שם אות ט״ז.
71. גשר החיים שם סי׳ ב׳ אות י״א, ועי׳ כל בו שם שמסתפק בזה וכדאי להחמיר לאכול בסוכה אם קרוב לביתו, ראה משנה ברורה סי׳ תר״מ אות ל״א, בשו״ת יביע אומר ח״ד יו״ד סי׳ כ״ה.
72. פרק 7 אות 191-188.
73. כל בו שם אות י״ז, ועי׳ גשר החיים שם אות ט״ז דאם ליכא אחר ידליק בלי ברכה, ע״ע משנה ברורה סי׳ עת״ר אות י״ב.
74. רמ״א או״ח סי׳ תרצ״ו סעיף ז׳ וראה משנה ברורה שם אות כ״ה.
75. מג״א סי׳ תרצ״ו ס״ק י״ד, מקראי קודש עמוד קס״ו.
76. עי׳ מג״א שם ס״ק ט״ו שמסתפק אם מותר בבשר ויין אפילו ביום, ובגשר החיים שם אות ט״ו כתב דנהגו להתיר אונן בבשר ויין ביום וממילא צריך לברך לפני׳ ולאחרי׳, ועי׳ בפ״ת שם ס״ק י״א דכתב שאסור בבשר ויין גם ביום.
77. רמ״א שם, עי׳ מג״א שם ס״ק ט״ז.
78. גשר החיים שם, עי׳ כל בו שם אות י״ח דצריך לקרא פעם שנית בלי ברכה וכן כתוב במג״א שם.
79. גשר החיים שם אות י״ג וכל בו שם אות כ׳, פ״ת שם ס״ק ו׳-ז׳, יסודי ישרון ח״ו עמו׳ שנ״ב, שערי תשובה סי׳ תל״א.
80. כ״ש ממרן שליט״א דלכתחילה חייב לבדוק בלילה ואין להמתין עד למחר, ועי׳ כל בו שם ומקראי קודש ח״א סי׳ מ״ד.
81. גשר החיים שם אות י״ב, כל בו שם אות כ׳.

82. עי׳ פרק 8 אות 55 ובגשר החיים שם כתב שלא יסב האונן בהסיבה.

83. כל בו שם, גשר החיים שם. עי׳ מג״א סי׳ תקמ״ח ס״ק ח׳, ראה גליון מהרש״א סי׳ שמ״א.

84. פ״ת שם ס״ק ו׳, גשר החיים שם אות י״ד. שו״ת חלקת יעקב ח״ג סי׳ ס״ח, אמנם בשו״ת יביע אומר ח״ג או״ח סי׳ כ״ח כתוב דאם הי׳ אונן לילה ויום דאינו סופר שאר הימים בברכה, ראה עוד מועדי ישרון פרק ג׳ אותיות 73-72.

85a. כל בו שם אות כ״ב, שו״ת להורות נתן חלק ו׳ סי׳ ק״ד.

85b. כל בו שם.

86. כל בו שם סי׳ ג׳ אות ט״ו.

87a. רמ״א שם סי׳ שצ״ג סעי׳ ב׳, עי׳ גשר החיים פרק כ״א סי׳ י״ג אות ד׳.

87b. כל בו שם ופרק א׳ סי׳ ח׳ אות ט״ו, פ״ת יו״ד סי׳ שצ״ג ס״ק א׳.

88. כל בו פרק ב׳ סי׳ ד׳ אות י״ב, אבן יעקב סי׳ י״ח.

89. ט״ז שם ס״ק ו׳, כל בו שם, ועי׳ שו״ת ציץ אליעזר ח״ח סי׳ ל״ב שאונן אינו מברך הברכות.

90. גשר החיים שם אות י״ח.

91. עי׳ כל בו שם אות י״א דאם אין כהן אחר יכול לפדות.

92. שו״ע יו״ד סי׳ ת״ב סעי׳ י״ב, עי׳ גליון מהרש״א שם וכל בו פרק ד׳ סי׳ ב׳ אות מ״ט, שו״ת יביע אומר חלק ב׳ אבן העזר סי׳ ב׳.

93. מג״א או״ח סי׳ ע״א ס״ק א׳, עי׳ כל בו פרק ד׳ סי׳ א׳ אות ה׳ שאחר ד׳ שעות יתפלל בלי ברכות ק״ש. אמנם המשנה ברורה שם אות ד׳ כתב דצריך לאמרן. עי׳ דרכי החיים סי׳ ב׳ אות י״א שאם נשאר בביתו ולא הלך למקום הקבורה חל עליו חובת התפלה כשהמת עוזב את הבית, ראה שערי תשובה סי׳ ע״א ס״ק ב׳.

94. משנה ברורה שם, כל בו שם אות 13, ועי׳ פ״ת סי׳ שמ״א ס״ק י״ז שאונן ביום טוב צריך לברך כל ברכות השחר חוץ מהנותן לשכוי בינה, ועי׳ עוד בפרי ישורון ח״א עמו׳ 36 לבירור הענין, ראה גשר החיים פרק י״ח סי׳ ב׳ אות ג׳ שמביא מחלוקת בין הפוסקים אם לומר ברכת אשר יצר כשלא בירך קודם הקבורה וע״ע שערי תשובה סי׳ ע״א ס״ק ב׳.

95. משנה ברורה שם.

96. שו״ע יו״ד סי׳ שפ״ח סעי׳ א׳, כל בו שם סי׳ ב׳ אות ב׳, עי׳ גשר החיים שם סי׳ ד׳ אות ט׳ שבמקום הצורך יכול להניח תפילין קודם נץ החמה, ראה משנה ברורה סי׳ ל״ח אות י״ט ושערי תשובה סי׳ ל״ח ס״ק ב׳.

97. פ״ת שם ס״ק א׳, כל בו שם אות ב׳, ועי׳ שו״ת יביע אומר ח״ב סי׳ כ״ז שיניח תפילין בצנעא, וראיתי בגשר החיים שם אות ה׳ דאם הי׳ חייב במצוות בימים בין המיתה לקבורה משום שלא הי׳ אפשר לטפל במתו, חייב להניח תפילין אחר הקבורה, ראה ט״ז או״ח סי׳ ל״ח ס״ק ג׳ ועי׳ משנה ברורה סי׳ ל״ח אות ט״ז ושערי תשובה סי׳ ל״ח ס״ק ב׳, ראה באר היטב או״ח סי׳ ל״ח ס״ק ה׳ וערוך השלחן יו״ד סי׳ שפ״ח ס״ק ב׳ שאין להניח תפילין דרבנו תם כל ימי האבלות, עי׳ עוד שערים מצויינים בהלכה סי׳ רי״א אות א׳ לבירור הענין.

98. גשר חיים שם אות ז׳.
99. כל בו שם. קש״ע סי׳ רי״א סעי׳ ב׳, ערוך השלחן יו״ד סי׳ שפ״ח ס״ק ב׳.
100. עי׳ שו״ת הר צבי יו״ד סי׳ רס״ד שאם חל האנינות לפני נץ החמה אין מתפלל מנחה שתים, והמשנה ברורה שם כתב שצריך להתפלל שתים.
101. שו״ע שם סי׳ שמ״א סעי׳ ב׳, פ״ת שם ס״ק י״ח.
102. כל בו פרק ב׳ סי׳ ב׳ אות י״ט ועי׳ שערי תשובה סי׳ ע״א ס״ק ו׳.
103. כל בו שם סי׳ ד׳ אות ד׳.
104. גשר החיים שם אות י״ב.
105. גשר החיים שם אות י״א. עי׳ פ״ת יו״ד סי׳ שצ״ט ס״ק ג׳, עי׳ עוד משנה ברורה סי׳ ל״ח אות ט״ז, שערי תשובה סי׳ ל״ח ס״ק ב׳ ושו״ת יביע אומר חלק ב׳ יו״ד סי׳ כ״ז.
106. כל בו פרק ד׳ סי׳ ב׳ אות ו׳ וסי׳ ד׳ אות כ״ג אולם במג״א סי׳ תקמ״ח ס״ק ה׳ כתב שצריך להניחם וראה משנה ברורה סי׳ ל״ח אות ט״ז.
107. אלי׳ רבה או״ח סי׳ תרצ״ו אות ט״ז, ועי׳ כל בו שם אות ל״ה שלפי רוב הפוסקים אין להניח תפילין וכ״כ במג״א סי׳ תרצ״ו ס״ק ט״ז וראה משנה ברורה שם אות כ״ו.

CHAPTER 4

Laws Concerning the Respect for the Dead and the Funeral

SECTION 1: Conduct at the Time of Imminent Death

1. One is not permitted to touch, move,[1] or feed a person during the last throes of death.[2]

2 (a). A person should not be left unattended during the time of death.[3] When possible, a *minyan* should be in attendance.[4a]

(b). They should not stand at the end of the bed.[4b]

3. During the time of death, care should be taken that no parts of the body of the deceased are outside of the bed.[5] If necessary, one may place chairs or objects around the bed so that this will not happen.[6]

4. During the time of death, a candle should be kindled and placed near the head of the bed.[7] (Refer to the laws of *Yahrzeit*, Chapter 12, Section 3, paragraph 13, concerning the kindling of a candle on *Shabbos* or *Yom Tov*.)[8]

5. No discussion should take place in the room where the dying person is lying other than what is necessary for the person lying there.[10] Psalms should be recited, in particular, numbers 121, 130, 19.[11] At the moment of death, the following verses should be recited.

Shema Yisroel[12]	once
Boruch Shem[13]	three times
Hashem Hoo HaElokim[14]	seven times
Hashem Melech[15]	once

During the time of death, it is a tradition to open the windows of the room where the person is lying.[16]

6 (a). After death has been certified (usually about 20 minutes is necessary if no doctor is present),[17] the eyes and mouth should be closed, preferably by a son.[18] If necessary, the mouth should be tied closed with a handkerchief. The limbs should be straightened out.[19] These actions, however, should not be done on *Shabbos*.[20a]

(b). If it is impossible to close the mouth of the deceased, a cloth should be placed over it.[20b]

(c). The deceased should be lowered to the floor onto a sheet, facing upwards with the feet facing the door. The head should be placed on a pillow or elevated in some other manner. The deceased should be completely covered with the sheet at all times.[21] This moving of the body should not be done on *Shabbos*,[22a] or when the interment will not take place on *Yom Tov*.[22b] (Refer to Section 5, paragraph 4, for further details.)

(d). When removing a deceased from a room, the deceased should be removed feet first,[22c] preceding those who are accompanying the corpse.[22d]

7. It is a tradition to cover all mirrors in the house where the deceased is lying.[23]

8 (a). Water or mineral[24] water found in any utensil[25] throughout the building[26] where a death has occurred, even if covered or concealed, should be spilled out[27] unless it was brought into the building after the death occurred.[28] The same law applies to the two buildings nearest the one where the death occurred[29] unless a public road or street intervenes between the buildings.[30] Other liquids including soups, seltzer, tea, soda, etc., need not be spilled out.[31]

(b). There is no obligation to spill out the water in a tank connected to the roof of the building where a death occurred.[32]

(c). The foregoing laws apply even if the deceased was killed[33] or committed suicide.[34]

(d). There is no obligation to spill out the water for the death of a non-Jew or a Jewish child under the age of thirty days.[35]

(e). If the deceased was moved from one building to another, there is no obligation to spill out the water in the second building.[36]

(f). If the death occurred on *Shabbos*,[37] or *Yom Tov*,[38] there is no requirement to spill out the water.[39]

(g). This water may be used for washing one's body or clothes if no other water is available.[40]

(h). If one mistakenly used such water for cooking, then one should invite a guest to join in the meal which was prepared in this water[41] unless the food was prepared for *Shabbos* or some other *mitzvah* in which case, no guest need be invited.[42]

9 (a). From the time of death until interment (including *Shabbos*[43] or *Yom Tov*), the deceased must be watched constantly[44] unless the deceased was placed in a box. In such a case, the deceased need only be watched from time to time.[45]

(b). An infant that did not live thirty days need not be watched.[46]

10. One should refrain from idle conversation or frivolity while watching the deceased.[47] It is also desirable that Psalms be recited while watching the deceased.[48a] All other distractions should also be avoided[48b] e.g. homework, work etc.

11. One[49] is not permitted to pray,[50] learn,[51] eat or drink,[52] wear *Tefillin*,[53] wear *Tzitzis* in the open,[54] give a greeting,[55] or smoke[56] in the same room where the deceased is lying,[57] or within seven and a half feet of the deceased in an open area where the deceased was placed.[58]

12. When possible, the mourners[59] and those responsi-

ble for the interment should abstain from eating a regular meal until after the interment.[60]

13. If the deceased was not put into a box and there was only one person to watch the deceased, there is no obligation for that individual to say any prayers or blessings[61a] except for the Psalms.[61b]

SECTION 2: Laws Concerning the Taharah

1. Before interment, a *Taharah* should be performed on the deceased.[62] If necessary, it is permissible to perform the *Taharah* soon after death.[63] However, the deceased should be placed in a casket immediately afterwards.[64]

2. One may receive payment for performing the *Taharah*, guarding the deceased, interring the remains, or other actions performed for the benefit of the deceased.[65]

3 (a). During the *Taharah* only those participating may be present.[66a]

(b). A son, step-son, son-in-law, or brother-in-law (except through a sibling's marriage) should not participate or be present during the *Taharah*.[66b]

(c). A student of the deceased may be present only if he is participating in the *Taharah*.[67a]

(d). There is no such restriction when the *Taharah* is being performed for a woman.[67b]

(e). Another corpse should not be in the room while a *Taharah* is being performed.[67c]

4. No *Taharah* is performed on an infant that did not live thirty days.[68] The body of the infant is wrapped in a white sheet.[69]

5. If the deceased is found several days after death, when the body is bloated or decomposing, no *Taharah* is performed and the body is only wrapped in a white sheet.[70]

6 (a). The clothes are not removed and a *Taharah* is not

performed if the deceased was bleeding at the time of death.[71] The deceased is wrapped in a white sheet.

(b). If blood flowed from an uncovered part of the body and did not touch the clothes, the clothes may be removed and the *Taharah* is performed on the rest of the body. The fourteen quarts may be poured over that part also if the blood is sufficiently dried so that it will not be washed away.[72]

(c). No *Taharah* is performed for a woman who died during childbirth if blood was flowing during the time of death. The deceased is wrapped in a white sheet.[73a]

(d). One may close openings in the skin of a deceased with cement etc. to stop the flow of blood.

(e). Tubes or bandages should not be removed from the corpse if it will cause blood to flow.

(f). The same law applies to a tag etc. placed on the corpse for the purpose of identification.

(g). A cast must be removed from the corpse before performing the *Taharah*.[73b]

7. No *Taharah* is performed for someone who was murdered[74] or drowned by another person. The deceased is wrapped in a white sheet.[75a]

8 (a). If the clothes were removed by hospital attendants etc., a *Taharah* should be performed and the deceased should be dressed in shrouds.[75b]

(b). If a non-Jew caused an accident which resulted in the death of a Jewish person, no *Taharah* is performed and the deceased should be buried in a white sheet.[75c]

9. The following is only a general outline concerning the laws of the *Taharah*, as it is impossible to discuss the exact laws and procedures, as they vary from one *Chevra Kadisha*[76] to another.

> a. Before the *Taharah* begins, those participating should wash their hands (using a utensil) three times,

alternately, beginning with the right hand.[77] They should then proceed to recite the prayers found in the *Maver Yabok*. During the entire *Taharah* and dressing of the deceased, they should refer to the *Maver Yabok* for the recitation of the proper prayers in sequence. (Refer to Appendix.)

b. The body is placed facing up on the *Taharah* board or table. The head must remain facing upward during the entire *Taharah*.[78]

c. The clothing is torn off the deceased and the body is wiped clean. The body should be pressed around the middle so that all dirt inside the body will come out. The anal area should then be cleansed as deeply as possible.[79] The head need not be shaken very strongly to remove dirt from deep inside the mouth.

d. The private parts of the body are covered[80] and the body is washed with lukewarm water in the following order: head, neck, right side of the body, and the left side of the body. The deceased is raised and the back is washed in a similar manner beginning with the right side and then the left. However, the head should always remain facing upwards, while the back is being washed.[81]

e. The nails of the hands and feet are cleaned thoroughly.[82]

f. Some have the custom of combing the hair of the deceased.[83]

g. The utmost care should be taken that the limbs remain straight and do not bend or close during the entire procedure.

10 (a). Those participating in the *Taharah* should again wash their hands in the prescribed manner[84] and the completely uncovered body of the deceased should be lifted off

the *Taharah* board (or table) and be loosely held in an upright manner flanked on the right and left side by two of the participants.[85] Fourteen[86] quarts of water are then poured over the entire body (from head to toe) in a continuous stream, from not more than three utensils.[87] If this is not possible, the deceased should be placed on blocks which have been washed with the *Taharah* water at an angle with the head higher than the feet. (Refer to paragraph 9a.)

(b). The deceased should not be placed under a shower or washed by a hose,[88] nor should the utensils be filled by a non-Jew.[89]

(c). Some have the custom to immerse the deceased in a *mikvah* instead of just pouring the fourteen quarts of water over the deceased.[90]

11. The deceased is then placed on a dry sheet on the *Taharah* board and wiped dry.[91]

12. Surgical gloves may not be worn during the *Taharah*, unless the deceased had a contagious or infectious disease. Those wearing surgical gloves should put them on after washing their hands.

SECTION 3: The Requirements of Shrouds for the Deceased

1. After the *Taharah* is completed, the deceased is dressed in shrouds sewn by the hands of a woman[92] past the age of menopause.[93] The shrouds should not have hems, seams, pockets,[94] or knots[95] and the material should be white[96] linen.[97] If linen is too expensive, one may substitute another inexpensive white material.[98]

2. Care should be taken that the shrouds remain clean.[99]

3. Some people have the tradition of preparing shrouds during their lifetime.[100]

4 (a). A covering (*Mitznephes*) is first placed on the deceased, covering the entire face, head and neck. Even if

several people are participating in the *Taharah*, the deceased should be dressed one shroud at a time.

(b). The pants are then put on and tied at the middle of the stomach in a bow in the shape of the letter *shin*. The pants are then also tied with a bow at the ankles, and socks are placed on the feet.

c. A long shirt (*ksones*) with only an opening at the head is then put on the deceased, and should cover the entire body. The *ksones* is tied at the neck with a bow also in the form of the letter *shin*.

(d). The snaps and buttons of a *kittel*[101] are removed (preferably from a *kittel* worn by the deceased during his lifetime) and the *kittel* is carefully placed on the deceased (right side over the left) so as not to disturb the placement of the other shrouds. Then a belt is wound around the deceased and tied with a bow in the form of the letter *shin*.[102]

5. A linen cover is spread out in the casket. This cover should be large enough to hang over the sides.

6 (a). In the case of a male deceased, the *Tzitzis* of one corner of a woolen[103] *Talis* (preferably from the *Talis* worn by the deceased during his lifetime[104]) is tied in a knot.[105] If there are ornaments on the *Talis*, they are first removed.[106a] However, gold or silver threads woven into the fabric of the *Talis* do not have to be removed.[106b] The *Talis* is spread out in the casket in the same manner as the linen cover.

(b). A male under the age of thirteen is buried in a *Talis Koton* unless he had the custom of wearing a *Talis Godol*.[107]

7. The deceased is placed in the casket.[108] A mixture of egg-whites[109] mixed in wine or vinegar[110] is spread in various places around the head of the deceased.[111] The body is then wrapped in the *Talis* and/or covered with the cover.

8 (a). Pieces of earthenware (e.g. broken dishes) are placed in the casket on the eyes and mouth.[112]

(b). Bags of earth should be placed in various places in the casket.[113a] It is traditional to use earth from Israel.[113b]

(c). The casket should contain several holes.[114a] Straw should not be placed on the bottom of the casket.[114b]

9. In the grave or casket, all the parts of the body should be straight with the hands placed on their respective sides.[115]

10. At no time should the casket be opened to view the deceased.[116]

11. If a limb must be removed from a living person, the limb must be cleaned and washed before interring it.[117]

SECTION 4: Laws Pertaining to the Casket

1. The casket should be made of wood.[118] However, the nails or handles may be metallic.[119] It is meaningless to provide an expensive casket when a simple wooden one without embellishments has greater validity. Interior linings of linen or pillows are forbidden.[120a] (Refer to Section 3, paragraph 8c.)

2. One is not permitted to place flowers on the casket and it is preferable not to send flowers to the funeral chapel or home of the mourners.[120b]

3. It is preferable to carry the casket on one's shoulders[121] if the deceased needs to be carried a long distance.[122] If possible, the mourner should not carry the casket.[123]

SECTION 5: Laws Pertaining to the Funeral

1. One is not permitted to delay the burial of a deceased[124] unless:
   a. The casket or shrouds are unavailable.[125]
   b. The son(s) of the deceased must arrive from a distant place.[126]
   c. In order to permit the arrival of many people to join in the funeral of a great Torah scholar.[127]
   d. If any of the above circumstances apply, care should be taken to hold the delay to a minimum.[128]

2. A pregnant woman who died should be buried as

soon as possible without first removing the unborn infant for a separate burial.[129]

3. One may delay the interment of an infant of less than thirty days for any valid reason.[130]

4 (a). Funerals are not permitted on *Shabbos* or *Yom Kippur*[131] and are to be discouraged on *Yom Tov*.[132] If the funeral is to take place on the first day of *Yom Tov*, only non-Jews may perform the actual burial.[133] On the second day of *Yom Tov*, a non-Jew should prepare the grave and drive the hearse.[134] Only the people needed to inter the deceased may travel to the cemetery and return.[135] They should place the deceased in the grave and if they so desire, they may cover the deceased with earth; otherwise, a non-Jew should do it.[136a]

(b). A deceased should not be sent to Israel for interment on the second day of *Yom Tov*.[136b]

(c). On *Shabbos*, *Yom Kippur*, or when the deceased is not interred on *Yom Tov*, the body may not be moved[137] unless (a) it is important for the benefit of the deceased (e.g. a fire endangers the body or decay will be hastened by the present environment); and (b) a bread[138] or other usable item is moved along with the deceased.[139] Under extreme circumstances[140a] when the body must be moved from the building through the public domain on *Shabbos*, a non-Jew must be asked to do the moving.[140b]

(d). If the deceased is interred on the second day of *Yom Tov*, it is preferable that the funeral take place before the meal.[140c]

5. A bride or groom may attend a funeral during the seven festive days.[141]

6. A tourist visiting Israel may attend a funeral and even assist in carrying the deceased on the second day of *Yom Tov*. If there is also a eulogy (as there would be if the deceased were a great scholar) the tourist should not attend.[142]

7 (a). One is only obligated to follow the funeral proces-

sion for a distance of seven and a half feet[143] unless the deceased was a Torah scholar. Then, one should make an effort to travel to the cemetery.[144] There is also an obligation to follow the body of the deceased for seven and a half feet whenever it is moved.[145] When only parts of a body are being interred, one need only rise as the remains are carried past.[146]

(b). In a situation when one is not permitted or not obligated to attend the funeral,[147] one must still rise whenever a deceased passes within seven and a half feet[148] and must remain standing until the deceased has left his presence.[149]

(c). Even someone who is in a building or a vehicle alongside which a deceased passes, is obligated to rise.[150]

8. One must cease even Torah learning to attend to the needs of a deceased if no other people are available.[151] If others (a *Chevra Kadisha*) are caring for the deceased, it is still advisable[152] to refrain from work during the funeral.[153] However, one should not refrain from Torah study if a *minyan* will be present through the interment.[154] If the deceased studied Torah, one is always obligated to attend the funeral.[155]

9. Children who are learning Torah should not attend a funeral[156] unless the deceased was a great Torah leader or a great supporter of Torah learning, and the children are sufficiently mature to be inspired by coming to the funeral.[157a]

10. It is preferable that a pregnant woman refrain from attending a funeral or travel to the cemetary.[157b]

11. A divorced person may attend the funeral of a former spouse.

12. One who has previously exhibited animosity towards the deceased may attend the funeral[158] but should not carry the casket.[159a]

13. One may not attend a non-Jewish religious service for a gentile friend, but may follow in the procession to the cemetery when necessary.[159b]

14 (a). It is preferable that women not travel to the cemetery even if they are mourners.[160a]

(b). It is preferable that a woman who is in the state of *Nidus* should not travel to the cemetery.[160b]

15. After escorting a deceased, it is preferable not to return along the same route traveled by the deceased.[161]

SECTION 6: Laws Concerning a Eulogy for the Deceased

1. There is an obligation to eulogize both male[162] and female deceased people.[163] It is preferable to conduct the eulogy before the *Taharah*.

2. If the eulogy is held in a synagogue, then the deceased should not be brought into the sanctuary[164a] unless he was a distinguished Torah leader.[164b]

3. One may schedule a eulogy to be held at night.[165]

4. No eulogy should be held if it is against the previously expressed wishes of the deceased.[166]

5 (a). A eulogy should not be scheduled later than twelve months after the death,[167] but words of praise for the deceased may be said afterwards.[168a]

(b). If a eulogy is planned for the conclusion of the *shloshim*, it should coincide with the thirtieth day[168b] of death and not of the interment.[168c]

6. One may not eulogize[169] the deceased on a day when *Tachnun* is not recited, or after mid-day on a day preceding the omission of *Tachnun*.[170] (Refer to the laws of *Tzidduk HaDin* concerning the days when *Tachnun* is not recited[172] Chapter 5, Section 4, paragraph 5.)

7. One should not eulogize a deceased within thirty days[173] of *Pesach, Shevuos,* or *Succos*[174] unless (a) it is the day of the death, or (b) for a death that occurred within these thirty days,[175] or (c) the deceased is a Torah scholar and it was impossible to hold the eulogy before this time.[176]

8. An *onen* may eulogize a deceased even on a day when

Tachnun is not recited, but not on a *Shabbos* or *Yom Tov*.[177]

9. After the euolgy, the *Molei Rachamim* should be recited.[178] (Refer to the laws of *Yahrzeit* concerning the recitation of the *Molei Rachamim*[179] Chapter 12, Section 3, paragraphs 19–23.)

SECTION 7: The Prohibition Against Having any Benefit from a Deceased

1. One may not benefit from the body of a deceased,[180] although one is permitted to look at or inspect a body or parts of a body if there is a valid reason.[181]

2. One may not embrace or touch a deceased unless it is involved with the interment.[182]

3. A wig that remained on the head of a deceased until after death may not be used by someone else and should be buried with the deceased.[183]

4 (a). False teeth and artificial limbs worn at the time of death may not be removed from a deceased. (Refer to the Laws of the Cemetery for further discussion,[184a] Chapter 5, Section 7, paragraph 4.)

(b). A pacemaker that has been rented, may be removed and returned to its rightful owner.[184b]

5. Jewelry[185] and clothing that were worn by the deceased at the time of death, or that were placed on the deceased afterwards without intending to bury the deceased with them on, may be removed and reused.[186]

6. One should not wear footwear that was worn by the deceased at the time of death, or during a sickness resulting in the death.[187]

7. Transplants should not be accepted from a deceased Jewish donor, but may be accepted from a deceased non-Jewish donor.[188] Heart transplants are not permitted at all.[189]

8. Autopsies are strictly prohibited.[190] However, one

may permit the authorities to remove liquids or blood samples, or attach electronic instrument needles inside the body.[191] If extenuating circumstances arise, a competent rabbinical authority must first be consulted.

9. One may perform experiments with flesh that had been removed from a living person.[193]

10 (a). A casket from which a deceased, for some reason was removed may not be resold.[194] It may, however, be donated for use with another deceased, provided that the receiving family has no knowledge of the previous user.[195] If a casket was used to transport a deceased to Israel, it may not be used for another deceased under any circumstances.[196]

(b). A casket or shroud which was set aside for use by a particular deceased, but was not used, is permissible to others.[197]

SECTION 8: Additional Laws

1. One may not insult or spread gossip concerning the deceased.[198] If one does this, he should go to the gravesite and ask to be forgiven.[199] If the offender would have to travel a great distance to the gravesite, he may send a messenger in his stead.[200]

2 (a). A non-Jew should not be permitted to touch a Jewish deceased or carry the casket.[201] However, under extenuating circumstances (as when enough Jews are not available to perform the *Taharah*) a non-Jew may even help in the *Taharah* in order to avoid any long delay in the interment.

(b). A non-observant Jew should not touch a deceased or carry the casket of a deceased observant Jew unless there were not enough observant Jews available.

(c). It is preferable that the driver of the hearse in a funeral procession should be Jewish.[202]

(d). If no Jews are available to watch the deceased, a non-Jew should be hired.[203]

3. A deceased may not be cremated even if this was demanded by the deceased before death.[204]

4. The embalment of a deceased is not permitted.[205] If the deceased must be given injections in order to travel a long distance, care should be taken that the amount used will not cause the body to become mutilated.[206]

1. שו"ע יו"ד סי' של"ט סעי' א'.
2. שערים מצויינים בהלכה סי' קצ"ד אות ג'.
3. שו"ע שם סעי' ד', כל בו פרק א' סי' א' אות ט"ז.
a4. גשר החיים פרק ב' סי' ב' אות ד'.
b4. חזון למועד פרק א' ס"ק ה'.
5. ט"ז שם ס"ק ד'.
6. גשר החיים שם אות ט'.
7. גשר החיים פרק ב' סי' ג' אות ג', כל בו שם אות י"ט.
8. עי' פרק 12 אות 53, ראה גשר החיים פרק י"ז סי' א' אות ב' שאפשר להדליק נרות אלו ע"י ישראל אע"פ שלא יהי' שום שימוש מאורו.
9. כל בו שם, גשר החיים פרק ג' סי' ב' אות ב'.
10. כל בו שם אות י"ז, גשר החיים פרק ב' סי' ב' אות ז'.
11. גשר החיים שם סי' ג' אות א', חזון למועד פרק ב' אות ז'.
12. שמע ישראל ה' אלקנו ה' אחד.
13. ברוך שם כבוד מלכותו לעולם ועד.
14. ה' הוא האלוקים.
15. ה' מלך, ה' מלך, ה' ימלוך לעולם ועד.
16. גשר החיים שם אות ד', עי' קש"ע סי' קצ"ד סעי' ה' שכתב דפותחין החלונות אחר יציאת הנפש.
17. גשר החיים פרק ג' סי' ב' אות א', עי' שו"ת ציץ אליעזר ח"ט סי' מ"ו. נועם חלק ט"ז עמו' צ"ד.
18. עי' גשר החיים פרק י' סי' ג' אות ג', כל בו שם אות כ"ד.
19. שו"ע שם סי' שנ"ב סעי' ד', גשר החיים פרק ג' סי' ב' אות ב'.
a20. שו"ע או"ח סי' שי"א סעי' ז', כל בו שם סי' ג' אות ל"ה.
b20. גשר החיים פרק י' סי' ב' אות א'.

21. גשר החיים פרק ג׳ סי׳ ב׳ אות א׳-ב׳.
22a. שו״ע שם, עי׳ גשר החיים שם אות ג׳ שמותר להוריד אותו לארץ להפשיט בגדיו.
22b. ראה אותיות 132-131.
22c. גשר החיים פרק י״ב סי׳ ד׳ אות א׳.
22d. בית לחם יהודה סי׳ שס״ב.
23. גשר החיים פרק ג׳ סי׳ ב׳ אות ה׳, ובאות 4 כתב שהמנהג לכסות גם תמונות אנשים.
24. עי׳ שו״ת בית יצחק יו״ד ח״ב סי׳ ק״נ דבמקום הפסד אין צריך לשפכם.
25. כל בו פרק א׳ סי׳ ב׳ אות ג׳.
26. ראה גשר החיים שם סי׳ ג׳ אות ד׳ דבית שיש כמה קומות ומשפחות הרבה גרים שם, אין להחמיר ולשפוך המים רק מהדירות שבקומה שהמת שם, ואם אין שם דירות אז הדיירים שבשתי הקומות היותר קרובות למת צריכים לשפוך המים, ועי׳ כל בו שם אות ד׳ דאפילו יש דיירים צדדיים, אלו שלמעלה ולמטה צריכים לשפוך.
27. שו״ע יו״ד סי׳ של״ט סעי׳ ה׳, עי׳ שו״ת יביע אומר ח״א סי׳ כ״ג ושו״ת הר צבי יו״ד סי׳ רס״א כשיש הפסד, המים מותרים.
28. באר היטב שם ס״ק ה׳.
29. ט״ז שם ס״ק ד׳, ראה פ״ת שם ס״ק ו׳ שהג׳ בתים היינו עם הבית שהמת שם, עי׳ גשר החיים שם אות ב׳ דאפילו אם הבתים מחוברים אין להחמיר בשפיכת המים יותר מג׳ בתים, ועי׳ שו״ת מחזה אברהם ח״ב יו״ד סי׳ ל״ז שאין להחמיר יותר מזה אפילו כל הבתים של איש אחד.
30. כל בו שם אות 4.
31. גשר החיים שם אות י״א, שו״ת יביע אומר שם.
32. גשר החיים שם אות ח׳, שו״ת ישכיל עבדי ח״ב סי׳ י״ג.
33. כל בו שם אות 3, עי׳ גשר החיים שם אות ה׳ שצריך לשפוך רק המים שהיו באותו חדר שנהרג.
34. כל בו ח״ב פרק א׳ סי׳ ב׳ אות ב׳.
35. כל בו ח״א פרק א׳ סי׳ ב׳ אות א׳, עי׳ פ״ת שם ס״ק ד׳ ששופכין המים, ראה שו״ת יביע אומר שם.
36. גשר החיים שם אות ו׳, כל בו שם אות 1.
37. עי׳ פ״ת שם שצריך לשפוך המים במוצאי שבת.
38. עי׳ כל בו שם אות 6 דרבים נהגו לשפוך המים אם מת ביום טוב שני.
39. גשר החיים שם אות ז׳, כל בו שם אות ג׳.
40. פ״ת שם, כל בו שם אות ד׳, שו״ת יביע אומר שם.
41. כל בו שם אות ה׳, גשר החיים שם אות י׳ שיש מקילין במקום הפסד.
42. פ״ת שם, ראה שו״ת יביע אומר שם.
43. רמ״א שם סי׳ שע״ג סעי׳ ה׳, כל בו שם סי׳ ג׳ אות ד׳.

44. שו״ע שם סי׳ שמ״א סעי׳ ו׳, עי׳ גשר החיים פרק ה׳ סי׳ ד׳ אות ד׳ שמביא טעמי שמירת המת.

45. שו״ת אגרות משה יו״ד ח״א סי׳ רכ״ה.

46. גשר החיים פרק י״ב סי׳ ו׳ אות ח׳.

47. כל בו שם אות ט׳, גשר החיים פרק ה׳ סי׳ ד׳ אות א׳.

a48. גשר החיים שם, ערוך השולחן יו״ד סי׳ שס״ז ס״ק ה׳, ראה שו״ת יביע אומר ח״ו או״ח סי׳ ל׳ בדבר אמירת תהלים בלילה.

b48. כ״ש ממרן שליט״א משום דהיסח הדעת דומה לשינה.

49. עי׳ כל בו שם סי׳ ג׳ אות 5 שגם אחר שאינו קרוב למת אסור לאכול שם, וראה אות 57.

50. שו״ע או״ח סי׳ ע״א סעי׳ א׳.

51. ראה אות 58, עי׳ כל בו שם אות 6 אם מותר ללמוד לפני קטן או אשה שמתו ובגשר החיים שם סי׳ ב׳ אות ג׳ כתוב שאסור, עי׳ עוד משנה ברורה סי׳ כ״ג אות ה׳.

52. עי׳ גשר החיים שם סי׳ א׳ אות ד׳ שמותר לשתות מים לפני המת אם אין צריך לברך, עי׳ עוד ערוך השלחן יו״ד סי׳ שמ״א ס״ק ח׳ דשתיית או אכילת ארעי מותר בחדר שמונח המת כשיחזיר פניו מהמת, עי׳ בירור הלכה יו״ד סי׳ שמ״א שלאחר בירור הענין מסיק דאדם אחר שאינו אבל מותר לאכול סמוך למת אמנם המחמיר בכבוד המת תבא עליו ברכה.

53. שו״ע או״ח סי׳ מ״ה סעיף א׳ וראה משנה ברורה סי׳ כ״ג אות ב׳.

54. שו״ע שם סי׳ כ״ג סעיף ג׳.

55. עי׳ גשר החיים שם סי׳ ד׳ אות ב׳ שיש מקילין בשאילת שלום שלנו.

56. כל בו שם אות ח׳.

57. ש״ך יו״ד סי׳ שמ״א ס״ק ג׳, פ״ת שם ס״ק ב׳.

58. שו״ע יו״ד סי׳ שד״ם סעי׳ ט״ז, ש״ך שם ס״ק י״א, עי׳ דעת תורה סי׳ שד״מ.

59. כל בו פרק ב׳ סי׳ א׳ אות ח׳, והלום ראיתי בזכרון ש״י עמו׳ מ״א דטוב לטעום משהו שלא יהי׳ בכלל דורש אל המתים זה המרעיב עצמו וכו׳.

60. ט״ז סי׳ תקכ״ו ס״ק ו׳, מג״א סי׳ תקכ״ו ס״ק כ״א, כל בו פרק א׳ סי׳ ח׳ אות ו׳, ועי׳ שערי תשובה סי׳ תקכ״ו שכתב דזה דוקא היכא דליכא חבורה קדישא וגם רק ביום הקבורה.

a61. שו״ע יו״ד סי׳ שמ״א סעי׳ ו׳.

b61. ראה אות a48.

62. רמ״א שם סי׳ שנ״ב סעי׳ ד׳, גשר החיים פרק ט׳ סי׳ א׳ אות א׳, כל בו שם סי׳ ו׳ אות א׳, עי׳ פ״ת יו״ד סי׳ שנ״ב ס״ק ג׳ שבמקום שאי אפשר לקברו עד אחר כמה ימים, צריך לטהרו ולהלבישו מיד.

63. כל בו שם אות י״ב, פ״ת סי׳ שנ״ב ס״ק ג׳.

64. גליון מהרש״א שם סי׳ שנ״ב. שו״ת אגרות משה יו״ד ח״ב סי׳ קמ״ח.

65. כל בו שם סי׳ ג׳ אות כ״ב, אבן יעקב סי׳ ט׳, גשר החיים פרק ח׳ אות י״ב, שו״ת חלקת יעקב ח״א סי׳ ק״ל.

a66. כ״ש ממרן שליט״א משום דצריך למנוע בזיון להמת.

b66. שו״ת אגרות משה יו״ד ח״ב סי׳ קמ״ז, ועי׳ גשר החיים פרק י״ב סי׳ ב׳ אות ד׳.

a67. גשר החיים שם אות ב־ג, כל בו שם סי׳ ו׳ אות ה׳־14.

b67. עי׳ מס׳ פסחים דף נ״א ע״א דחז״ל אסרו דוקא איש לרחוץ עם אביו וכו׳, ולא אשה וכ״ש לאחר מיתה שמותרת להיות שם בזמן הטהרה שזה גם לכבודה.

c67. כ״ש ממרן שליט״א משום דצריך למנוע בזיון להמת.

68. כ״ש מכמה חברי קדישא דפה, אמננם בגשר החיים שם סי׳ ו׳ אות א׳ כתב שנוהגים לעשות טהרה אף בנפלים.

69. גשר החיים שם אות ב׳.

70. כ״ש ממרן שליט״א, ראה שו״ת אגרות משה יו״ד ח״א סי׳ רמ״ג.

71. רמ״א שם סי׳ שס״ד סעי׳ ד׳, ראה ש״ך שם ס״ק י״א, עי׳ כל בו שם אות 18 ובפרק ג׳ סי׳ ב׳ אות י״ט, גשר החיים פרק י״א אות א׳ ואות ו׳.

72. עי׳ גשר החיים שם אות ז׳ שכתב דאם לא מת משטיפת הדם כגון דם הבא מנחירין או נקבין מטהרין אותו כרגיל, ועי׳ שו״ת ציץ אליעזר חלק י״א סי׳ ע׳ בבירור הענין.

a73. רמ״א שם, כל בו פרק א׳ סי׳ ו׳ אות ט״ז ואות 19, ובגשר החיים שם אות ו׳ כתב שבירושלים נוהגין לעשות טהרה, עי׳ שו״ת ציץ אליעזר שם.

b73. כ״ש ממרן שליט״א.

74. שו״ע שם סי׳ שס״ד סעי׳ ד׳, גשר החיים שם אות ג׳.

a75. ט״ז שם סי׳ שס״ד ס״ק ג׳, ש״ך שם, גשר החיים שם.

b75. כ״ש ממרן שליט״א ועי׳ כל בו פרק א׳ סי׳ ו׳ אות 18.

c75. כ״ש ממרן שליט״א משום דנכרי שהרג בשוגג דינו כמזיד ולכן קוברים המת בלי טהרה ותכריכין כדי להעלות חימה ולנקום נקמה אמנם באופן שיכולים גם לתלות שקרה באונס צריך קבורה בטהרה ותכריכין.

76. עי׳ שו״ת יביע אומר ח״ג סי׳ כ״ה דאין ללבוש שחורים בתלבושת אחידה.

77. גשר החיים פרק ט׳ סי׳ א׳ אות א׳, עי׳ גשר החיים שם שאלו הצריכים טבילה כדאי שיטבלו עצמם לפני שמתחילים הטהרה, עי׳ עוד שם סי׳ ד׳ אות א׳ שכתב דיש ליזהר שלא ישאוב הנכרים או בעלי קרי או נשים שלא טבלו, את המים שהם מהתשעה קבין ששופכים על המת בסוף הטהרה.

78. כל בו שם אות א׳.

79. עי׳ כל בו שם שכתב דלא נוהגין לעשות הבדיקה הפנימית אמנם בגשר החיים שם סי׳ ג׳ מפרש הסדר לבדיקה זו. עי׳ כל בו שם אות 7.

80. ערוך השלחן יו״ד סי׳ שנ״ב אות ד׳, עי׳ גשר החיים שם סי׳ א׳ אות א׳ שכתב דכל הרחיצה דרך הסדין.

81. כל בו שם אות א׳ ועי׳ גשר החיים שם שנוהגין לרחוץ במים קרים.
82. גשר החיים שם סי׳ ג׳ אות ו׳, וראה אות 4 שהיום לא נוהגין בגזיזת הצפרנים.
83. דרכי משה יו״ד סי׳ שנ״ב, ראה גשר החיים שם שהיום לא גוזזין השערות.
84. ראה אות 77.
85. גשר החיים שם סי׳ ד׳ אות א׳. עי׳ אות ב׳ שצריך דוקא להעמידו.
86. בדבר השיעור דתשעת קבין לפי מדת האנצעס, הוא על פי הקול דודי סי׳ ב׳ אות ו׳ שכתב דשיעור ביצה 2.2 אנצעס.
87. גשר החיים שם, עי׳ שו״ת אגרות משה יו״ד ח״ג סי׳ קמ״ז.
88. שו״ת מנחת יצחק ח״ה סי׳ ק׳.
89. גשר החיים שם.
90. גשר החיים שם אות ה׳, עי׳ שו״ת ישכיל עבדי ח״ד סי׳ כ״ד שצריך לטבול המת כשהקפיד בחייו על טבילת קרי, עי׳ עוד שו״ת אגרות משה יו״ד ח״ג סי׳ קל״ה־קל״ז שכתב דאין לטבול אלא גדולים וקדושים.
91. גשר החיים שם אות ג׳.
92. גשר החיים פרק י׳ סי׳ א׳ אות ב׳, עי׳ נועם חלק כ״ב עמו׳ רצ״ב שמותר לעשות תכריכין ע״י נכרי.
93. גשר החיים שם, אמנם בכל בו שם אות א׳ כתוב רק שלא תהיינה בימי נדתן.
94. גשר החיים שם אות ד׳.
95. כל בו שם.
96. שו״ע שם סי׳ שנ״ב סעי׳ ב׳.
97. פ״ת שם אות ב׳.
98. גשר החיים שם אות א׳.
99. גשר החיים שם אות ג׳, עי׳ גשר החיים שם אם התכריכין מלוכלכים שדי לכבסותם עד שיהיו נקיים ואין צריכים לקנות חדשים.
100. כל בו שם אות י״ג.
101. עי׳ כל בו שם אות 24 שאם יש קצת נוי בקיטל אין להסירו.
102. גשר החיים שם סי׳ ב׳ אות א׳.
103. כל בו שם אות ט׳.
104. כל בו שם, עי׳ אות 23 שאם הטלית של שבת יותר נאה משל חול, צריך לקבור בה.
105. ש״ך שם סי׳ שנ״א ס״ק ב׳, כל בו שם אות ח׳.
106a. ראה קש״ע סי׳ קצ״ז סעי׳ א׳ שאם הי׳ לו טלית נאה אין להחליפה, עי׳ שערים מצויינים בהלכה שם אות ד׳. חכמת אדם כלל קנ״ז אות ח׳.
106b. כ״ש ממרן שליט״א.
107. כל בו שם, עי׳ שערים מצויינים בהלכה שם אות ה׳ שכתב דיש נוהגין לקבור בחור שלא לבש טלית גדול בטלית קטן.

108. שו״ע שם סי׳ שס״ב סעי׳ א׳, עי׳ אבן יעקב סי׳ כ״ד בבירור הענין.
109. רמ״א שם סי׳ שנ״ב סעי׳ ד׳.
110. כל בו שם אות 6.
111. רמ״א שם, ובגשר החיים פ״ט אות 4 כתוב דהיום לא נוהגין כן, ועי׳ כל בו שם אות 5.
112. ש״ך שם סי׳ שס״ב ס״ק א׳.
113a. באר היטב יו״ד סי׳ שס״ב ס״ק א׳.
113b. רמ״א יו״ד סי׳ שס״ג סעי׳ א׳, גשר החיים פרק כ״ז סי׳ י׳ כל בו פרק ג׳ סי׳ ב׳ אות י״ז.
114a. ש״ך שם, עי׳ גשר החיים פרק ט״ז סי׳ א׳ אות ג׳ שיש להסיר הדף משולי הארון.
114b. כ״ש ממרן שליט״א משום דנראה כאילו המת מונח על מזרון ולא בארון ממש.
115. גשר החיים פרק ט״ו סי׳ ב׳ אות ו׳.
116. כל בו פרק א׳ סי׳ ג׳ אות י׳.
117. גשר החיים פרק ט״ז סי׳ ב׳ אות ב׳, עי׳ פ״ת שם סי׳ שס״ב ס״ק א׳.
118. ראה אות 108, עי׳ כל בו ח״ב פרק ג׳ סי׳ ב׳ אות ב׳ שאין להתיר קבורה בשום אופן בארון מתכת, וכן מצאתי בשו״ת ישכיל עבדי ח״ו סי׳ כ״א, אולם בשו״ת משפטי עזיאל יו״ד ח״ג סי׳ קכ״ב כתב שמותר לקבור המתים שהביאו מחוץ לארץ בארון מתכת כשיש בו נקבים, עי׳ שו״ת מנחת יצחק ח״ה סי׳ צ״א דאין לקבור בארון של אבן.
119. כל בו ח״א פרק ג׳ סי׳ ב׳ אות ט״ו.
120a. שו״ת אגרות משה יו״ד ח״ג סי׳ קל״ד.
120b. כל בו פרק א׳ סי׳ ג׳ אות ל״ד, שו״ת ישכיל עבדי ח״ד סי׳ כ״ה, אבל בשו״ת יביע אומר ח״ג סי׳ כ״ד כתוב שמותר, ראה שו״ת דברי ישראל ח״ב סי׳ נ״ב.
121. גשר החיים פרק י״ב סי׳ ד׳ אות ג׳, כל בו שם סי׳ ח׳ אות ב׳.
122. כ״ש ממרן שליט״א.
123. כל בו שם אות 2, אמנם באות ד׳ כתב שגם האבל נושא את המת, עי׳ גשר החיים שם סי׳ ג׳ שאין בניו ובנותיו ויוצאי חלציו מלווין המת לבית הקברות, וכעת ראיתי בשו״ת יביע אומר ח״ד סי׳ כ״ז שאין למחות בחזקה לאלו הבאים מחוץ לארץ ורוצים ללוות את המת שהביאו עד מקום הקבורה, ועי׳ שו״ת משפטי עזיאל יו״ד ח״ב סי׳ קכ״ו.
124. שו״ע שם סי׳ שנ״ז סעי׳ א׳, עי׳ ש״ך סי׳ שצ״ד ס״ק ב׳ שדוקא בימיהם חששו על המת עד ג׳ ימים שמא עדיין חי, ראה פ״ת סי׳ שנ״ז ס״ק א׳ ושו״ת יביע אומר ח״ד סי׳ כ״ח, אמנם בשו״ת אגרות משה יו״ד ח״ב סי׳ קמ״ו כתב שאפילו הפסיק לנשום אבל רואים תגובות הלב ע״י עלעקטריק קאַרדיאָגרם יש לו דין חי לכל דבר, עי׳ עוד שו״ת אגרות משה יו״ד ח״ג סי׳ קל״ב וסי׳ קל״ט.

שוב מצאתי בשו״ת ציץ אליעזר חלק י״ד סי׳ פ׳־פ״א שכתב דמותר להסיר מכשיר הנשימה כשאין חיות עצמו מן המוח או הלב ורק יש שם גורם חיצוני שנותן תנועה בגופו.

125. שו״ע שם.

126. שו״ע שם, עי׳ כל בו שם סי׳ ג׳ אות 9 שכתב דאינו ברור אם זה בכלל כבוד המת.

127. שו״ע שם, עי׳ כל בו שם.

128. עי׳ כל בו שם אות י״א־12 שכמה אחרונים סוברים שאין להלינו יותר מכ״ד שעות וכן ראיתי בשערים מצויינים בהלכה סי׳ קצ״ח אות א׳. שוב מצאתי בשו״ת להורות נתן ח״ו סי׳ ק״ג שכתב דאין לחכות יותר מכ״ד שעות, עי׳ עוד שו״ת יביע אומר ח״ד יו״ד סי׳ כ״ח.

129. כל בו שם אות י״ח.

130. גשר החיים פרק י״ב סי׳ ו׳ אות ט׳ ופרק ז׳ סי׳ א׳ אות י׳, אולם בכל בו שם אות י״א־13 כתב שגם בנפלים איכא לאו דלא תלין.

131. שו״ע או״ח סי׳ תקכ״ו סעי׳ ג׳, עי׳ כל בו פרק ג׳ סי׳ ב׳ אות ל״ח.

132. שו״ת אגרות משה או״ח ח״ג סי׳ ע״ו, שו״ת חלקת יעקב ח״ג סי׳ ע״ג.

133. שו״ע שם סעי׳ א׳, עי׳ כל בו שם אות מ׳ אם יש להתיר מספר מצומצם של החבורה קדישא לנסוע באוטו ע״י נהג נכרי ביום טוב ראשון כשחל בערב שבת או ביום א׳, אמנם בח״ב פרק ב׳ סי׳ א׳ אות ח׳ אחר בירור הדברים מסיק שאין להתיר דבר זה בשום אופן, וכן מצאתי בגשר החיים ח״ב פרק ח׳ סי׳ ב׳, ויען ששמעתי שרב אחד בעירנו הורה להתיר כדאי להבהיר בזה שהיום ליכא חשש סרחון ובזיון המת ע״י הקרח המלאכותי ושאר דרכים לכן אין שום צורך לחלל יום טוב הראשון ולסמוך על קולות כאלו. תמיהני על רב זה שהורה הלכה למעשה בדבר שכמה מגדולי הפוסקים שבזמנם לא היו דרכים האלו למנוע בזיון המת ובכל זאת כתבו שיקבלו האנשים שנסעו עם המת כפרה על זה. היוצא לנו מזה שהיום אין להעיז ולזוז מדבר שנקבע להלכה ע״י השו״ע וגדולי הפוסקים שאסרו בהחלט לנסוע ביום טוב ראשון אפילו כשנהג אינו יהודי.

134. רמ״א או״ח סי׳ תקכ״ו סעי׳ ד׳.

135. שו״ע שם סעי׳ ז׳, עי׳ גשר החיים ח״א פרק י״ז סי׳ ב׳ אות ד׳ שד׳ או ו׳ אנשים מותרים לנסוע, ראה מג״א סי׳ תקכ״ו ס״ק ט״ז שכתב דלא יסעו בעיר מפני הנכרים.

136a. רמ״א שם, גשר החיים שם אות ג׳, עי׳ כל בו ח״א פרק ג׳ סי׳ ב׳ אות ל״ט.

136b. כ״ש ממרן שליט״א משום דאין לחלל יום טוב בדבר שאינו לצורך קבורה ממש.

137. שו״ע שם סי׳ שי״א סעי׳ א׳, וסי׳ תקכ״ו סעי׳ ג׳, משנה ברורה סי׳ תקכ״ו אות ל׳, עי׳ כל בו פרק א׳ סי׳ ג׳ אות ל״ר־ל״ז, עי׳ שו״ע או״ח סי׳ תקכ״ו סעי׳ ד׳ שכתב שביום טוב שני מותר לטלטלו ועי׳ עוד מג״א שם ס״ק י״א.

138. שו״ע שם סי׳ שי״א סעי׳ א׳־ב׳.

139. שו״ע שם סעי׳ ג׳.

140a. שו״ע שם סעי׳ ב׳, גשר החיים פרק ה׳ סי׳ ה׳ אות א׳.

140b. גשר החיים שם אות ג־ד, משנה ברורה שם אות י״ב, ועי׳ באות ד׳ דלכרמלית או לחצר שאינו מעורבת מותר לטלטל המת גם ע״י יהודי ואין להניח ככר או חפץ אצלו דאין להרבות בהוצאה, ראה שו״ע ורמ״א או״ח סי׳ שי״א סעי׳ ב׳ וראה עוד מג״א שם ס״ק י״ג שכתב דאף ע״י נכרי אין להוציא המת לרשות הרבים.

140c. מג״א סי׳ תקכ״ו ס״ק כ״א, ט״ז שם ס״ק ו׳ ועי׳ בשו״ע סי׳ תקכ״ו סעי׳ י״ב שכתב דאם מת בליל יום טוב קוברים אותו קודם התפלה וכשמת ביום קוברים אותו אחר האכילה, ראה ערוך השלחן שם סי׳ תקכ״ו ס״ק כ״א.

141. ערוך השלחן יו״ד סי׳ שמ״ב אות ח׳, אולם בכל בו שם סי׳ ד׳ אות ה׳ וסי׳ ח׳ אות י״ד ובפרק ב׳ סי׳ ג׳ אות ג׳ כתב שאין ללוות המת, וכן מצאתי בגשר החיים פרק י״ט סי׳ ז׳ אות ז׳, עי׳ פ״ת יו״ד סי׳ שמ״ב ס״ק ב׳.

142. שו״ת אגרות משה או״ח ח״ג סי׳ ע״ז, ראה נועם חלק י״ט עמו׳ רפ״ה שמותר לשמוע ההספד.

143. שו״ע יו״ד סי׳ שס״א סעי׳ ג׳, עי׳ גשר החיים פרק י״ד סי׳ א׳ אות י״ח שכתב דנוהגים לחכות שם עד שאין יכול לראות האנשים הנושאים את המת ועי׳ עוד נחמו עמי פרק י״א סעי׳ ו׳.

144. אבן יעקב סי׳ י״ט.

145. שו״ע שם סעי׳ ה׳.

146. גשר החיים פרק י״ד סי׳ א׳ אות י״א־י״ב.

147. ראה אות 152.

148. שו״ע שם סעי׳ ד׳, גשר החיים שם אות ח׳.

149. אבן יעקב סי׳ כ׳, עי׳ גשר החיים שם אות י״ח וכל בו פרק א׳ סי׳ ח׳ אות א׳ שצריך להמתין עד שלא יראה המטה וכן ראיתי כעת בשו״ת יביע אומר ח״ד סי׳ ל״ה.

150. גשר החיים שם אות ט׳.

151. שו״ע שם סעי׳ ב׳, רמת רחל סי׳ נ׳.

152. עי׳ אבן יעקב סי׳ כ״ג שמבאר על מה סמכו העולם שלא לבטל ממלאכתם בשעת הוצאת המת ובכל זאת צריך לבטל ממלאכה כשמעבירים המת לפניהם, עי׳ גשר החיים שם אות ז׳ כשרואה לווי׳ ואינו לומד תורה או עוסק במלאכה חייב ללוותו אפילו כשיש שם כל צרכו.

153. שו״ע שם, עי׳ כל בו שם אות א׳ בגודל מצוות לווית המת.

154. שו״ע שם סעי׳ א׳.

155. ערוך השלחן שם ס״ק ג׳ כתב שמה שפסק הרמ״א דעכשיו יש לכל אחד דין קרי ותני זהו לפי דורותיהם, עי׳ אבן יעקב סי׳ כ״א שמביא צדדי ההיתר בהא דלא מקפידין לבטל מתלמוד תורה אפילו ללוות ד׳ אמות בלבד.

156. שו״ע שם.

157a. גשר החיים שם אות י״ד, עי׳ שו״ת יביע אומר או״ח ח״ב סי׳ כ״ח.

157b. שו״ת מנחת יצחק ח״י סי׳ מ״ב.

158. ש״ך יו״ד סי׳ של״ה ס״ק ב׳.

159a. כ״ש ממרן שליט״א.

159b. שו״ת יביע אומר ח״ב יו״ד סי׳ י״א.

160a. שו״ע שם סי׳ שנ״ט סעי׳ ב׳, שו״ת יביע אומר ח״ד סי׳ ל״ה, עי׳ גשר החיים אות ט״ו.

160b. פ״ת יו״ד סי׳ קצ״ה ס״ק י״ט עי׳ סוגה בשושנים מהרב שמואל וינר שכתב דיש להתיר לה ללכת לבית החיים להקמת מצבה וליארצייט וגם בימים נוראים שהם מיום א׳ דסליחות עד יום הכיפורים אפילו בימי ראייתה, עי׳ עוד גשר החיים פרק כ״ט אות י״ג שכתב דלא תלכו הנשים שם עד שטבלו, אמנם בשו״ת יביע אומר ח״ד וי״ד סי׳ ל״ה כתוב שרק בזמן ימי ראייתן אסור.

161. גשר החיים שם אות כ׳.

162. שו״ע שם סי׳ שמ״ד סעי׳ א׳, גשר החיים פרק י״ג אות א׳, כל בו שם סי׳ ז׳ אות א׳־ב׳.

163. שו״ע שם סעי׳ ב׳, עי׳ כל בו שם סי׳ ז׳ אות י״א בבירור הענין.

164a. כל בו שם אות י״ב ובחלק ב׳ פרק א׳ סי׳ ד׳ אות ד׳ כתב שאין להכניס המת אפילו לפרוזדור בית הכנסת, עי׳ שו״ת משפטי עזיאל ח״ג סי׳ ק״ח.

164b. שו״ע שם סעיף כ׳, כל בו שם, עי׳ שו״ת דברי ישראל או״ח סי׳ ס״ו.

165. כל בו ח״א פרק א׳ סי׳ ז׳ אות ט״ו.

166. שו״ע שם סעי׳ י׳ עי׳ פ״ת שם שמ״ד ס״ק א׳ וכל בו שם אות ג׳ כשגדול הדור צוה שלא להספידו, אם צריך לשמוע לו, ראה גשר החיים פרק י״ג אות ג׳ שכתב שלא בפניו אין להספיד אפילו גדול הדור כשציוה לא להספידו, עי׳ שו״ת יביע אומר ח״ו יו״ד סי׳ ל״א לבירור הענין. שוב מצאתי בנועם חלק כ״ב עמו׳ רצ״ב שכתב דיכול לכותבו בעתון. ועי׳ עוד שו״ת מנחת יצחק ח״ט סי׳ רל״ה.

167. ט״ז יו״ד סי׳ שד״ם ס״ק ה׳, עי׳ דעת תורה יו״ד סי׳ שד״ם.

168a. כ״ש ממרן שליט״א.

168b. שו״ע יו״ד סי׳ שד״ם סעי׳ כ׳.

168c. כ״ש ממרן שליט״א משום דמזמן המיתה כבר חייב להספידו.

169. עי׳ כל בו שם אות כ״ד ויסודי ישרון ח״ו עמו׳ ל״א שמותר לומר דברי שבח, אמנם במג״א סי׳ ת״כ וסי׳ תקמ״ז ס״ק ח׳ מסופק אם מותר לאומרו אף על חכם שמת, ועי׳ עוד שו״ת יחוה דעת ח״ד סי׳ ט״ז אם מותר להספיד חכם שמת באלו הימים.

170. גשר החיים פרק י״ג אות ט׳ ואות 5, עי׳ כל בו שם אות ט״ז־כ״ד בבירור הענין.

171. ראה פרק 5 אות 58.

172. ראה פרק 5 אות 57, עי׳ ט״ז או״ח סי׳ תקנ״ט ס״ק ו׳ שבתשעה באב מספידין כל היום לתלמיד חכם שמת. ראה גליון מהרש״א סי׳ שמ״ד.

173. שו״ע שם סי׳ שמ״ז סעי׳ א׳, עי׳ יסודי ישרון שם עמו׳ י״ד בבירור הענין.

174. פ״ת שם סי׳ שמ״ז ס״ק א׳, גשר החיים שם אות ז׳.

175. שו״ע שם, עי׳ פ״ת שם וכל בו שם אות 4 דדוקא על מתו אסור להספיד אבל על תלמיד חכם אחר מותר אם אין שם קרובי המת, ויש מקילים להספיד תוך ל׳ לרגל אם עדיין תוך ל׳ לפטירת המת.

176. אבן יעקב סי׳ ה׳.

177. שו״ת אגרות משה או״ח ח״א סי׳ קס״ה.

178. גשר החיים פרק ט״ז סי׳ ו׳ אות ו׳.

179. ראה פרק 12 אות 70.

180. שו״ע שם סי׳ שמ״ט סעי׳ א׳, עי׳ שו״ת יביע אומר ח״א סי׳ כ״ד, שו״ת חלקת יעקב ח״א סי׳ פ״ד, כל בו שם סי׳ ג׳ אות כ״ד אם מת עכו״ם מותר בהנאה. ראה נקודת הכסף, ביאור הגר״א וגליון מהרש״א שם.

181. שו״ת הר צבי יו״ד סי׳ רע״ח, שו״ת ישכיל עבדי ח״ו סי׳ י״ט.

182. כל בו שם אות ה׳.

183. ש״ך שם סי׳ שמ״ט ס״ק ג׳, עי׳ גשר החיים פרק ח׳ אות ב׳ שאם היתה רגילה לפרוק הפיאה נכרית מפעם לפעם, לא נאסר בהנאה, ראה רמ״א יו״ד סי׳ שמ״ט סעי׳ ב׳ שכתב דדוקא אם הפיאה נכרית קשורה לשערות גופן אסורה בהנאה.

184a. ראה פרק 5 אות 99, עי׳ כל בו שם אות כ״ו.

184b. כ״ש ממרן שליט״א וראה שו״ת ציץ אליעזר חלק י״ד סי׳ פ״ג דכתב שיחתים אותו כשהוא בחיים שהם רשאים להוציאו אחר מיתתו בשביל חולה אחר אמנם בשו״ע מנחת יצחק ח״ז סי׳ ק״א פסק לאסור.

185. רמ״א שם סי׳ שמ״ט סעי׳ ב׳, פ״ת שם סי׳ שמ״ט ס״ק ד׳.

186. גשר החיים שם אות ו׳.

187. כל בו שם אות ל״א, ובאות 51 מביא מקור למנהג שלא לקבל נעלים שלא היו עליו בשעת חליו או מיתתו, עי׳ גשר החיים שם אות 2 שכתב דנעלים שלא לבשו בערך ל׳ יום קודם מיתתו אין שום חשש ללבשם, עי׳ עוד שו״ת יביע אומר ח״ג יו״ד סי׳ ה׳, שוב מצאתי בשו״ת אגרות משה יו״ד ח״ג סי׳ קל״ג שכתב דאם יודע בעצמו או שאמר לו אחד שהוא אדם נאמן שהנפטר מת ממחלה שאינה מתדבקת דמותר ללבשם.

188. שו״ת אגרות משה יו״ד ח״א סי׳ רכ״ט, פ״ת יו״ד סי׳ שמ״ט ס״ק א׳, גשר החיים שם אות א׳, שו״ת ישכיל עבדי ח״ו סי׳ כ״ו, אולם בשו״ת הר צבי יו״ד סי׳ רע״ז ושו״ת שרידי אש ח״ב סי׳ ק״כ התירו הרכבת קרום העין של המת לסומא, אמנם ראיתי בשו״ת יביע אומר ח״ג סי׳ כ׳-כ״ג ושו״ת ציץ אליעזר ח״ד סי׳ י״ד וכן בנועם ח״ה שצריך לקבל רשות מהנפטר, עי׳ כל בו שם אות

י״ב־11 בבירור הענין, עי׳ עוד שו״ת ציץ אליעזר חלק י״ג סי׳ צ״א, נועם ח״ג עמו׳ פ״ז וחלק י״ד סי׳ פ״ד ושו״ת אגרות משה יו״ד ח״ג סי׳ ק״ח.

189. שו״ת אגרות משה יו״ד ח״ב סי׳ קמ״ו וסי׳ קע״ד, שו״ת ציץ אליעזר ח״י סי׳ כ״ה, שו״ת מנחת יצחק ח״ה סי׳ ז׳, שו״ת לב ארי׳ ח״ב סי׳ ל״ו.

190. שו״ת אגרות משה יו״ד ח״ב סי׳ קנ״א, עי׳ כל בו שם אות י״ב וגשר החיים פרק ה׳ סי׳ ו׳ ושו״ת יביע אומר ח״ג יו״ד סי׳ כ״ו לבירור הענין.

191. שו״ת אגרות משה שם.

192. עי׳ גשר החיים שם, כל בו שם, שו״ת משפטי עזיאל יו״ד ח״א סי׳ כ״ח, שו״ת ציץ אליעזר ח״ד סי׳ י״ד אם מותר לנתח המת למצוא רפואה. עי׳ כל בו שם אות י״ג ושו״ת ציץ אליעזר שם שמותר לנתח המת לדעת אם להפשיע אדם ולתפוס הרוצח.

193. שו״ת אגרות משה יו״ד ח״א סי׳ רל״ב, שו״ת ציץ אליעזר ח״י סי׳ כ״ה.

194. שו״ע שם סי׳ שס״ג סעי׳ ה׳.

195. שו״ת אגרות משה יו״ד ח״א סי׳ רמ״ד, עי׳ שו״ת שרידי אש ח״ב סי׳ ק״ל כשקצת מהמשפחה נתנו מת בארון ואחר כך באו אחרים ובחרו בארון אחר, הארון הראשון מותר בהנאה ואם רוצים להחמיר אז יתנו הארון לעני בלי כסף.

196. שו״ת מנחת יצחק ח״א סי׳ ל״ח, גשר החיים פרק ח׳ אות י״ב, כל בו פרק ג׳ סי׳ ב׳ אות 16, וכעת מצאתי בשו״ת יביע אומר ח״א סי׳ כ״ד שאפשר להקל אם הם יודעים שבארץ ישראל המנהג לקבור בלי ארון.

197. שו״ע שם סי׳ שמ״ט סעי׳ א׳, עי׳ כל בו פרק א׳ סי׳ ו׳ אות ג׳ (תכריכים) שכתב דתכריכים שהלבישו אותם למת ומחמת איזה סיבה הפשיטו אותם מותר ליתנם למת אחר.

198. שו״ע או״ח סי׳ תר״ו סעי׳ ג׳, גשר החיים פרק ה׳ סי׳ ג׳, כל בו פרק א׳ סי׳ ג׳ אות א׳.

199. רמ״א חו״מ סי׳ ת״כ סעי׳ ל״ח, עי׳ מג״א סי׳ תר״ו ס״ק ז׳ שאין צריך לילך על קברו. תמיהני על דברי הכל בו שכתב דצריך לילך על קברו עם מנין, והלא מפורש בשו״ע שם סעי׳ ב׳ שזה רק אם הוציא לעז על הנפטר כשהוא חי ומת קודם שביקש ממנו מחילה.

200. רמ״א שם, עי׳ סמ״ע ס״ק נ״ג שיקח שנים עמו.

201. גשר החיים פרק י״ב סי׳ ב׳ אות ה׳, כל בו שם סי׳ ו׳ אות ד׳.

202. כל בו שם סי׳ ח׳ אות ב׳.

203. שאילת ישרון סי׳ ל״א.

204. כל בו שם סי׳ ג׳ אות כ״א, גשר החיים פרק ט״ז סי׳ ט׳.

205. כל בו שם אות י״ט, גשר החיים פרק ה׳ סי׳ ז׳, שערים מצויינים בהלכה סי׳ קצ״ז אות י׳.

206. גשר החיים שם.

CHAPTER 5

Laws of the Cemetery

SECTION 1: The Blessing of Asher Yatzar Eschem BaDin

1. If one has not visited a cemetery containing at least two[1] Jewish graves within thirty days,[2] one should recite the blessing of *Asher Yatzar Eschem BaDin*.[3]

2. An *onen* should not recite the blessing, even after interment.[4]

3. If one visited or saw another cemetery or if another grave was added,[5] then the above blessing should be recited even if it is within the thirty day period.[6]

4. One must stand at least seven and a half feet from all graves when reciting the blessing.[7]

5 (a). One may recite the blessing while passing by the outside of a cemetery[8] even if one only sees the monuments from afar.[9]

(b). This blessing may be recited if the cemetery is seen through a window.[10]

6. This blessing may be recited on *Shabbos* or *Yom Tov*.[11]

7. One should not recite the blessing when visiting the *Moras HaMachpelah* in Israel.[12]

SECTION 2: General Conduct at a Cemetery

1. (a). When one is standing within seven and a half feet[13] of a grave, one may not greet his friend.[14a]

(b). One may not greet a friend if the casket is within eyesight.[14b]

2. One should not learn, pray or carry a *sefer*[15] within seven and a half feet of a grave.[16]

3. A male should conceal his *Tzitzis* when approaching within seven and a half feet of a grave.[17]

4. One may not eat, drink,[18] or smoke while at a cemetery.[19]

5. While visiting a cemetery, one should be careful not to step on any of the graves unless it is impossible to bury the deceased without doing so.[20]

6. Children of the deceased may visit the gravesite during the first year of mourning. When doing so, they should not ask the deceased to intercede in behalf of their prayers.[21]

7 (a). One may not have any personal use from the grass growing in the cemetery or from fruit growing over a grave.[22a]

(b). One may not plant trees or flowers in a cemetery.[22b]

8 (a). Anyone approaching within seven and a half feet of a grave[23] or a deceased[24a] should wash both hands before re-entering a private residence.[24b]

(b). This law applies only if the deceased is Jewish.[24c]

9. If one entered a room where a deceased person was lying, one must wash his hands upon leaving the room[25] and may do so without having to leave the building.[26]

10. The hands should be washed with a utensil.[27] Each of the people should pick up the utensil by themselves and the last person should leave it overturned.[28] The hands may be dried afterwards.[29]

11. After leaving a gravesite, one should tear some grass and throw it backwards. (Refer to Section 3, paragraph 8.)

SECTION 3: The Manner of Burial

1. The deceased must be interred in the earth[30] and may not be cremated.[31] (Refer to the laws of the casket for further information,[32] Chapter 4, Section 4).

2 (a). One may inter the deceased in a concrete vault,[33]

but this practice should be avoided when there is no urgent need to do so.[34a]

(b). Interment in a mausoleum is prohibited.[34b]

3. Whenever possible, the grave should be dug by a Jewish person.[35]

4 (a). A grave should not be opened before death actually occurred, even during the last throes of death.[36]

(b). A grave should not be fully opened unless the burial will take place on the same day.[37]

5. Upon arriving at the cemetery, those carrying the deceased should make seven stops[38] starting from a distance greater than fifty one feet[39] from the grave until reaching the gravesite. During each stop, *Yosheiv B'seiser* should be recited until the verse *Key Malochov*. This verse has seven words and at each stop, one more word is recited until the seventh stop when the entire verse is said.[40] On days when *Tzidduk HaDin* is omitted, there are no stops and *Yosheiv B'seiser* is omitted.[41] (Refer to Section 4, paragraph 5.)

6 (a). The deceased should be placed facing upward in the grave.[42]

(b). It is traditional that the deceased is placed in the grave so that his feet point toward the gate of the cemetery.[43]

7 (a). It is traditional for a person not to hand the shovel to his friend during the burial, but to drop it on the ground where the relative[44a] or other person who wishes to cover the body retrieves it.[44b]

(b). The children of the deceased should refrain from covering the body.[44c]

8. After leaving the gravesite following interment,[45a] one should tear grass from the ground and throw it backwards.[45b] This act should not be performed on *Yom Tov* or *Chol HaMoed*.[46]

SECTION 4: Tzidduk HaDin and the Burial Kaddish

1. *Tzidduk HaDin* should be recited immediately after

the interment⁴⁷ and then the male mourner should recite the burial *kaddish*.⁴⁸ Both prayers should be recited while standing at least seven and a half feet from the grave.⁴⁹ (Refer to paragraph 6 for further details.)

2 (a). *Tzidduk HaDin* is recited for anyone who lived thirty days.⁵⁰

(b). If a minyan is present⁵¹ᵃ the burial *kaddish* is also recited for anyone who lived thirty days.⁵¹ᵇ

3. If the mourners do not accompany the deceased to the grave, then *Tzidduk HaDin* may be recited in the house.⁵²ᵃ If a *minyan* is present, the mourner may recite the burial *kaddish*.⁵²ᵇ

4. *Tzidduk HaDin* is not said at night.⁵³

5 (a). *Tzidduk HaDin* is not recited on days when *Tachnun* is omitted,⁵⁴ (*Yom Tov, Chol HaMoed, Chanukah, Purim, Rosh Chodesh*, etc.) or after midday on the preceding day.⁵⁵

(b). On the ninth of *Av*, *Tzidduk HaDin* should not be recited.⁵⁶ However, on the preceding day, it is recited the entire day.⁵⁷

(c). On *Erev Yom Kippur*, *Tzidduk HaDin* is recited before mid-day.⁵⁸

6. When a *minyan* is present,⁵⁹ the burial *kaddish* is recited after the grave has been filled with earth.⁶⁰ If the hour is late and *Shabbos* or *Yom Tov* is approaching, it is permissible to recite the *kaddish* after the casket has been covered with eleven inches of earth.⁶¹

7. In the event that no mourners are present, any bystander who is permitted to recite the *kaddish*⁶² should recite a psalm and then recite the burial *kaddish*.⁶³

8. The burial *kaddish* should be omitted on days when *Tzidduk HaDin* is not recited. On such days, a psalm should be recited followed by the mourner's *kaddish*.⁶⁴

Laws of the Cemetery

9. After the *kaddish* has been recited, it is traditional to recite the *Molei Rachamim*.⁶⁴b (Refer to Chapter 12, Section 3, paragraphs 19–23.)

10 (a). After interment, all males present form parallel lines facing each other and only the male mourners⁶⁵ pass through while the phrase *HaMakom Yenachem Eschem (Oschah) B'soch Shar Aveilei Tzion VeYirushalayim* is recited.⁶⁶ This is done even if the deceased was an infant who lived thirty days.⁶⁷ᵃ

(b). The parallel lines are also formed on days when *Tachnun* is not recited.⁶⁷ᵇ

SECTION 5: Laws Concerning the Positioning of Graves in the Cemetery

1. A man or woman who has remarried after the death of the first spouse should be interred next to the spouse from whom children were born.⁶⁸ If children were born from both, or if no children were born from either spouse, then the deceased is buried next to the spouse with whom the marriage was most pleasant, unless the deceased specified otherwise. If one cannot determine which marriage was more amiable, interment should be next to the first spouse.⁶⁹

2 (a). A non-*Shabbos* observer should not be buried in the same place as a *Shabbos* observer⁷⁰ unless there is a separation of five yards or a thirty-six inch wall intervening between the graves.⁷¹ᵃ

(b). The same law applies to a Jew or Jewess who married or lived with someone of non-Jewish origin.⁷¹ᵇ

3. One, in the process of conversion, who was circumcised but did not yet undergo ritual immersion should not be buried in a Jewish cemetery.⁷² This is also true for one who was not converted according to *Halacha*.⁷³ᵃ

4. A deceased should not be interred next to the grave of one who had exhibited animosity towards the deceased[73b] even if the interment is several years later.[73c]

5. There should not be any separation between the grave of a deceased who was murdered and other graves.[73d]

6. It is preferable that a male not be interred between two females or vice versa, even if they were related or married to the deceased.[73e]

SECTION 6: Laws Concerning the Burial of Infants

1. An infant who lived thirty days may be interred on the second day of *Yom Tov* (but not on *Rosh HaShanah*[74] even if he must be circumcised first.[75] (Refer to the laws of interment on *Yom Tov*,[76] Chapter 4, Section 5, paragraph 4, and Chapter 5, Section 4, paragraph 2: concerning the laws of *Tzidduk HaDin* and the burial *kaddish*.)

2. One is obligated to bury an infant even when the laws of mourning do not apply.[77] However, where a great expense would be incurred or a difficulty in gaining possession of the body exists, one is not obligated to bury such an infant.[78]

3. The foregoing infant should be buried in a separate grave.[79]

4. There is no need for the parents or others to accompany such an infant to the interment[80] nor to recite any of the usual prayers or the *kaddish* at the cemetery.[81]

5 (a). Before interment, the infant[82]—male—should be circumcised[83] at any convenient time.[84] There is no specific requirement or blessing for the circumcision[82] other than that the circumcision be done by a Jew.[86]

(b). The infant—male or female[87]—should be given a name before interment.[88] If one forgot, the name should be given afterwards.[89] An appropriate male name is *Rachamim* while a suitable choice for a girl would be *Nechama*.

6. An infant who did not live for thirty days may not be buried on the second day of *Yom Tov*.[90]

SECTION 7: Laws Concerning the Burial of Parts of a Body

1. If only part of the body is available for interment, there still remains an obligation to see that the remains are buried properly.[91]

2 (a). One is obligated to bury limbs[92] or flesh[93] that has been amputated, in the site that will serve as the grave after the death of the individual.[94] If no plot is owned at the time of the amputation, then the limbs or flesh should be buried in a separate plot. Where a great difficulty in gaining possession of these parts exists, one is not obligated to bury them.[95a]

(b). One is obligated to bury artificial limbs worn at the time of death.[95c]

(c). Parts of a body may not be buried on *Yom Tov*.[97]

4 (a). Teeth that are extracted during the lifetime of the deceased do not require burial.[98]

(b). Natural teeth or false teeth removed after death require burial with the deceased.[99]

5. Blood need not be buried unless the loss of blood occurred during the time of death. In such an eventuality, even the blood stained clothing must be buried with the deceased.[100] (Refer to the laws concerning the *Taharah*,[101] Chapter 4, Section 2, paragraph 6.) It is preferable to also bury blood which flowed from the deceased after the time of death.[102]

6. It is most appropriate to bury the ashes of an individual who was consumed by fire.[103] However, the ashes should be placed directly in the earth[104] and none of the usual prayers should be recited.[105] The ashes of an individual who requested cremation should not be buried.[106]

SECTION 8: Laws Concerning the Reopening of Graves and the Reinterment of Bodies

1. In general, after interment (even of a child or infant),[107a] the grave may not be opened.[107b]

2. If one wishes to bury blood or blood-stained clothing not previously buried in the grave, then one should bury them next to the grave or at least 11 inches above the casket but not in the grave itself.[108] (Refer to paragraph 13.)

3. A grave may not be opened for re-interment of the body[109] or bones[110] even if the desire to do so is an altruistic one, e.g. to move the body to a more respectable grave[111] or to a cemetery closer to the family to allow more frequent visits.[112] This law applies even when the deceased was buried in a casket.[113]

4. A male may not be re-interred in order to be buried next to his wife or vice versa unless a family plot is involved.[114]

5. If the deceased was not buried facing the same direction as the other bodies in a cemetery, reinterment is not permitted.[115] It is sufficient to place the monument in the same line as the other ones.[116]

6. One who died for *Kiddush Hashem* and was interred on the same site may never be reinterred, even to Israel.[117] Likewise, someone interred in Israel may not be reinterred elsewhere.

7. With the consent of a competent authority in *Halachah*,[118] the following circumstances may make it permissible to open a grave for reinterment:

(a) To reinter the deceased in Israel:[119] In such a case, it is preferable to wait until the year of mourning has concluded[120] unless the deceased had specifically requested interment in Israel, in which case the request should be honored without delay.[121]

(b) To reinter the deceased in a gravesite that he had

requested.[122] (When it becomes known, even several years after death,[123] that the deceased had made a valid request to be buried in an honorable grave, or among friends, his request should be honored.[124])

(c) To reinter the deceased when the first burial was made conditional on a subsequent reinterment[125] even several years later.[126] (In such a case, it is preferable to wait until the year of mourning has concluded.)

(d) To reinter the deceased because water cannot be prevented[127] from continually entering the present grave.[128]

(e) To remove the deceased from a non-Jewish cemetery (even from a personally owned plot)[129] to a Jewish one.[130a] If Jews and Gentiles are interred in different areas of the same cemetery, a partition should be built to separate the Jewish area from the rest of the cemetery. If the partition is built, it is permissible to reinter the bodies to a Jewish cemetery. However, it is preferable not to do so.[130b]

(f) To correct the mistake of having buried the deceased next to a woman that was not related to him.[131]

(g) To remove the deceased from a plot that had already been sold to someone else who is now unwilling to forfeit his claim to the plot.[132]

(h) To reinter the deceased in a double plot when the second grave in the original double plot was mistakenly used for the wrong person.[133]

(i) (1) To reinter the deceased in a cemetery where a family plot is located,[134] provided that the father is already interred there,[135] even if the deceased did not request this.[136]

(2) After twelve months from the time of death, one may reinter a father in a family plot; or a child or mother in a family plot even if the father is not interred there.[137] However, it is advisable not to do so.[138]

(3) The foregoing laws of family plots apply even if the plot was bought after the death of the individual[139] or no one is presently interred in the family plot.[140]

(4) The laws of a family plot do not apply when there is no longer any space within the immediate area of the plot even though space can be made available near the family plot.[141]

8. When the deceased is removed from the grave, one need not move the earth surrounding the body or bones provided that the body or bones can be fully removed without removing the earth.[142]

9. At the time of reinterment, it is preferable to have a minyan so that a son or relative may recite the mourner's *kaddish*.[143] However, a eulogy is not recited.[144]

10. Opening a grave or reinterment should not take place on *Yom Tov* or *Chol HaMoed*.[145]

11. In the event that the body was not found and the family was permitted to sit *shiva*, when the body is found and finally buried, we treat the case as one of reinterment in terms of the relatives' obligation of mourning.[146]

12. After the deceased has been removed, the grave may be used for another body[147] except for the children of the person[148] for whom the grave was first opened or used even if the grave had already been resold to the cemetery.[149]

13. The earth may also be used for another body except for the bottom eleven inches which directly covered the first body.[150]

SECTION 9: Laws Concerning the Requirement of Mourning During the Period of Reinterment

1. On the day the grave is reopened,[151] until the conclusion of the day of reinterment,[152] all the laws of *shiva* apply (even for a deceased in a casket)[153] with the exception of putting on *Tefillin*, which are worn.[154]

2. All the laws concerning reinterment apply even if the grave was only opened, and the deceased was raised to a higher level due to water seepage.[155]

3. If one does not live in the city where the reinterment will occur and will not attend, the laws of *shiva* cease at the conclusion of the day wherein the relative was notified of the reinterment.[156]

4. If notification was received the day after reinterment, the laws of *shiva* do not apply.[157]

5. If reinterment occurs in a different city or to Israel, then the relative need only observe *shiva* during the day when the body leaves his or her responsibility.[158]

6. The laws of mourning during reinterment do not apply to spouses of the deceased.[159]

1. ערוך השלחן או״ח סי׳ רכ״ד אות ח׳.
2. שו״ע שם סי׳ רכ״ד סעי׳ י״ב.
3. ערוך השלחן שם מביא נוסח הברכה — ברוך אתה ד׳ אלקנו מלך העולם אשר יצר אתכם בדין וזן אתכם בדין וכלכל אתכם בדין ואסף אתכם בדין (והמית אתכם בדין) ועתיד להקימכם בדין ויודע מספר כולכם בדין והוא עתיד להחיותכם ולקיים אתכם ברוך אתה ד׳ מחי׳ המתים. ועי׳ כל בו פרק ג׳ סי׳ א׳ אות ז׳ שמוסיף — והחי׳ אתכם בדין — בתוך הברכה, והירושלמי מוסיף — הוא יגלה עפר מעינכם.
4. גשר החיים פרק י״ח סי׳ ב׳ אות ג׳, כל בו פרק ב׳ סי׳ ד׳ אות כ״ב.
5. שע״ת שם ס״ק ט׳, ועי׳ כל בו פרק ג׳ סי׳ א׳ אות ח׳. ערוך השולחן שם, ושו״ת יביע אומר ח״ה יו״ד סי׳ ל׳.
6. ערוך השולחן שם, משנה ברורה שם אות י״ז.
7. ראה אות 16, אבל בערוך השלחן כתב שיברך תוך ד׳ אמות להקברים, וכן ראיתי בגשר החיים פרק ה׳ סי׳ ב׳ אות ד׳.
8. שו״ת ציץ אליעזר ח״ז סי׳ מ״ט ומסיק שהחוזר לברך בתוך ל׳ יום כשנכנס לבית הקברות יש לו על מי לסמוך, ועי׳ ערוך השולחן שם, עי׳ עוד נועם חלק י״ח עמו׳ ש״א שכתב דאין לברך.
9. כל בו שם.
10. שו״ת ציץ אליעזר שם.
11. כל בו שם, שו״ת יביע אומר ח״ה סי׳ ל׳.

12. כ״ש ממרן שליט״א משום דמסתבר שחז״ל לא תקנו הנוסח — אשר הביא אתכם בדין — על האבות.

13. עי׳ פרק 2 אות 38.

a14. רמ״א יו״ד סי׳ שמ״ג סעי׳ ב׳, עי׳ כל בו שם שיש מתירין לומר שאר לשונות כמו צפרא טבא.

b14. ראה אות a14.

15. שו״ע יו״ד סי׳ שס״ז סעי׳ ג׳, ועי׳ פ״ת שם ס״ק א׳ אם יש לועג לרש במת קטן או אשה.

16. שו״ע שם סעי׳ ו׳, ועי׳ גשר החיים פרק כ״ז סי׳ ב׳ אות ב׳.

17. שו״ע שם סעי׳ ד׳.

18. רמ״א שם סי׳ שס״ח סעי׳ א׳.

19. כל בו שם אות י״א, שו״ת יביע אומר ח״ד סי׳ ל״ה.

20. ט״ז שם סי׳ שס״ד ס״ק א׳, ש״ך שם ס״ק ג׳, עי׳ גשר החיים פרק כ״ז אות 3 שכתב דהאיסור משום בזיון המת ולא משום איסור הנאה.

21. כל בו שם סי׳ ב׳ אות י״ג, עי׳ זכרון ש״י עמו׳ מ״א שכן משמע מהזוהר פרשת ויחי.

a22. שו״ע ורמ״א שם סי׳ שס״ח סעי׳ א׳, עי׳ כל בו שם סי׳ א׳ אות י״ז וגשר החיים שם סי׳ ה׳ אות ב׳ שלפי רוה״פ אפילו הצמחים והעשבים הגדילים שלא על הקברים מותרים בהנאה, ראה שו״ת ציץ אליעזר ח״ז סי׳ מ״ט.

b22. ראה פרק ס״ו אות 27.

23. שו״ע או״ח סי׳ ד׳ סעי׳ י״ח, כל בו שם סי׳ ד׳ אות כ״ה, עי׳ אבן יעקב סי׳ מ״ד שכתב דאולי גם העומדים חוץ לד׳ אמות חייבים בנטילת ידים.

a24. מג״א סי׳ ד׳ ס״ק כ״א.

b24. רמ״א שם סי׳ שע״ו סעי׳ ד׳, ושמעתי ממרן שליט״א שאין מקפידין ליכנס במקום צבורי קודם הנטילה.

c24. משנה ברורה סי׳ ד׳ אות י׳.

25. ראה ש״ך שם סי׳ שד״ם ס״ק י״א שכתב דכל החדר נחשב כד׳ אמות.

26. כ״ש ממרן שליט״א.

27. ראה שו״ע או״ח שם סעי׳ ז׳, עי׳ משנה ברורה שם אות ל״ט שיש מחמירין להצטרך גם ג׳ פעמים בסירוגין, ועי׳ עוד כף החיים שם ס״ק ס״א־ס״ב.

28. כל בו שם אות כ״ו, גשר החיים פרק ט״ז סי׳ ז׳ אות ח׳.

29. כל בו שם אות כ״ה, עי׳ אבן יעקב שם, גליון מהרש״א סי׳ שע״ו.

30. שו״ע יו״ד סי׳ שס״ב סעי׳ א׳, כל בו שם סי׳ ב׳ אות ט״ו, שו״ת ציץ אליעזר חלק י״א סי׳ ע״ד.

31. כל בו פרק א׳ סי׳ ג׳ אות כ״א, גשר החיים שם סי׳ ט׳ אות א׳.

32. ראה פרק 4 אות 118.

33. גשר החיים פרק ז׳ סי׳ א׳ אות ט׳, שו״ת אגרות משה יו״ד ח״ג סי׳ קמ״ב.

a34. כל בו ח״ב פרק ב׳ סי׳ א׳ אות א׳.

b34. שו"ת אגרות משה יו"ד ח"ג סי' קמ"ג-קמ"ד, ושו"ת מנחת יצחק ח"ו סי' קכ"ב.

35. כל בו ח"א פרק ג' סי' ב' אות ו', גשר החיים פרק ט"ז סי' א' אות ה'.

36. רמ"א שם סי' של"ט סעי' א'.

37. רמ"א שם, גשר החיים פרק כ"ז סי' ח' אות ב', עי' כל בו פרק א' סי' א' אות 18 בבירור הענין וכן מצאתי כעת ברמת רחל סי' ל'.

38. קש"ע סי' קצ"ח סעי' י"ב, עי' רמ"א שם סי' שנ"ח סעי' ג' שדי להעמידו ב' או ג' פעמים.

39. עי' לעיל אות 13.

40. כל בו שם סי' ח' אות י"ט.

41. רמ"א שם.

42. שו"ע שם סי' שס"ב סעי' ב', כל בו פרק ג' סי' ב' אות ח'.

43. פ"ת שם ס"ק ב', אבן יעקב סי' כ"ה, עי' כל בו שם אות י' שבכמה מקומות המנהג לקבור הראש לצד מעריב והרגלים לצד מזרח, ויש שקוברים בין צפון לדרום.

a44. שו"ת הר צבי יו"ד סי' רס"ז.

b44. כל בו שם אות ל"ז.

c44. כ"ש ממרן שליט"א אולם בשו"ת אורח משפט מהרב אברהם יצחק הכהן קוק זצ"ל בעמוד רס"ד כתב שמותר.

a45. עי' שו"ת מנחת יצחק ח"ד סי' כ"ח שאין המלוים הולכים מהקבר עד אחר אמירת הקדיש.

b45. שו"ע שם סי' שע"ו סעי' ד', כל בו שם סי' ד' אות כ"ו, עי' רמ"א יו"ד סי' סע"ו סעי' ד' שכתב שיושבים ז' או ג' פעמים אחר הקבורה להבריח הרוחות ועי' עוד ט"ז שם סי' שע"ו ס"ק ג' וש"ך שם סי' שע"ו ס"ק ו' ואות 40-38.

46. שו"ע או"ח סי' תקמ"ז סעי' י"ב, כל בו שם אות כ"ד, גשר החיים פרק ט"ז סי' ז' אות ט' ועי' משנה ברורה סי' תקמ"ז אות כ"ה.

47. כל בו שם אות ג', ראה שו"ע יו"ד סי' של"ט סעי' ג' שכתב דאומרים צידוק הדין קודם יציאת נשמה, עי' גשר החיים סי' ו' אות א' שגם כל המתעסקים אומרים צידוק הדין.

48. שו"ע שם סי' שע"ו סעי' ד'.

49. ש"ך שם ס"ק ג', עי' אבן יעקב סי' ל"ו וגשר החיים שם אות ד' שמותר לומר קדיש גם תוך ד' אמות לקבר, עי' עוד ערוך השלחן סי' שס"ז ס"ק ה' שכתב דמותר לומר צדוק הדין סמוך לקבר.

50. ראה אות b51.

a51. עי' גשר החיים פרק י"ד אות 2 שמברר למה היום מקילין לקבור תינוק שמת בלי מנין ולכל הפחות שיהי' שם שלשה לנשיאת התינוק כדברי השו"ע שם סי' שנ"ג סי' ד', וכן מצאתי בכל בו פרק א' סי' ח' אות י"ג, וראה להלן אות 81.

b51. שו״ע שם סי׳ שמ״ד סעי׳ ד׳, כל בו פרק ג׳ סי׳ ד׳ אות ו׳, עי׳ שו״ת להורות נתן ח״ו סי׳ ק״ב.

a52. שו״ע שם סי׳ של״ט סעי׳ ג׳.

b52. כ״ש ממרן שליט״א, עי׳ גשר החיים ח״ב פרק כ״ד סי׳ ד׳ אות ד׳ שכתב שאין לאומרו אלא אחר הקבורה.

53. רמ״א שם סי׳ ת״א סעי׳ ו׳, כל בו שם אות ז׳.

54. רמ״א שם, עי׳ גשר החיים פרק ט״ז סי׳ ו׳ אות ה׳ שכתב דבינו לבין עצמו מותר לומר צידוק הדין אפילו בשבת או יום טוב.

55. כל בו שם אות ז׳, עי׳ ש״ך ס״ק ג׳ דאחר חצות בערב ר״ח וחנוכה אומרים צידוק הדין, ועי׳ אלי׳ רבה סי׳ ת״כ שגם בערב פורים הדין כן.

56. רמ״א או״ח סי׳ תקנ״ט סעי׳ י׳.

57. פ״ת יו״ד סי׳ ת״א ס״ק א׳.

58. אשל אברהם (פמ״ג) או״ח סי׳ ת״כ, עי׳ מטה אפרים סי׳ תר״ד סעי׳ י״ד שאין אומרים צידוק הדין כל היום.

59. שו״ע או״ח סי׳ נ״ה סעי׳ א׳.

60. שו״ע יו״ד סי׳ שע״ו סעי׳ ד׳, כל בו שם סי׳ ד׳ אות ט״ו.

61. שו״ת אגרות משה או״ח ח״ג סי׳ כ״א, ראה שו״ת מנחת יצחק ח״ז סי׳ ק״ד בדבר שיעור העמקת הקבר, עי׳ שם ח״ד סי׳ כ״ח ושו״ת דברי ישראל או״ח סי׳ ד׳ אם צריך הציבור להשאר שם עד שיעשה הקבר יותר גבוה מהארץ.

62. עי׳ פ״ת שם ס״ק ד׳ שכתב דאם שני ההורים חיים לא יאמר קדיש יתום.

63. גשר החיים שם אות ג׳.

a64. גשר החיים שם אות ד׳, עי׳ כל בו שם אות כ״א שאין לומר אפילו קדיש יתום. עי׳ ערוך השולחן יו״ד סי׳ שע״ו ס״ק ט׳ שאומרים מזמור מ״ט.

b64. כל בו פרק ג׳ סי׳ ד׳ אות י׳ ראה גשר החיים פרק ט״ז סי׳ ו׳ אות ו׳.

65. גשר החיים שם סי׳ ז׳ אות ד׳.

66. שו״ע שם סי׳ שנ״ג סעי׳ ה׳, גשר החיים שם סי׳ ז׳ אות ב׳, ראה גשר החיים שם אות ב׳ שכתב דאין השורה פחותה מעשרה אנשים גדולים לבד מהאבל.

a67. גשר החיים שם אות ה׳.

b67. גשר החיים פרק ט״ז סי׳ ז׳ אות ב׳.

68. שו״ת אגרות משה יו״ד ח״ב סי׳ קנ״ג, כל בו שם סי׳ ב׳ אות כ״ג, עי׳ שו״ת ציץ אליעזר ח״ז סי׳ מ״ט אם בעל השני חייב לשלם הוצאות הקבורה.

69. גשר החיים פרק כ״ז סי׳ ז׳ אות ג׳, אבן יעקב סי׳ ל״ד, עי׳ שו״ת מנחת יצחק ח״ג סי׳ ק״ו דבעל האחרון עיקר, ראה נועם חלק י״ז בשער הלכה או ס״ז ושו״ת דברי ישראל יו״ד ח״ב סי׳ נ׳.

70. שו״ע שם סי׳ שס״ב סעי׳ ה׳.

a71. שו״ת אגרות משה יו״ד ח״ב סי׳ קנ״ב, עי׳ אבן יעקב סי׳ כ״ו בבירור הענין, ראה שו״ת אגרות משה יו״ד ח״ג סי׳ קמ״ז.

b71. שו"ת ציץ אליעזר ח"י סי' מ"א, שו"ת ישכיל עבדי ח"ו סי' כ', והלום ראיתי בנחלת צבי ח"א עמו' קל"ט שבן ישראלית הנולד מנכרי צריך להרחיקו ח' אמות משאר קברי ישראל וכדאי להבהיר בזה שדוקא באחד שלא התנהג כיהודי כשר מרחיקים אותו משאר הקברים.

72. שו"ת אגרות משה שם סי' קמ"ט, עי' כל בו שם סי' ד' אות כ"ח שכתב דמותר לקבור בקברי ישראל.

a73. שו"ת אגרות משה יו"ד ח"א סי' ק"ס, שו"ת שרידי אש ח"ג סי' ק'.

b73. שו"ע יו"ד סי' שס"ב סעי' ו'.

c73. כ"ש ממרן שליט"א, ראה בית לחם יהודה סי' שס"ב.

d73. פ"ת יו"ד סי' שס"ב ס"ק ד', עי' כל בו פרק ג' סי' ב' אות ל"ה לבירור הענין.

e73. כ"ש ממרן שליט"א שכדאי למנוע מזה משום בזיון המת דאולי יש לנפטר קפידא על זה אולם בכל בו שם אות י"א כתב שמותר.

74. כל בו שם סי' ג' אות 20.

75. כל בו שם אות י"ב, ראה מג"א סי' תקכ"ו ס"ק כ'.

76. עי' פרק 4 אות 132.

77. מג"א סי' תקכ"ו ס"ק כ', כל בו שם אות ב' ואות ג', שו"ת ציץ אליעזר ח"י סי' כ"ה, עי' שו"ת מנחת יצחק ח"ז סי' ק"ב שכתב דגם שליות צריכים קבורה אמנם בשו"ת אגרות משה יו"ד ח"ג סי' קמ"א כתוב דאינם צריכים קבורה כשאין שם עדיין צורת ולד, עי' עוד שערי תשובה סי' תקכ"ו ס"ק י"ז.

78. כל בו שם אות ד'.

79. כל בו שם אות ט'.

80. אבן יעקב סי' י"א, ראה אות 50.

81. שו"ע שם סי' שנ"ג סעי' ד', ראה אות 51.

82. ראה גשר החיים פרק ט"ז סי' ג' אות ב' שגם מלין את הנפל.

83. שו"ע שם סעי' ו', כל בו שם אות ו', ועי' באות ז' שאם נולד מהול אין להטיף דם ברית.

84. גשר החיים שם.

85. שו"ע שם סי' רס"ג סעי' ה', גשר החיים שם.

86. ערוך השלחן סי' תקכ"ו אות י"ט.

87. כל בו שם אות ו'.

88. שו"ע שם.

89. פ"ת סי' רס"ג אות י"א.

90. רמ"א שם, עי' כל בו שם אות י"ב. ראה הוספות, עי' עוד מג"א שם, ראה משנה ברורה סי' תקכ"ו אות ס"ט אם יש להתיר לקוברו ע"י נכרים.

91. גשר החיים שם סי' ב' אות א', שו"ת אגרות משה יו"ד ח"ב סי' ק"נ, שו"ת ציץ אליעזר חלק י"א סי' ע"ד.

92. פ"ת שם סי' שס"ב ס"ק א', שו"ת אגרות משה יו"ד ח"א סי' רל"א, שו"ת ציץ

אליעזר ח״י סי׳ כ״ה, שו״ת מנחת יצחק ח״ד סי׳ צ״ח, שו״ת חלקת יעקב ח״ב סי׳ קנ״ד. כל בו שם סי׳ ב׳ אות י״ח, ראה שו״ת אגרות משה יו״ד ח״ג סי׳ קמ״א.

93. שו״ת אגרות משה יו״ד ח״א סי׳ רל״א־רל״ב וח״ג סי׳ קמ״א.

94. גשר החיים שם סי׳ ב׳ אות ב׳, שו״ת חלקת יעקב ח״ג סי׳ פ׳.

95a. עי׳ אות 78, ושו״ת יביע אומר ח״ג יו״ד סי׳ כ״ב.

95b. ראה אות 99.

96. שו״ת אגרות משה יו״ד ח״א סי׳ רל״א וח״ג סי׳ קמ״א.

97. גשר החיים פרק י״ז סי׳ ב׳ אות ח׳, נועם חלק י״ט עמו׳ ש״ל.

98. שו״ת ציץ אליעזר ח״י סי׳ כ״ה, עי׳ גשר החיים פרק ט״ז סי׳ ב׳ אות ג׳ שכתב דיש אנשים המקפידים לשמור אותם ולאחר מיתתם קוברים השינים אתם.

99. פ״ת יו״ד סי׳ שמ״ט ס״ק ג׳, גשר החיים שם, עי׳ שו״ת הר צבי יו״ד סי׳ רע״ו שכתב דשינים תותבות שעשויין להכניס ולהוציא מתי שירצה, מותרים בהנאה, וכן מצאתי בגשר החיים פרק ח׳ אות ה׳, ובאות ט׳ כתב שלא נאסרו גם אלו שא״א להסירו אם גלה דעתו שלא הוקצה אותן לגופו, ראה פרק 4 אות 184.

100. ט״ז יו״ד סי׳ שס״ד ס״ק ג׳, ש״ך שם ס״ק י״א.

101. ראה פרק 4 אות 72.

102. כל בו שם אות י״ט, גשר החיים פרק י״א אות ה׳.

103. שו״ת נודע ביהודה מהדו״ק יו״ד סי׳ פ״ט, עי׳ שו״ת ציץ אליעזר ח״ח סי׳ ל״ה שכתב דאפר של הקדושים הנשרפין חייבים בקבורה וכן מצאתי בגשר החיים פרק ט״ז סי׳ ח׳ אות א׳, כל בו שם אות ט״ז, שו״ת הר צבי יו״ד סי׳ רע״ה, וראה שו״ת חלקת יעקב ח״א סי׳ ל״ב.

104. גשר החיים שם אות ב׳.

105. גשר החיים שם אות ד׳.

106. גשר החיים סי׳ ט׳ אות ב׳, כל בו פרק א׳ סי׳ ג׳ אות כ״א, שו״ת מחזה אברהם ח״ב סי׳ ל״ח, ושו״ת אגרות משה יו״ד ח״ג סי׳ קמ״ז אמנם בשו״ת שרידי אש ח״ב סי׳ קכ״ג־קכ״ד כתב שיכולים לקבור האפר אם מקום הקבורה רחוק ח׳ אמות משאר הקברים, וראה שו״ת יביע אומר ח״ג יו״ד סי׳ כ״ב שכתב דראוי לקבור את האפר.

107a. גשר החיים פרק כ״ו סי׳ ג׳ אות ב׳.

107b. שו״ע שם סי׳ שס״ג סעי׳ ז׳, גשר החיים שם אות ג׳.

108. כ״ש ממרן שליט״א, עי׳ כל בו פרק ג׳ סי׳ ה׳ אות י׳ שכתב דמותר לפתוח הקבר ממש.

109. עי׳ שו״ת אגרות משה יו״ד ח״ב סי׳ ק״ס, אבן יעקב סי׳ כ״ז, כל בו שם סי׳ ו׳ אות א׳ שמביא הטעמים באיסור פינוי עצמות המת.

110. שו״ת אגרות משה שם סי׳ קס״א.

111. שו״ע שם סעי׳ א׳.
112. שו״ת אגרות משה שם סי׳ קס״ב, שו״ת הר צבי יו״ד סי׳ רס״ח.
113. שו״ת אגרות משה יו״ד ח״א סי׳ ר״ס ובח״ב סי׳ קנ״ט, אמנם בגשר החיים שם סי׳ ד׳ אות י״ב כתב שאין בו דין ליקוט עצמות.
114. שו״ת אגרות משה יו״ד ח״א סי׳ רל״ו, ראה אבן יעקב סי׳ כ״ח שמותר לפנות, ועי׳ כל בו שם אות ט׳-4.
115. אבן יעקב סי׳ כ״ה, כל בו שם אות כ״ג.
116. שו״ת יד יצחק ח״א סי׳ פ״ג.
117. שו״ע שם סי׳ שס״ד סעי׳ ג׳, עי׳ שו״ת משפטי עזיאל ח״א סי׳ קי״ג שמותר לפנות מתים שנפטרו במלחמה לקבר משפחה כשהממשלה קברה במקום אחר בלי דעת הקרובים.
118. עי׳ כל בו שם אות 12 שמביא מהרבה גדולי הדור שהחמירו בזה אפילו במקומות שהתירו הפוסקים לפנות עצמות המת. ובשערים מצויינים בהלכה סי׳ קצ״ט אות ט״ז כתב שההוראה תצא ע״י צירוף כמה רבנים גדולי הוראה.
119. שו״ע שם סי׳ שס״ג סעי׳ א׳, כל בו שם אות ה׳ ואות ו׳, שו״ת אגרות משה יו״ד ח״ב סי׳ קנ״ד, שו״ת ציץ אליעזר חלק י״א סי׳ ע״ה, גשר החיים פרק כ״ז סי׳ ט׳. שו״ת שרידי אש ח״ב סי׳ קכ״ט, עי׳ שו״ת מנחת יצחק ח״ז סי׳ קל״ו.
120. כל בו שם אות 18.
121. שו״ת אגרות משה שם סי׳ קס״א שכתב דאם יש טעם להקדים הפינוי מותר לפנות קודם העיכול.
122. רמ״א שם סעי׳ ב׳, כל בו שם אות ז׳, שו״ת הר צבי יו״ד סי׳ רע״א.
123. שו״ת אגרות משה יו״ד ח״ב סי׳ קנ״ה, אמנם בשו״ת חלקת יעקב ח״א סי׳ קל״ג לא התיר פינוי עצמות אפילו על פי עד אחד כשהנפטר אף פעם לא הזכיר דבר זה.
124. שו״ת אגרות משה יו״ד ח״א סי׳ רמ״ב.
125. שו״ע שם סעי׳ א׳, עי׳ כל בו שם אות ח׳ שמברר מי יכול לעשות התנאי.
126. שו״ת אגרות משה יו״ד ח״ב סי׳ קנ״ז.
127. שו״ת אגרות משה יו״ד ח״ב סי׳ ע״ח וח״ג סי׳ קנ״ב.
128. שו״ע שם, שו״ת אגרות משה שם ח״א סי׳ רל״ט, עי׳ כל בו שם אות י״א.
129. גשר החיים פרק כ״ו סי׳ א׳ אות ג׳.

130a. מג״א או״ח סי׳ תקל״ה ס״ק ב׳, שו״ת אגרות משה יו״ד ח״א סי׳ רמ״א וסי׳ רמ״ג וח״ג סי׳ קמ״ו-קמ״ז ועי׳ שם סי׳ קמ״ט אם יכול לפנות מבית הקברות רעפארמי לבית קברות ארטאדאקסי, כל בו שם אות י״ג-י״ד, שו״ת שרידי אש ח״ג סי׳ ק״א.

130b. כ״ק ממרן שליט״א אולם בשו״ת ציץ אליעזר חלק ט״ז כתוב שצריך לכל הפחות מחיצות מכל צד.

131. שו״ת אגרות משה יו״ד ח״א סי׳ רמ״א, עי׳ אבן יעקב סי׳ כ״ח שאין לפנות המת וכן מצאתי כעת בכל בו סי׳ ב׳ אות י״א, ראה שו״ת אגרות משה יו״ד ח״ג סי׳ קמ״א.
132. שו״ת אגרות משה ח״ב סי׳ קנ״ט, כל בו שם סי׳ ו׳ אות י״ח, ראה שו״ת אגרות משה יו״ד ח״ג סי׳ קמ״א.
133. שו״ת אגרות משה ח״א סי׳ ר״מ, עי׳ אבן יעקב סי׳ כ״ח שאין לפנות המת.
134. רמ״א יו״ד סי׳ שס״ג סעי׳ ב׳, כל בו שם אות ט׳-2, אבן יעקב סי׳ כ״ח.
135. שו״ת אגרות משה יו״ד ח״א סי׳ רל״ו-רל״ח.
136. כל בו שם אות ט׳-1, עי׳ שו״ת משפטי עזיאל יו״ד ח״א סי׳ ק״כ שאין לפנות אם לא צוה כך לפני מותו משום שבית הקברות ציבורי הרי הוא גם כאבותיו, ושכל ישראל בית אב אחד.
137. שו״ת אגרות משה יו״ד ח״א סי׳ רל״ו.
138. עי׳ שם, ובח״ב סי׳ קס״א מוכיח שהגירסא בשו״ת חתם סופר סי׳ של״א שכתב — אצל משפחתו — אין זה לשונו אלא טעות סופר, עי׳ אבן יעקב סי׳ כ״ח שמותר לפנות, וכן כתב הכל בו שם אות ט׳-3.
139. כל בו שם אות ט׳-5.
140. שו״ת אגרות משה יו״ד ח״א סי׳ רל״ז, אבן יעקב שם, עי׳ כל בו אות ט׳-6 בבירור הענין.
141. כל בו שם אות ט׳-7, עי׳ שו״ת מחזה אברהם ח״ב סי׳ מ׳ שקבר משפחה הפירוש באותו בית הקברות, ראה שו״ת קול מבשר ח״א סי׳ מ׳.
142. שו״ת אגרות משה יו״ד ח״א סי׳ רנ״ט, נועם חלק ט״ז שער ההלכה. אמנם בכל בו שם אות י״א וגשר החיים שם סי׳ ב׳ אות ג׳ כתבו שצריך לחפור בקרקע עד ג׳ אצבעות, עי׳ שו״ת שרידי אש ח״ב סי׳ קכ״ט שאם הארון נשאר שלם אין שום צורך לחפור בקרקע.
143. שו״ת משפטי עזיאל ח״א סי׳ קי״ג, גשר החיים שם סי׳ ד׳ אות ד׳ דאין חיוב לוי׳ בליקוט עצמות.
144. שו״ע שם סי׳ ת״ג סעי׳ ג׳, עי׳ שו״ת משפטי עזיאל שם דמותר לומר שבחו של מת.
145. שו״ע שם סעי׳ ד׳.
146. ש״ך שם סי׳ שע״ה ס״ק ח׳-ט׳, עי׳ גשר החיים פרק י״ט סי׳ ו׳ אות א׳ שצריך לנהוג אבלות רק אם הוא במקום שנמצא המת.
147. שו״ע שם סי׳ שס״ד סעי׳ א׳, כל בו שם, גשר החיים פרק כ״ז סי׳ ג׳ אות י״א, שו״ת ציץ אליעזר ח״י סי׳ מ׳, שו״ת לב ארי׳ ח״א סי׳ מ״ג, עי׳ שו״ת דובב מישרים ח״ג סי׳ ע״ח שהקבר עצמו אסור בהנאה כששייך לבית הקברות ציבורי. עי׳ חידושי ר״ע איגר סי׳ שס״ד.
148. שו״ע שם סעי׳ ז׳ וראה ערוך השלחן שם אות י״ב, עי׳ כל בו שם שאין לקבור שם כל קרובי המת. עי׳ שו״ת ציץ אליעזר חלק י״ג סי׳ צ״ה-צ״ו דיש להתיר

לקבור הבן בקבר אביו אשר אביו בעצמו הכין לו בחיים חיותו, עי' עוד שו"ת מנחת יצחק ח"ט סי' קכ"ו שכתב דבזמנינו מותר לקבור בן בקבר שהוזמן לאביו.

149. כ"ש ממרן שליט"א שענין כבוד אביו לא יורד כשמכרו לאחרים.

150. שו"ת אגרות משה יו"ד ח"א סי' רמ"ו, אמנם בפ"ת סי' שס"ד ס"ק א' כתב שכל העפר אסור בהנאה, עי' גשר החיים ח"ב פרק כ"ז סי' ד' שכתב דמותר להשתמש עם כל העפר עבור מת אחר.

151. שו"ע שם סי' ת"ג סעי' א', עי' פ"ת סי' ת"ג ס"ק א' וחזון למועד פרק ל' אות ד' אם יש אנינות בליקוט עצמות.

152. שו"ת אגרות משה יו"ד ח"א סי' ר"ס, כל בו ח"ב פרק ג' סי' ג' אות ד', אמנם בגשר החיים פרק כ"ו סי' ד' אות ח' כתב שנוהגין אבלות רק עד סוף היום שהתחיל הליקוט, וכן מצאתי בשו"ת משפטי עזיאל ח"א סי' ק"ל. ושו"ת יחוה דעת ח"ד סי' נ"ט.

153. שו"ת אגרות משה שם, אבל הכל בו שם כתב דאין צריך להתאבל אם נקבר בארון סגור, וכן ראיתי כעת בשערים מצויינים בהלכה סי' קצ"ט אות י"ז, שו"ת הר צבי יו"ד סי' רצ"ו, שו"ת משפטי עזיאל ח"א סי' ק"ל, עי' גשר החיים שם אות י"ב בבירור הענין.

154. ש"ך שם ס"ק ג'.

155. כ"ש ממרן שליט"א.

156. שו"ע שם סעי' ה', גשר חיים שם אות ט'.

157. שו"ע שם, שו"ת אגרות משה שם.

158. ראה אות 151.

159. כ"ש ממרן שליט"א משום דלאחר מיתה לא מקרי שארו כדאיתא בתוספות יבמות דף נ"ה עמוד ב' ד"ה לאחר מיתה וכו'. אמנם בפ"ת שם ס"ק ב' כתב שרק ע"י נשואים שניים נפסקה הקורבה בין איש לאשתו.

CHAPTER 6

Laws of Tumah for a Kohen

SECTION 1: General Laws

1. Only male *kohanim* are obligated to observe the laws of *Tumah* (defilement).[1]

2. A *kohen* may not defile himself by touching, carrying or being within eight feet[2] of a body[3] or the limbs, bones, blood, or the flesh of a dead person.[4] A limb from a living person will likewise defile a *kohen.*[5]

3. A *kohen* may not enter a building,[6] or a building connected by a door or covered passageway to a building in which a deceased, or the limbs, bones, blood, or flesh of a deceased, or the limbs of a living person are kept.[7]

4. The *kohen* may enter a cemetery[8] if he remains, at all times, at least eight feet[9] from the graves and does not pass by foot or in a vehicle under a branch of a tree which simultaneously covers both him and a grave.[10]

5. A *kohen* may not defile himself even to the grave of a *Tzadik.*[11]

6. A *kohen* who was notified that someone in the same building has died should leave the building immediately,[12] remaining only to get properly dressed.[13] If necessary, the *kohen* may remain in the building if all openings (e.g. doors, windows, etc.) leading directly to the place where the deceased is or the places that the deceased will pass[14a] are closed until the deceased is removed from the building.[14b]

7. A *kohen* should not enter a building where there is a person on the verge of death.[15]

8 (a). A *kohen* may visit a patient in a hospital if abso-

Laws of Tumah for a Kohen

lutely necessary (i.e. to visit close relatives). In such a case, the *kohen* should ascertain that there is no Jewish body in the hospital at the time of his visit. If no such information is available, he may still enter the hospital provided that there are relatively few Jewish patients present in the hospital.[16]

(b). A *kohen* may be hospitalized if the necessary treatment is unavailable outside the hospital.[17]

(c). A *kohen* may not accept employment in a hospital unless very few Jewish patients are expected to be there, and he is permitted to leave the building upon notification that a Jewish patient is about to die.[18a]

(d). A *kohen* may accept employment in a nursing home.[18b]

9. A *kohen* may not pass under an awning, balcony, or gate of a building (or a building connected to a building) in which a Jewish deceased lies.[19]

10. A *kohen* may not even defile himself for an infant who did not live thirty days.[20]

11. A *kohen* may not study to become a doctor if he will be in a situation where he will be in contact with cadavers or parts of bodies while studying.[21]

12. A *kohen* should not volunteer for duty in the armed forces if it will involve contact with bodies or parts of bodies.[22]

13. A *kohen* may travel on an airplane[23a] only if he ascertains that no Jewish body is being transported on the plane.[23b]

14 (a). A *kohen*, if necessary,[24] may enter a room where a dead non-Jew[25] is lying but should not touch the body. Likewise, one should not lean over the grave of a non-Jew.[26]

(b). A *kohen* may, if necessary, enter a museum[27] (where remains are on display) or be present in a room where human tissue is being clinically examined.[28]

15. A *kohen* may travel on a road where branches of a tree cover the road of a non-Jewish grave or cemetery.[29]

16. A *kohen* requiring a transplant of a limb or organ may receive one from a non-Jewish deceased donor.[30]

17. A pregnant woman married to a *kohen* may defile herself to a deceased.[31]

18. A *kohen* may defile himself to the ash remains of a burnt person.[32]

19. A *kohen* may touch a monument that was once at a gravesite but has been removed.[33]

20. A *kohen* who is a *mamzer* may defile himself to all deceased people.[34]

SECTION 2: Laws Pertaining to a Kohen with a Deceased Relative

1. A *kohen* must defile himself to all relatives for whom he is obliged to observe the laws of mourning[35] with the following exceptions:
   (a) a maternal brother or sister[36]
   (b) a married sister (even if presently divorced or widowed).[37]
   (c) a woman that he would not have been permitted to marry (e.g. a divorcee).

2. A *kohen* does not become an *onen* or a mourner for a deceased wife whom he was not permitted to marry, i.e. she was a divorcee.[38]

3. A *kohen* may defile himself for a spouse as long as no Jewish divorce has been given.[39]

4. A *kohen* may enter a house or funeral chapel to attend to his relatives even when other bodies are present. When removing the deceased relative from the house or chapel, the *kohen* should leave before the body is removed.[40]

5. A *kohen* may defile himself for his immediate relatives even when others are available.[41] However, it is preferable not to do so on *Shabbos* or other times when interment is not permissible.[42]

6. A *kohen* who is a bridegroom may defile himself during the seven festive days even though he will not be observing *shiva* immediately.[43]

7. A child who is a *kohen* and cannot help in the burial proceedings should be told not to defile himself even for immediate relatives.[44] However, if he does, it is not necessary to tell him to leave[45] unless the deceased was not an immediate relative.[46]

8. If the relatives who are permitted to defile themselves for a deceased are *kohanim*, the deceased should be interred near the outside of the cemetery in order that these relatives should not defile themselves at other graves.[47] If this is impossible, then the relatives may still go to the grave.[48] They must leave immediately after the deceased is covered with earth[49] unless they are standing in a place which is eight feet from any grave. Here they are permitted to stay until the *kaddish* is recited.[50] In the future, they are prohibited from visiting the grave.

9. A *kohen* may not defile himself to a deceased infant relative unless the infant lived thirty full days until nightfall.[51] If the infant was placed in an incubator, the *kohen* may defile himself when there is an obligation to tear *k'riah*. (Refer to the laws of *k'riah*,[52] Chapter 2, Section 1, paragraph 12.)

10 (a). A *kohen* should defile himself for a relative even if an organ inside the body[53] was removed after death.[54]

(b). A *kohen* should not defile himself for a deceased immediate relative who was missing any limbs even if the condition also existed when he was alive.[55]

11. A *kohen* may not defile himself for a limb of any of the above relatives.[56]

12. A *kohen* may not defile himself for a relative who was killed[57] or intentionally committed suicide.[58] A *kohen* may defile himself for a sinner for whom he will observe *shiva*.[59]

13. A *kohen* may not defile himself during the re-

interment of a deceased even if he was permitted to defile himself during the original interment.[60]

14. A *kohen* should defile himself for a deceased who is not an immediate relative if there are not enough other Jewish people to attend to the needs of the deceased.[61] This applies even if a limb is missing, provided that the head and most of the body remained whole.[62]

1. שו״ע יו״ד סי׳ שע״ג סעי׳ א׳־ב׳, עי׳ יסודי ישרון ח״ב עמו׳ ס״ב בבירור הענין דגם בזמן הזה הכהנים מוזהרים על הטומאה.
2. ראה שו״ת אגרות משה או״ח ח״א סי׳ ק״ל בדבר השיעור לפי מדת האינטשעס וספק דאורייתא לחומרא.
3. שו״ע שם סי׳ שע״א סעי׳ ה׳, עי׳ גשר החיים פרק ו׳ סי׳ ב׳ אות י״ד לבירור הדברים, ע״ע ש״ך יו״ד סי׳ שע״א ס״ק ח׳.
4. שו״ע שם סי׳ שס״ט, גשר החיים שם סי׳ א׳ אות ב׳.
5. שו״ע שם, גשר החיים שם אות ג׳.
6. שו״ע שם סי׳ שע״א סעי׳ א׳.
7. שו״ע שם סעי׳ ד׳, עי׳ פ״ת ס״ק ח׳, ובגשר החיים שם אות י״ב כתב שאין להקפיד כשיש הפסק בפתח של מקום המת, ראה כתר כהונה סי׳ י׳ בבירור הענין, וכעת מצאתי בזכרון ש״י עמו׳ כ״ב אות ל״א שבשבת ויום טוב יש להקל.
8. כל בו פרק ג׳ סי׳ ז׳ אות 3, כתר כהונה סי׳ ח׳, שו״ת ציץ אליעזר ח״ד סי׳ ט״ו, עי׳ שו״ת משפטי עזיאל יו״ד ח״ב סי׳ קכ״ד וסי׳ קל״א שאסור ליכנס לבית הקברות בין קבר לקבר אפילו כשעובר חוץ לד׳ אמות מהקברים. ראה נועם חלק י״ז בשער הלכה אות ר״ד.
9. ראה אות 2, עי׳ כל בו שם אות 4.
10. ש״ך שם סי׳ שס״ט ס״ק א׳, עי׳ דעת תורה סי׳ שע״א.
11. כל בו שם אות ו׳, יסודי ישרון ח״ב עמוד ע״ו, שו״ת יחוה דעת ח״ד סי׳ נ״ח, ועי׳ שו״ת ציץ אליעזר חלק ט״ו סי׳ ס״ח וחלק ט״ז סי׳ י״ח ושו״ת יביע אומר ח״א סי׳ י׳ וח״ד סי׳ ל״ה.
12. רמ״א שם סי׳ שע״ב סעיף א׳, וראה שם אם צריך להקיצו כשישן.

13. פ״ת יו״ד סי׳ שע״ב ס״ק ה׳, כל בו פרק א׳ סי׳ ה׳ אות ט׳. שו״ע שם סי׳ שע״א סעיף ד׳, עי׳ גשר החיים שם סי׳ ב׳ אות י״א, פ״ת שם.

14a. סי׳ שע״א ס״ק ח׳ ודעת תורה סי׳ שע״א.

14b. ש״ך שם סי׳ שע״א ס״ק ט״ו, גשר החיים שם סי׳ ב׳ אות ה׳, שו״ת הר צבי יו״ד סי׳ רפ״ג, עי׳ כל בו שם אות 26.

15. שו״ע שם סי׳ ש״ע, ראה זכרון ש״י עמו׳ כ״א אות ט״ו שכתב דאם ישן הכהן אין צריך להקיצו, עי׳ יסודי ישרון ח״ב עמו׳ ס״ט.

16. שו״ת אגרות משה יו״ד ח״ב סי׳ קס״ו, עי׳ כל בו שם סי׳ א׳ אות ז׳, עי׳ עוד שו״ת ציץ אליעזר חלק ט״ז סי׳ ל״ג.

17. יסודי ישרון שם עמו׳ ס״ח, שו״ת חלקת יעקב ח״א סי׳ כ״ז וסי׳ כ״ח, כל בו שם אות ח׳.

18a. שו״ת אגרות משה יו״ד ח״א סי׳ רמ״ח, עי׳ כל בו שם אות ו׳, עי׳ עוד שו״ת ציץ אליעזר שם.

18b. כ״ש ממרן שליט״א שאינו דומה לבית חולים שרוב החולים מסוכנים שם.

19. שו״ע שם סי׳ שע״א סעי׳ א׳.

20. ט״ז שם סי׳ שס״ט ס״ק א׳, פ״ת ס״ק ב׳, עי׳ שערים מצויינים בהלכה סי׳ ר״ב אות ב׳ שכל זמן שהנפל חי מותר ליכנס שם.

21. כל בו שם סי׳ ה׳ אות כ״ב, עי׳ כל בו סי׳ א׳ אות כ״ג וגשר החיים פרק ב׳ סי׳ ב׳ אות ב׳ שרופא כהן מותר ליכנס אצל חולה גוסס לרפאותו. ע״ע שו״ת אגרות משה יו״ד ח״ג סי׳ קנ״ה.

22. כל בו שם סי׳ ה׳ אות כ״ה.

23a. כל בו שם אות י״ד, שו״ת חלקת יעקב ח״א סי׳ י״ב וח״ב סי׳ קע״ט, שו״ת משפטי עזיאל יו״ד ח״ב סי׳ קכ״ג.

23b. שו״ת אגרות משה יו״ד ח״ב סי׳ קס״ד, שו״ת חלקת יעקב ח״ב סי׳ ק״ח, עי׳ כל בו שם אות י״ג אם כהן מותר ליסע ברכבת כשיש שם מת, והלום ראיתי בשו״ת חלקת יעקב ח״א סי׳ ל״ג שכהן מותר ליכנס לספינה שיש שם מת בתנאי שיש פתח מיוחד להוציא המת מן הספינה וגם יש שם גג שמאהיל על המת.

24. שו״ת אגרות משה יו״ד ח״ב סי׳ קס״ו, שו״ת מנחת יצחק ח״ד סי׳ ל״ב, שו״ת יביע אומר ח״א יו״ד סי׳ י׳.

25. שו״ע שם סי׳ שע״ב סעי׳ ב׳, פ״ת ס״ק ט׳, כל בו פרק ג׳ סי׳ ז׳ אות ט״ו, עי׳ בפרק א׳ סי׳ ה׳ אות כ״א שכתב דאם המת בחדר הסמוך יש להקל, וכן מצאתי בשו״ת הר צבי יו״ד סי׳ רפ״ג.

26. ש״ך שם ס״ק ד׳.

27. ראה אות 24.

28. עי׳ כל בו שם סי׳ ג׳ אות כ״ח שלהסתכל במת לא נקרא נהנה מן המת.

29. כ״ש ממרן שליט״א, עי׳ שו״ת מנחת יצחק ח״ד סי׳ ל״א שהחלונות של

המכונית צריכים להיות סגורים, ראה שערים מצויינים בהלכה — הוספות — סי׳ ר״ב אות ט״ו.

30. שו״ת אגרות משה יו״ד ח״א סי׳ ר״ל, ראה שו״ת ציץ אליעזר חלק י״ג סי׳ ד׳ וחלק י״ד סי׳ ע״ח.
31. ש״ך סי׳ שע״א ס״ק א׳, גשר החיים פרק ו׳ סי׳ ד׳ אות ג׳, כל בו שם סי׳ ה׳ אות 27, עי׳ שו״ת הר צבי יו״ד סי׳ רפ״א.
32. כל בו שם אות י״ט, שו״ת מנחת יצחק ח״א סי׳ ל׳, שו״ת שרידי אש ח״ב סי׳ קל״ג, שו״ת משפטי עזיאל יו״ד ח״א סי׳ קי״ח, עי׳ שו״ת חלקת יעקב ח״א סי׳ כ״ט דאין כדאי לכהן ליגע באפר המת דאולי יש שם עצמות שלמות ומטמאו.
33. שערים מצויינים בהלכה סי׳ ר״ב אות י״ד, כל בו פרק ה׳ סי׳ ג׳ אות י״ח.
34. כל בו פרק א׳ סי׳ ה׳ אות ב׳, עי׳ יסודי ישרון ח״ב עמו׳ רכ״ג.
35. שו״ע שם סי׳ שע״ג סעי׳ ג׳, כל בו שם אות א׳.
36. שו״ע שם סעי׳ ד׳.
37. גשר החיים שם סי׳ ה׳ אות א׳.
38. שו״ע שם.
39. גשר החיים שם אות ד׳, עי׳ כל בו שם אות 4.
40. שו״ת הר צבי יו״ד סי׳ רפ״ב, גשר החיים שם אות ח׳, ותמיהני על דברי הכל בו שם אות ד׳ שחולק על גדולי הפוסקים ואוסר הכהן לטמא למתו ולא חש להביא ראי׳ לדבריו.
41. שו״ע שם סעי׳ ה׳, פ״ת שם ס״ק ד׳, כתר כהונה סי׳ ס׳, כל בו שם אות 11.
42. רמ״א שם.
43. ראה פרק 3 אות 4, עי׳ גשר החיים שם אות ג׳ שאינו מטמא לקרוביו.
44. כל בו שם אות 12.
45. רמ״א שם סעי׳ א׳.
46. ש״ך שם ס״ק א׳, גשר החיים שם אות י׳.
47. שו״ע שם סעי׳ ז׳.
48. שו״ת אגרות משה יו״ד ח״א סי׳ רנ״ב, עי׳ כל בו פרק ג׳ סי׳ ז׳ אות ז׳ שמביא מגדולי הפוסקים שהכהנים הולכים רק עד בית הקברות.
49. כל בו שם אות 6.
50. שו״ת אגרות משה שם וסי׳ רמ״ט.
51. שו״ע שם סעי׳ ד׳, עי׳ כל בו פרק א׳ סי׳ ה׳ אות ו׳.
52. ראה פרק 2 אות 16.
53. שו״ת אגרות משה יו״ד ח״א סי׳ רנ״א, שו״ת ציץ אליעזר ח״ט סי׳ מ״ח.
54. שו״ת אגרות משה יו״ד ח״ב סי׳ קס״ה.
55. שו״ע שם סעי׳ ט׳, עי׳ כל בו שם אות 6 שמביא מגדולי הפוסקים דכהן מותר לטמא למת שחסר ממנו אבר בחייו כשיטת היש אומרים בשו״ע.
56. שו״ע שם, כל בו שם אות ה׳.
57. רמ״א שם, שו״ת אגרות משה יו״ד ח״ב סי׳ קס״ה, עי׳ כל בו שם אות 7.

58. שו"ע שם סעי' ח', עי' גשר החיים שם אות ט' שצריך להיות בלא שום ספק שאבד עצמו לדעת.
59. ראה פרק 2 אות 10.
60. שו"ע שם סעי' ט', ש"ך סי' ת"ג ס"ק א', עי' כל בו פרק ג' סי' ז' אות י'.
61. שו"ע שם סי' שע"ד סעי' ג', כל בו פרק א' סי' ה' אות ב', עי' יסודי ישרון ח"ב עמו' ע"ג בבירור הענין.
62. שו"ע שם סעי' ב'.

CHAPTER 7

Laws of Shiva

SECTION 1: General Laws

1. *Shiva* commences at one of two times:
(a) After interment[1] whether the mourner was present or not.[2]
(b) When a mourner discontinues his travelling with the deceased who is to be interred in another city.[3] If any of those travelling with the body is still in the mourner's presence (even if no more contact with the deceased will occur), the mourner does not yet begin observing *shiva* until he has left. Such a situation may occur at an airport after the body is already aboard the plane, and a mourner not travelling with the deceased is still with others who are travelling with the deceased. If by some mistake, the mourner has already observed some act of *shiva*, it is considered valid as the first day of *shiva*.[4]

2. *Shiva* ends on the seventh day[5] when visitors leave after the *Shacharis* services are concluded for a male mourner and immediately upon awakening in the morning for a female mourner when no male mourners are present.[6]

3. If the deceased was buried during the first twenty minutes after sunset,[7] the mourner may count this as the first day of *shiva* if some positive act of mourning is observed during this time,[8] e.g. sitting on a low stool.

4. If other relatives or a burial society are tending to the funeral arrangements, and a mourner living far away has no

plans to attend the funeral, the mourner may sit *shiva* immediately.⁹

5. If a body was consumed by fire, one may begin to sit *shiva* from the time one is informed of the death rather than from the time of interment of the ashes.¹⁰

6. One sits *shiva* for all relatives that one is obligated to tear *k'riah* for.¹¹ (Refer to the laws of *k'riah*, Chapter 2, Section 1, paragraph 1).

7. There is an obligation to sit *shiva* and observe all other laws of mourning for a spouse as long as a Jewish divorce has not been granted.¹² However, one must sit *shiva* for one's wife who has been committed to an institution even if the mourner has received permission from a Rabbinical court to remarry and has already remarried.¹³

8 (a). A *kohen* should not sit *shiva* or observe the laws of mourning for a wife whom he was not permitted to marry,¹⁴ᵃ i.e. a divorcee.

(b). The same law would apply to the wife if the *kohen* preceded her in death.¹⁴ᵇ

9. When there is a presumption of death of a male spouse, *shiva* is observed if one has been declared dead by a Rabbinical Court within 30 days after attempts to recover the body have ceased.¹⁵ If such a case concerned any other relative, one may sit *shiva* upon termination of the search.¹⁶

10. The laws of *shiva* do not apply upon the deaths of infants who have not yet shown a potential for life, e.g. an infant who dies before having survived thirty days and twenty minutes.¹⁷ (Refer to the Laws of *K'riah*, Chapter 2, Section 1, paragraph 12).

11. One must sit *shiva* only for a relative born of a Jewish mother, or a mother who was properly converted even after conception (but before birth). A Jewish father does not sit *shiva* for his child if his wife was not Jewish and did not convert to Judaism before the child's birth.¹⁸

12. One does not observe *shiva* for a parent or for a rela-

tive who has become an apostate, or one who is an intentional sinner,[19] or one who is an obvious suicide.[20] In the case of suicide, *shiva* may be observed if the family would be embarrassed not to do so.[21]

13. One is not obligated to sit *shiva* for an adopted parent or relative. If the fact of adoption is not generally known, the adopted child may observe *shiva* while in the presence of others.[22]

14. A convert to Judaism does not observe *shiva* for a parent (even if the father was Jewish), unless the family relationship has arisen after conversion.[23]

15. A minor does not observe *shiva*.[24] If one reaches adulthood after *shiva* began, one need not observe the *shiva* or *shloshim*,[25] but one must observe the laws of *yud bais chodesh*.[26]

16. A sick person or a woman after giving birth who could not sit *shiva* is not obligated to sit *shiva* during the *shloshim* even after full recovery.[27]

17. One who is prevented from sitting *shiva* continuously (e.g. someone in the military[28]) is not obligated to re-observe the *shiva* period. However, if one did not sit at all, one is then obligated to sit *shiva* at some point during *shloshim* after permission is received.[29]

18. *Shiva* should be observed even if this is in opposition to the previously expressed wishes of the deceased.[30]

19. One may sit *shiva* wherever convenient. Preferably, one should observe *shiva* in the place where the relative died, or at least where the deceased lived.[31]

20. One may also travel or return to one's family, regardless of distance, to sit *shiva*.[32] However, one should wait until the second day of *shiva* before travelling.[33]

21 (a) If necessary, a mourner may leave the place of *shiva* each night and return to his home. One should return home at an hour when the streets are usually deserted.[34]

(b). Although a mourner is not permitted to go into the

street without cause,[35a] one may sit on a porch, balcony, or in the backyard, but only if the area is not being shared with others.

(c). A mourner may go to the hospital for elective surgery if rescheduling would result in a long delay.[35b]

(d). Refer to Chapter 3, Section 2, paragraph 31 for details when a mourner may attend a funeral.

22. Even if one received a letter or a telegram from a non-Jew informing of the death of a relative, one should sit *shiva*,[36] unless one has reason to question the truth of the news.[37]

23 (a). In the event that one of the mourners is notified of the death at a time later than other mourners who have already begun sitting *shiva*, such a mourner need not observe the full *shiva* period but joins the other mourners and rises from *shiva* when they rise[38] provided that all the following requirements are met:

(1) The mourner did not begin sitting *shiva* before coming to join the primary mourner(s).[39]

(2) The primary mourner(s) are sitting *shiva* in the city where either death or interment occurred.[40]

(3) If a primary mourner has left and there are other mourners sitting *shiva* in that house.[41]

(4) The mourner is coming from within a day's journey.[42] A day's journey is defined only by the distance accessible to the mourner by automobile and not the longer distance available by train or plane.[43a]

(5) These laws also apply when a mourner is observing a late *shiva* because the mourner was travelling with the deceased to the interment site while the mourner(s) began sitting *shiva* immediately after there was no more contact with the deceased.[43b]

(b). The primary mourner is not necessarily the eldest mourner, but the one who has the entire responsibility for the burial and other family matters.[44] If these responsibilities are shared equally, then everyone is considered a primary mourner.[45] If one of the mourners is financially independent of the family and has his own living quarters, he would not be considered as a primary mourner.[46a]

(c). A mourner who is financially independent of the family and has his own living quarters, may not join with the primary mourners.[46b]

(d). A mourner who is financially dependent on the primary mourner and who lives at a distance where the two hardly meet may not join with the primary mourner.[46c]

(e). One who arrived at the house of the primary mourner does not put on *Tefillin* that day[47] unless this was the seventh day when he will put on *Tefillin* after *shiva* concludes.[48]

24 (a). A primary mourner who arrived at the house of other mourners, must observe the full *shiva*.[49]

(b). Relatives who were informed of the death when the primary mourner arrived, must observe a full *shiva*.[50]

25 (a). If the relative[51] of a bride or groom died before the wedding and it is a great financial loss to cancel the wedding, then the *Chupah* should be held before interment[52] and the laws of mourning would not apply until the end of the seven festive days[53] except for marital relations which are permitted on the wedding day before interment.[54] During the seven festive days, the bride and groom are not permitted to remain alone[55] and must also abstain from other forms of affection.[56] If bride and groom agree, they may observe *shiva* immediately after interment[57] and celebrate the remaining festive days after a complete seven days of *shiva*.[58a]

(b). If the bride is in the state of *nidus*, they may remain alone.[58b]

(c). If the relative died during the evening after the *Chupah*, then all the above laws also apply. However, they must abstain from marital relations even on the wedding day before interment.[59]

(d). A bride or groom completes a full seven festive days[60] (marital relations are prohibited as mentioned previously) even if a relative died during this time, in which case *shiva* commences only afterwards.[61] However, the bride and groom may agree to begin observing the *shiva* after the interment. They will continue observing the remaining festive days after the conclusion of the seventh day of *shiva*.[62]

(e). The festive days do not count towards *shloshim*[63] unless the *shiva* was observed before the seven festive days as described above.[64]

(f). If a *Yom Tov* occurs during the seven festive days, it does not cancel the *shiva*.[65]

SECTION 2: Laws Concerning the Delayed News of a Relative's Death

1 (a). If one hears[66a] of a relative's death (during the thirty day period following the death[66b]) within the first twenty minutes[67] after sunset,[68] he should remove his shoes or sit on a low stool[69] and this is considered as the first day of *shiva*.[70]

(b). If one was informed of a relative's death during the thirty days, one does not put on *Tefillin* on the day of notification.[71] If one is informed while wearing *Tefillin*, they should be removed.[72]

2 (a). If one recited the *Maariv* services early while it was still daylight and then was informed of a death, this day cannot be considered as the first day of *shiva*.[73] If only the congregation recited the *Maariv* service, then this day is still considered as the first day of *shiva*. The same applies to a female mourner.[74]

(b). Although one cannot count the day as the first day

of *shiva* when one has recited *Maariv* before nightfall, nevertheless, the mourner does put on *Tefillin* the following morning.[75]

3 (a). If the mourner was informed on the thirtieth day after he has already recited *Maariv* but before sunset,[76a] he must still observe the *shiva*.[76b]

(b). The day that the mourner was informed is considered the first day of *shiva*.

4. If one is informed of a relative's death after the *Shabbos* was ushered in,[77] *Shabbos* will be the first day of *shiva*.[78]

5. If one was informed during the thirty day period on a *Shabbos* which precedes *Yom Tov*, *Yom Tov* will cancel the *shiva* if the mourner observed the laws of mourning that pertain to Shabbos.[79] (Refer to Section 5, paragraph 14.)

6 (a). If the mourner was informed on the thirtieth day which is a *Shabbos*, *Yom Tov* or *Chol HaMoed*, only the laws of *shiva* pertaining to that day (see Section 5, paragraphs 14 and 16) are observed. The mourner must then observe the laws of *shiva* for a part of the day after *Shabbos* or *Yom Tov*. (Refer to Chapter 8, Section 3, paragraph 1.)

(b). If one was informed on a *Yom Tov* or *Chol HaMoed* (other than the thirtieth day[80]), then the *shiva* must be observed beginning with the last day (in Israel, after the last day) of *Yom Tov* (after *Chol HaMoed*.) However, the *shloshim*[81] period begins immediately, and the days of *shiva* are part of the *shloshim*. (Refer to Section 5, paragraph 16 for further details.)

7. A bride or groom who is informed of a relative's death during the festive days is obligated to observe *shiva* at the conclusion of the festive days unless they are informed on the thirtieth day, in which case the mourner observes only the laws mentioned in paragraph 6a.[82] (Refer to Section 1, paragraph 25.)

8. The thirty day time limit is in effect at the place where

the mourner is notified of the death and not where interment took place, e.g. if the death occurred in Europe and the mourner was in the United States, the mourner would still be obligated to sit the complete *shiva* even if thirty days had already elapsed in Europe as a result of the time zone differential.[83]

9. If the relative died after sunset, then the thirty day time limit is in effect from the previous day,[84] e.g. if the death occurred on a Thursday after sunset, the *shloshim* begins on Thursday.

Section 3: The Meal of Condolence

1. The meal of condolence should be provided by a neighbor or someone who is not a mourner.[85] This obligation is the first meal during *shiva*[86] whether it is eaten at night (and *shiva* begins at night) or during the day.[87] However, if the interment was in the late afternoon, then there is no obligation on the following night even if this is the first meal.[88]

2(a). The meal should consist of bread, a hard boiled egg or cooked lentils,[89] and a beverage.[90a]

(b). The eggshell should be removed before giving the egg to the mourner.[90b]

3. A mourner should not have two other males join him during the meal of condolence in order not to recite the *zemun*.[91] If there are several male mourners, they should eat in separate places throughout the home unless there is a strong desire among them to recite the *zemun*. Then, they may eat together and recite the *zemun* afterwards.[92] During the remaining meals of the *shiva* period, the mourners may join together to recite the *zemun* after a meal.[93]

4 (a). A female may not serve a male nor may a male serve a female[94] unless there are both men and women mourners partaking of the meal.[95]

(b). A husband may not prepare the meal of condolence for his wife, or a wife for her husband.[96a]

(c). This law also applies to a child who is living with[96b] or is receiving financial support from the mourner.[96c]

5 (a). A mourner may not eat or drink[97] before the meal of condolence.[98]

(b). If one did eat a meal before the meal of condolence, there is no further obligation to have it.[99]

6 (a). The meal of condolence may be served on *Rosh Chodesh, Chanukah, Purim,* and *Chol HaMoed*.[100] On such days one should not serve an egg or lentils, but should serve other cooked food.[101]

(b). On *Erev Shabbos* or *Erev Yom Tov*, the obligation to be served the meal of condolence remains in effect the entire day provided the mourner wishes to eat.[102]

(c). The meal of condolence is not served on *Shabbos*,[103] *Yom Tov*,[104] *Erev Pesach*[105a] or a fast day.[105b]

7. If another relative is interred during a *shiva* period, there is an obligation to have another meal of condolence.[106]

8 (a). The *HaRachamons* in *Birchas HaMozon* should be recited as well as the *Birchas Avaylim*.[107a]

(b). These prayers should be recited during the entire *shiva* with the exception of *Shabbos* when a person who is not a mourner is also present.[107b]

SECTION 4: Miscellaneous Requirements of the Shiva Period

1. A candle should be burning during the period from the time of death until the end of *Shiva*.[108] (Refer to the laws of *Yahrzeit* for details of the type of candle permitted, Chapter 12, Section 3, paragraph 16).

2. If the death occurred on *Yom Tov* or *Chol HaMoed*, the candle should be kindled even though *shiva* does not begin until after *Yom Tov*.[109] (Refer to Chapter 12, Section 3,

paragraph 13 for the laws concerning lighting candles on *Yom Tov*.)

3. Even if a *Yom Tov* should discontinue *shiva*, a candle should still burn for seven days.[110]

4. During *Yom Tov* or *Chol HaMoed*, it should not be in the room where meals are to be served.[111]

5 (a). During the *shiva*, mirrors should be covered.[112a] A glass door in a china closet or bookcase cabinet need not be covered even though it may yield a reflection.

(b). The mirrors should be uncovered during the *Shabbos* of *shiva*.[112b]

6. The mourner should wear a hat or other head covering which covers the forehead and reaches the eyes.[112c]

SECTION 5: Restrictive Obligations of Mourners During Shiva

1. A mourner must deny himself even the most common of personal comforts during *shiva*. Consequently, the mourner must refrain from:

 a. Washing or bathing one's body (except for hands, face, or feet; only with cold water[113a] and no soap[113b] unless medical reasons direct otherwise,[114] or for the removal of foreign material from the body, e.g. dirt, ink or paint.

 b. using any type of cosmetic or deodorant,[115a] however, one who perspires profusely may use unscented deodorants.[115b]

 c. shaving or haircutting;[116]

 d. trimming one's nails;[117]

 e. laundering or cleaning clothes;[118]

 f. changing one's outergarments; sheets and towels may not be changed,[119] however, underclothes, socks, stockings and similar types of clothing that absorb perspiration may be changed when necessary;[120]

g. a mourner may not comb his (or her) hair except for medical or health purposes;[121]

h. a mourner must abstain from marital relations[122] and other intimate forms of affection.[123]

2. A mourner may not wear shoes made of or covered with leather; however, shoes of other material may be worn.[124] One who suffers from a foot ailment may wear leather shoes if necessary.[125]

3. A woman mourner may not wear jewelry with the exception of a wedding band.[126]

4 (a). A mourner is not required to sit during the entire *shiva* period,[127] even when visitors are consoling him with the phrase *HaMokem Yenachem Eschem*.[128] However, it is preferable that he remain seated when visitors are present.[129] When sitting, the mourner must sit on the ground[130] or on a stool[131] (or lawn chair) lower than twelve inches.[132]

(b). A mourner may sleep in a bed.[133]

5 (a). A mourner may not perform any skilled or unskilled labor, open a commercial establishment, or conduct any business during the *shiva*.[134] Dependants of the mourner or his agents (employees) are similarly prohibited from conducting business on the mourner's behalf even if the business is in their name.[135] Under extreme circumstances, when closing one's business would lead to extensive and irretrievable losses,[136] the mourner (while still an *onen*[137]) should sell the business to an employee for the duration of the *shiva*. In any event, the mourner may not receive any profit during the *shiva* period.[138a] (Refer to next paragraph concerning conditions of the sale.)

(b). The wife or the dependents of the mourner are prohibited from conducting an independent business during the *shiva*.[138b]

(c). If any members of a business partnership are mourners, the business should be closed.[139] However, if a severe financial loss or loss of the ability to remain competitive will result, the mourner may sell his share of the enterprise (while he is still an *onen*). There can be no conditions attached to the sale that would permit the mourner to be reimbursed for any loss or loss of profits incurred during the period at some later date. However, the partner may (on his own) return any profits to the mourner.[140] The above laws also apply to a person earning a salary.

(d). If the partners own more than one store, they may keep all the stores open except for one and the mourner need not sell his share, although he is still prohibited from receiving any profits.[141] This does not apply if the name of the business refers to the mourner.[142]

(e). If the mourner will be forced to pay the wages of his employees and he cannot sell his business, he may remain open and keep any profits.[143a] It is preferable to close the business for three full days.[143b]

(f). If the mourner has contracted others to do work for him before the death occurred, it may be completed if the work is not being done on the mourner's premises and others are unaware that the work is being done for him.[144] If the mourner received contracted work, he may give it to another contractor to be completed, provided a severe financial loss will be incurred by the mourner if the work is delayed.[145]

(g). If one of the partners in a business passed away, the business must be closed unless the surviving family states that they plan to dissolve the partnership.[146]

6. A female mourner may do all necessary housework during *shiva* including washing the clothes for other members of the family.[147] She may not wash her own clothes even if she does not wish to wear them until after *shiva*.[148]

7. A poor person should be given all material assistance necessary to observe the laws of *shiva*.[149]

8. A mourner should not pick up or play with a child during the *shiva* period.[150]

9 (a). Torah study is not permitted[151] even on *Shabbos*.[152] A mourner may read *Lamentations*, *Job*, or sections of law dealing with mourning,[153] provided that he does not study it in depth.[154] Psalms may not be recited.[155] During the *Shabbos*, *Shenayim Mikro V'echod Targum* may only be recited if this is the mourner's custom every *Shabbos*.[156]

(b). If visitors have learned a portion of *Mishna*,[157] the mourner may recite the *Kaddish DeRabbonon* although he was not permitted to listen to the learning session.[158]

(c). A rabbi who is a mourner may answer questions pertaining to *Halacha*, if no other rabbi is available.[159a]

10 (a). Music is prohibited during the *shiva*. (Refer to the laws of the *shloshim* period Chapter 8, Section 2, paragraph 14.)

(b). Mourners should not listen to a radio, look at picture albums, read a paper etc.[159b]

11 (a). A mourner may attend the entire wedding of a son or daughter,[160] but should not recite any of the *Sheva Brochos*. The mourner may be seated at the head table, but must eat each of the courses at a different table. He should however, not bathe, shave, or take a haircut for the wedding,[161a] but may change clothes and shoes.

(b). A mourner may apply all necessary perfumes, colognes, deodorants and cosmetics in order to attend the wedding.[161b]

12. A mourner may attend the *Bris* or *Pidyon HaBen* of his own child.[162] He may change clothes and shoes for this occasion,[163] although he may not sit on a normal chair or remain for the meal.[164] He should not be called to the reading of the Torah.[165] (Refer to Chapter 8, Section 2, paragraph 20 for further details.)

13. On a Friday, the mourner arises from *shiva* as close to *Shabbos* as possible[166] allowing himself only ample time for the permissible *Shabbos* preparations during the *shiva*.[167]

Laws of Shiva

If one is sitting *shiva* away from his family, he may return home for *Shabbos* even if the necessity of travelling will require him to arise from *shiva* early Friday morning.[168]

14 (a). On *Shabbos*, one should change one's clothes and shoes, but should not wear the very best clothes.[169] A clean, unstarched shirt may be worn if someone else wears it first.[170] One may use his special *Shabbos Talis*.[171] When sitting, the mourner should sit on a chair of normal height. All other restrictions of mourning apply.[172]

(b). The mourner should not attend a *Shalom Zochor* or *Kiddush*; nor should he attend services at a place being used specifically to celebrate a festive occasion such as a Bar Mitzvah.

15. When *Yom Tov* cancels *shiva* (refer to paragraph 17) and the mourner may only bathe and change clothes with the exception of starched or freshly pressed clothing as near to Yom Tov as possible[173a] after reciting the *mincha* services.[173b] Other laws remain in effect until the beginning of *Yom Tov*. After the completion of the entire *Yom Tov*, the laws of *shloshim* remain in effect until the end of the *shloshim* period.[174] The same is true for the preceding Friday of a *Yom Tov* that begins on a Saturday night.[175]

16 (a). If interment was on *Yom Tov*[176] or *Chol HaMoed*, then the last day of *Yom Tov* (outside of Israel) is considered as the first day of *shiva*,[177] even though the laws of *shiva* only commence with the conclusion of *Yom Tov*. However, marital relations are prohibited immediately, as well as wearing freshly pressed or starched clothing and shaving on *Chol HaMoed* (for those who normally do shave).[178] The mourner is only permitted to learn that which may be studied during the *shiva*.[179] The *shloshim* period begins on the day of interment and the days of *shiva* are part of the *shloshim* period.[180a] This also applies for an Israeli outside of Israel.

(b). The mourner should not be called to the Torah.[180b]

(c). During *Yom Tov*, the mourner is not required to change his usual seat.[180c] (Refer to Section 7, paragraph 10.)

(d). The mourner should not attend any *Simcha* or festive meal that is not permitted during the year of mourning.[181]

17 (a). Any period[182a] of mourning less than seven days that is observed before the onset of a *Yom Tov*, is considered as the equivalent of having mourned for seven days and terminates the *shiva* if some positive act of mourning was observed before *Yom Tov* began.[182b]

(b). A *Yom Tov* occurring during the *shiva*, serves as the equivalence of seven or eight days towards the *shloshim* period, depending on the *Yom Tov* and whether or not the mourner was in Israel:

Yom Tov	Israel	elsewhere
Rosh HaShana[183]	8 days	8 days
Yom Kippur	7 days	7 days
Succos	7 days	7 days
Shemini Atzeres (with Simchas Torah)	7 days	8 days
Pesach	7 days	8 days
Shevuos	7 days	8 days

For example, if one becomes a mourner before *Succos*, the period before *Succos* counts as seven days; *Succos* is another seven days; and *Shemini Atzeres* is eight more days leaving only eight days of the required mourning period to be observed after the *Yom Tov* has concluded.[184]

(c). If the interment occurred during any part of *Succos*, then *Shemini Atzeres* counts as only one day towards the *shloshim* period.[185]

18. All laws of mourning apply on *Erev Yom Kippur*,

except for bathing and immersion in a *Mikveh*[186] which should be done as near as possible to the beginning of *Yom Kippur*. The concluding meal of *Erev Yom Kippur* must be eaten while sitting on a low stool.[187]

19. During *Succos*, a mourner should not go around the *Bimah* with the *Lulav* and *Esrog*.[188] (Refer to paragraphs 15 and 16.)

20. On *Simchas Torah*, a mourner should not receive a *Hakofo*,[189] but he may receive an *Aliyah*[190] with the exception of the *Aliyah* for *Choson Torah* or *Choson Bereishis*.[191]

21 (a). *Chanukah* does not cancel the *shiva*.[192]

(b). On the first night of *Chanukah*, a mourner should not light the *Chanukah* lights in the synagogue.[193a] In the mourner's home, the lights should be lit by the mourner and all blessings are recited.[193b]

22 (a). *Purim* does not cancel the *shiva*. However, public mourning is not observed, therefore one should not sit on a low stool or remove one's regular shoes.[194] The mourner should not leave home[195] except to hear the *Megillah* reading at the synagogue.[196] The mourner should send *Shelach Monos* to only one person[197] and eat the festive meal only with his family.[198] (Refer to paragraph 14a concerning the changing of clothes for Purim.)

(b). On *Purim*, a mourner should not read the *Megillah*.[199]

23. On *Shushan Purim*, public mourning is not observed.[200] (Refer to paragraph 22.)

24 (a). A mourner who is a first born, may not leave the house to attend a *siyyum* on *Erev Pesach*, but may attend one in the house of mourning.[201a]

(b). On *Erev Pesach*, all laws of *shiva* apply the entire day.[201b]

25. A mourner may attend all services in the synagogue on the *Ninth of Av*.[202]

SECTION 6: Laws Incumbent on Others in their Dealings with Mourners

1 (a). One should not take anything from a place where *shiva* is being observed.[203] Even when a mourner wishes to loan a *sefer*, the offer should not be accepted. In the event that one's possessions were left in a place where *shiva* is being observed, they may be retrieved only if it is extremely necessary, and provided no mourners benefit financially from its being removed.[204]

(b). One may retrieve one's own possessions from a mourner's home only if the mourner would not gain financially from its being removed.[205]

2 (a). No gifts of any material value may be sent to a mourner with the exception of a religious article: i.e. *Sefer*, *Tefillin* or *Sefer Torah*.[206] However, if this does occur, the mourner does not have to reject the gift.[207]

(b). A visitor should not bring a gift of food. However, if this does occur, the mourner does not have to reject the gift.[208]

(c). On *Purim*, one should not send *Shelach Monos* to a mourner.[209]

3. On *Shabbos*, one should not give *shalom* or any other greeting to a mourner.[210]

SECTION 7: Prayer Services in the House of the Mourner

1 (a). A *Minyan* should be present and the mourner should be the leader at all daily services.[211]

(b). If a minor died, it is preferable to have a *minyan* for the daily services.[212]

2. A mourner is counted as part of the *minyan* even on the first day of *shiva*.[213]

3 (a). If the mourner cannot have a *minyan* in his own home, he may go to the nearest synagogue.[214] If the only way

Laws of Shiva

to reach the synagogue is by car, only the mourner who must recite the *kaddish* may go to the synagogue and he should be driven by another person.[215]

(b). A mourner in a bungalow colony may attend the regular services and need not have the daily services in his bungalow.[216]

(c). A mourner in a yeshiva may attend the regular services.

4. A mourner should recite the blessing: *Sheoso Li Kol Tzorki*.[217]

5 (a). During the services, all *Korbonos* including *Azehu Mekomon* are said except for the *Yehie Rohtzon* after each of the *korbonos*.[218]

(b). *Bircas Kohanim* should be omitted when the *Shemoneh Esrei* is repeated,[219] except on *Shabbos*.[220]

(c). The following prayers are omitted after the conclusion of the *Shemoneh Esrei*: *Tachnun*,[221a] *Kel Erech Apayim*,[221b] *Lamnatzeiach*,[222] and *v'Ani Zos Brisi*.[223] *Pitum HaKtores* and *Ein Keilokeinu* are also omitted.[224] (Refer to paragraph 11.)

(d). The mourner may recite *Tiskabel* in the *Kaddish*.[225]

(e). *Avinu Malkeinu* is recited on public fast days and during the ten days of repentance.[226]

6 (a). A *Molei Rachamim* may be recited in the mourner's house during the services.[227a]

(b). The *Yehie Rohtzon* recited after the reading of the *Torah* is omitted.[227b]

7. The mourner may recite the blessing of *HaGomel*[228] or *Shehecheyanu*.[229]

8. Psalm 49 should be recited at the conclusion of the *Shacharis* service and *Mincha* or *Maariv* services, depending on one's tradition.[230a] The psalm is omitted on days when *Tachnun* is not recited.[230b]

9. The *Maariv* service (*Nusach Sfard*) should include the *Shir HaMaalos* before the *Borchu*.[231]

10 (a). A mourner must change from his usual seat in the synagogue (even on *Shabbos* and *Yom Tov*[232]) to a different seat at least seven and a half feet away, but this new seat may not be an honorable one.[233] (Refer to Chapter 8, Section 2, paragraph 11 for details concerning the home.)

(b). The Rabbi of a congregation who is a mourner should change his seat but only to the next nearest seat.[234]

(c). A student learning in a Yeshiva should also change his seat in the *Beis HaMedrosh*.[235]

11. If there are no mourners present,[236] or if the only mourners present are women, no prayers are omitted during the services even if the services are being held in the house where death occurred.[237]

12. The mourner may bring a *Sefer Torah* to the house of mourning in order that the *minyan* should hear the reading of the *Torah*.[238] The *Torah* should be kept in a suitable place.[239]

13 (a). A mourner should not be the *Baal Koreh*[240] or be called to the *Torah* on either weekdays or *Shabbos*[241] even if he has *Yahrzeit* on that day.[242] On the seventh day, he may be called to the *Torah* at *Mincha*.[243a] One may recite a *Meshebeirach* for a mourner.[243b]

(b). A mourner may be a *Baal Koreh* if no one else is available.[243c]

(c). A mourner may be called to the *Torah* on the *Shabbos* before his wedding.[243d]

(d). A *Kohen* or *Levi* may be called to the *Torah* on *Shabbos*, if he is the only one present.[243e]

(e). A mourner who is a *Gabbai* or sexton may serve in this capacity on *Shabbos*.[243f]

14. It is preferable that a mourner should not be honored with *Hagboh*, *Gelilah*[244] or opening the *Aron HaKodesh*.[245]

15 (a). *Hallel* should not be recited in the mourner's house on *Rosh Chodesh*[246] except when *Rosh Chodesh* co-

incides with *Shabbos*, in which case both the mourner and the *minyan* should say *Hallel*.247

(b). If there is no *minyan* in the mourner's house, the mourner should not recite *Hallel* on *Rosh Chodesh* during the services in the synagogue.248

(c). If *Rosh Chodesh* occurs on the seventh day of *shiva*, the mourner and the *minyan* should say *Hallel* after the *shiva* has concluded.249

(d). On *Chanukah*, the mourner should leave the room and the *minyan* should say *Hallel* while the mourner should say *Hallel* in his own room.250

16. On days when *Slichos* are recited, the entire *minyan* should recite them until the conclusion of *Shema Koleinu*.251 The *Slichos* should be led by the mourner.252

17 (a). The mourner may lead the services even on days when *Tachnun* is not recited.253 On days when *Hallel* is recited, he may only lead *Maariv* and *Mincha* services.254 On *Shabbos*, *Yom Tov*,255 and *Chol HaMoed*,256 he should refrain from leading any services unless he is the only person who is qualified to lead them.257

(b). On *Purim*, a mourner should refrain from leading the *Shacharis* services,258a and it is preferable to refrain from leading the services during *Mincha* or *Maariv*258b

(c). Even if a mourner has *Yahrzeit*, he should not lead the services on a day on which he is not permitted because of his state of mourning.259

18. During *Mincha* before *Shabbos*, the mourner should omit reciting *Hodu* for those who are accustomed to say it.260

19 (a). On *Shabbos*, the mourner may recite all prayers during the services261 with the exception of *Anim Zemiros*.262

(b). On *Shabbos*, *Birchas Mei-ein Sheva* is omitted during *Maariv*,263a and *Borchu* (*Nusach Sfard*) is also omitted.263b

(c). The mourner should not recite *Shalom Aleichem* nor

should it be recited by anyone else present.²⁶⁴ However, all the other *zemiros* may be sung even by the mourner.²⁶⁵

20. On *Shabbos*, a mourner may also recite the *kaddish* after the reading of the *Torah*.²⁶⁶

21 (a). On *Motzoei Shabbos*, the mourner should remove his shoes before *Borchu* if leading the services, or directly afterwards when saying the prayer by himself.²⁶⁷ᵃ A woman should remove her shoes immediately at nightfall.

(b). If the mourner is leading the services, he should remove his shoes after reciting the verse *Boruch HaMavdil Bein Kodesh L'chol*.²⁶⁷ᵇ However, he should be careful not to touch his shoes to avoid having to wash his hands.²⁶⁷ᶜ

(c). The mourner should recite *Ve-he Noam* and *Yoshev B'seiser* during *Maariv* following the conclusion of *Shabbos*.²⁶⁸ However, *Veyeten Lecho* is not recited.²⁶⁹

(d). The entire *Havdoloh* service is recited,²⁷⁰ including the blessing for the *B'somim*.²⁷¹

22. A mourner should not recite the prayer for the new moon unless he will not be able to do so after the *shiva*.²⁷² He should say it alone while wearing his *shiva* clothes and shoes.²⁷³

23. A mourner, who was unable to have the services in his home (refer to paragraph 3) may lead the services in the synagogue but should let someone else repeat the *Shemoneh Esrei* in order that the congregation may say *Bircas Kohanim* and *Tachnun*.²⁷⁴

SECTION 8: Laws Concerning the Visit to Console the Mourner

1 (a). One should visit the mourner during the *shiva* period²⁷⁵ either during the day or night²⁷⁶ to comfort the mourner. Some people delay the visit until the morning²⁷⁷ of the third day.²⁷⁸ Visitors do not customarily pay condolence calls on *Shabbos* or *Yom Tov*.²⁷⁹ᵃ

(b). A mourner may be visited during the entire *shiva*

period although seven days have elapsed from the interment.[279b] However, the laws stated in paragraph 3a will not apply.[279c]

(c). One may visit a mourner on the *Ninth of Av* after mid-day.[279d]

2 (a). Upon leaving,[280a] the visitors should say *Ha-Makom Yenachem Eschem B'soch Shaar Aveilei Tzion VeYerushalayim*. It is preferable that the mourner refrain from answering *Amen* after this phrase.[280b]

(b). If one did not visit the mourner during the *shiva* period, one may recite the verse at anytime during the required mourning period.[280c]

(c). When reciting this verse to only one mourner, the word *Oschah* should be substituted for the word *Eschem*.[280d]

3 (a). On *Shabbos*, the mourner should enter the synagogue before *Mizmor Shir Liyom HaShabbos*,[280e] when the congregation recites the aforementioned phrase.[281] This is not true for *Yom Tov* even if it is also a *Shabbos*.[282]

(b). If *Yom Tov, Chol HaMoed*,[283a] *Purim* or *Shushan Purim*[283b] occur on *Erev Shabbos*, the congregation does not say the phrase during the *Shabbos* evening services.[283c]

(c). If the mourner was already in the synagogue to lead the *mincha* service, he does not exit before *Kabolas Shabbos*.[284a]

4. A man may pay a condolence call to a woman and vice versa.[284b]

5. Upon leaving, one is required to recite the appropriate verse only once to all mourners that are present.[285]

6. One has not fulfilled the obligation to visit a mourner with a telephone call.[286a] Under extenuating circumstances, when one cannot visit a mourner, one should telephone.[286b]

7. Visitors may wish the mourners well and all good wishes, and even *Mazel Tov* for some happy occasion. Similarly, a mourner may phone a sick person or a woman who has given birth to wish a speedy recovery.[287]

8 (a). During the *shiva*, a visitor should not extend or

respond to a *Shalom* or other greeting.[288] The mourner should not extend greetings to the visitor. If a visitor did extend a greeting, then the mourner may respond beginning from the morning of the third day only.[289a]

(b). A mourner should not say hello when answering the telephone.[289b]

(c). Visitors should not greet each other in the mourner's house.[290]

9. A mourner may not rise for anyone during the *shiva*[291] even if he desires to do so. However, he may make a slight bowing motion.[292]

10 (a). Visitors should not initiate conversation with a mourner, but should wait for the mourner to begin the conversation.[293]

(b). A conversation in the house of a mourner should be kept to a minimum.[294]

1. שו"ע יו"ד סי' שע"ה סעי' א', ובשו"ת הר צבי יו"ד סי' רפ"ז כתב דאם התאבל על מתו אחר שמסר לכתפיו אין צריך להשלים הימים אחר הקבורה, ראה כל בו פרק ד' סי' ג' אות כ"ב בנוגע אחד שטעה והתאבל על מתו קודם המיתה, עי' שו"ת הר צבי יו"ד סי' רצ"ה שהדין כן אפילו בא לקבורה כמה חדשים אחר המיתה, עי' עוד דעת תורה סי' שע"ה.

2. ש"ך שם ס"ק א'.

3. שו"ע שם סעי' ב', ראה שו"ת יביע אומר ח"ד יו"ד סי' כ"ח.

4. כ"ש ממרן שליט"א היות והוא קצת עסוק במתו, אמנם אם קיבל אבלות נחשב לו ליום אחד מהשבעה כיון שאין מתו מוטל לפניו ממש.

5. עי' פ"ת שם סי' שצ"ה ס"ק א' אי בעינן דוקא מקצת היום או אפילו מקצת הלילה מבטל השבעה.

6. רמ"א שם סי' שצ"ה סעי' א', ראה גשר החיים פרק כ"א סי' י"ד אות ג' שבשבת המיקל לעלות לתורה לא הפסיד.

7. עי' גשר החיים פרק י"ט סי' ד' אות א' שיש להקל עד 17 דקות אחר השקיעה ובמדינתנו יש להקל עד 20 דקות, ראה שו"ת אגרות משה ח"ד סי' ס"ב שכתב דאם עשה מעשה עד 40 דקות אחר השקיעה שעולה לו ליום ממספר השבעה.

8. שו"ע שם סי' שע"ה סעי' א', ובכל בו שם סי' א' אות כ' כתב שהפיכת הפנים

Laws of Shiva 103

הוי גם כהתחלת אבלות, אולם בגשר החיים שם אות ב׳ כתב שאפילו לא קיבל אבלות בפועל גם נחשב לו ליום אחד מהשבעה.

9. שו״ת אגרות משה יו״ד ח״א סי׳ רנ״ג וח״ב סי׳ ק״ע, אולם באבן יעקב סי׳ מ׳ מסיק שאין להתאבל, עי׳ שו״ת מנחת יצחק ח״ד סי׳ כ״ח וכל בו שם אות כ״ו לבירור הענין, והלום מצאתי בשו״ת יביע אומר ח״ד יו״ד סי׳ כ״ח שלכתחלה אין לקבל אבלות ובדיעבד אין צריך להשלים הימים אחר הקבורה. עי׳ עוד בחזון למועד פרק ב׳ סעי׳ ל״ג.

10. שו״ת חלקת יעקב ח״א סי׳ ל״ב, גשר החיים פרק ט״ז סי׳ ח׳ אות ה׳.

11. שו״ע שם סי׳ שע״ד סעי׳ ד׳־ה׳, עי׳ שו״ת יביע אומר ח״ד סי׳ ל״ה וכן בערוך השלחן שם סי׳ שע״ד ס״ק י״ד־ט״ז שבזמן הזה אין הקרובים מתאבלים עם האבלים וכ״ש ממרן שליט״א, עי׳ רמ״א יו״ד סי׳ שע״ד סעי׳ ו׳ שכתב דהקרובים אינם רוחצים ואינם משנים בגדים עד אחר השבת הראשון.

12. שו״ת ציץ אליעזר חלק י״א סי׳ פ״א, עי׳ גשר החיים פרק ו׳ סי׳ ה׳ אות ד׳ וכל בו שם סי׳ ג׳ אות מ״ד לבירור הענין.

13. כל בו שם אות מ״ה, עי׳ פ״ת שם סי׳ שע״ד ס״ק ב׳ שאין היבם מתאבל על שומרת יבם שמתה וכן להיפוך, עי׳ כל בו פרק א׳ סי׳ ה׳ אות 3.

14a. שו״ע שם, עי׳ כל בו שם.

14b. ערוך השלחן יו״ד סי׳ שע״ג ס״ק ט׳.

15. שו״ע שם סי׳ שע״ה סעי׳ ז׳, כל בו פרק ד׳ סי׳ ג׳ אות ל״ו, פ״ת שם ס״ק ג׳, אולם בגשר החיים פרק י״ט סי׳ ו׳ אות ב׳ כתב שמותר לומר על המת קדיש דרבנן ולעבור לפני העמוד כשאין ניכר שמתפלל משום אבלות וגם מותר לשכור איש שיאמר קדיש, עי׳ שו״ת מנחת יצחק ח״א סי׳ קל״ג ופרי ישורון ח״א עמו׳ 222 לבירור הענין.

16. כל בו שם, גשר החיים שם אות ג׳, עי׳ שו״ת הר צבי יו״ד סי׳ רפ״ו.

17. שו״ע שם סי׳ שע״ד סעי׳ ח׳, עי׳ שאילת ישרון סי׳ ל״ב לבירור הענין, ראה פ״ת סי׳ שע״ד ס״ק ח׳ אם פטור עד שיהי׳ ל׳ יום מעת לעת וכן ראה פרק 2 אות 15.

18. שו״ע שם סעי׳ ה׳.

19. שו״ע שם סי׳ שמ״ה סעי׳ ה׳, כל בו שם אות מ״ז־מ״ח.

20. שו״ע סי׳ שמ״ה סעי׳ א׳־ב׳, עי׳ אבן יעקב סי׳ ג׳ שהמאבד עצמו מחמת יראה נקרא לדעת, ובשו״ת יביע אומר ח״ב סי׳ כ״ד כתב שאפילו עשה כן מחמת צרות רבות נקרא גם כן לדעת.

21. פ״ת שם ס״ק א׳, כל בו שם אות מ״ט, עי׳ שו״ת ציץ אליעזר ח״י סי׳ מ״א שכתב דהדין כן גם בהי׳ גר עם נכרית. וכן מצאתי שם בחלק י״ג סי׳ צ״ד.

22. לקוטי מאיר פרק י״ז סי׳ ב׳, אולם האבל צריך להניח תפילין ביום הראשון אפילו כשזה יום המיתה והקבורה.

23. ראה אות 18.

24. שו״ע שם סי׳ שצ״ו סעי׳ ג׳, נקה״כ סי׳ ש״מ עי׳ כל בו שם סי׳ א׳ אות כ״ח לבירור הענין.

25. שו״ע שם, ט״ז ס״ק ב׳, עי׳ פ״ת ס״ק ב׳, ובגשר החיים שם סי׳ ג׳ אות ג׳ מביא שרוב האחרונים פסקו שצריך להשלים הימים מיום שנעשה גדול אבל אינו צריך להתחיל ולמנות שבעה מחדש, עי׳ עוד שו״ת יביע אומר ח״ג או״ח סי׳ כ״ח.
26. פ״ת שם ס״ק ד׳. ראה פרק 8 אות 9.
27. אבן יעקב סי׳ ל״ט, כל בו שם סי׳ ג׳ אות י״א־י״ב, עי׳ פ״ת שם ס״ק ג׳.
28. כל בו שם אות י׳, ובאות כ״ה כתב שאפילו נהג אבלות שעה אחת אין צריך להשלים אחר כך.
29. שו״ע שם סעי׳ א׳־ב׳.
30. רמ״א שם סי׳ שמ״ד סעי׳ י׳, כל בו שם אות ז׳.
31. כל בו שם סי׳ א׳ אות ו׳.
32. כל בו שם אות 15.
33. כ״ש ממרן שליט״א שכדאי להחמיר ביום הראשון דלפעמים הוי דאורייתא לפי שיטת היש אומרים בשו״ע.
34. שו״ת אגרות משה יו״ד ח״ב סי׳ קע״ב, כל בו שם אות י״ב, ראה ערוך השלחן יו״ד סי׳ שצ״ג ס״ק ב׳, עי׳ מג״א סי׳ רל״ט ס״ק ז׳ שכתב דאבל צריך שימור שלא יצא יחיד בלילה, עי׳ עוד בירור הלכה יו״ד סי׳ שצ״ג לבירור הענין.
35a. שו״ע שם סי׳ שצ״ג סעי׳ ב׳, רמ״א שם, עי׳ ערוך השלחן שם ס״ק א׳־ד׳ לבירור הענין, עי׳ עוד שם ס״ק ד׳ שאם מוכרח לצאת ביום צריך להתעטף שלא יכירוהו בני אדם.
35b. ראה פרק 8 אות 94.
36. ערוך השלחן שם סי׳ שצ״ז אות ג׳, כל בו שם סי׳ ג׳ אות כ״ו־כ״ח.
37. כל בו שם, גשר החיים שם סי׳ ט׳ אות א׳.
38. שו״ע שם סי׳ שע״ה סעי׳ ח׳, עי׳ כל בו שם סי׳ ה׳ אות 1 דלחומרא אינו מונה עם גדול הבית, וכעת מצאתי בשו״ת הר צבי יו״ד סי׳ רס״ה שאם כלה ז׳ ימי המשתה תוך השבעה ובא אצל גדול הבית מונה לעצמו ואינו מצטרף לגדול הבית, ראה גשר החיים פרק י״ט סי׳ ז׳ אות ד׳ שכתב דהחתן מצטרף לגדול הבית וכן מצאתי בשו״ת יביע אומר ח״ו יו״ד סי׳ ל״ד.
39. שו״ע שם סעי׳ ט׳, עי׳ כל בו שם אות 4, חזון למועד פרק י״ב סעי׳ י׳.
40. שו״ע שם סעי׳ ח׳, עי׳ שו״ת ציץ אליעזר חלק י״א סי׳ ע״ב שבמקום הפסד גדול יש להקל ויעלה לו מנין של גדול הבית גם כשאינו במקום הקבורה או המיתה.
41. גשר החיים שם סי׳ ה׳ אות ד׳, כל בו שם אות 2, אבן יעקב סי׳ מ״א, עי׳ שו״ת הר צבי יו״ד סי׳ רפ״ח אם האבל מצטרף לגדול הבית כשבא בסוף יום השביעי ועוד יושבים מנחמים אצלו.
42. שו״ע שם.
43a. כ״ש ממרן שליט״א לפי שלא שכיח להוציא הוצאה כזו לבוא אצל גדול הבית, ובכל בו שם אות ג׳ כתב שלעת הצורך אפשר להקל, אבל האבן יעקב סי׳ מ״א כתב שמורין כן בתמידות, עי׳ שו״ת חלקת יעקב ח״ג סי׳ ס״ז. ערוך השולחן יו״ד סי׳ שע״ה ס״ק י״ז.

Laws of Shiva 105

b43. כ״ש ממרן שליט״א ואף שהש״ך יו״ד סי׳ שע״ה ס״ק י״ב העלה לאחר בירור הענין בגדול הבית מונה עם אלו שנשארו בבית אמנם שמעתי ממרן שליט״א דאף הש״ך יודה כשהקבורה במדינה רחוקה מאד דאין האבל שנוסע עם המת והי׳ אצל הקבורה מצטרף להאבל שנשאר בבית כשיחזור לשם אלא הוא יושב בדד שבעה ימים משעת הקבורה.

44. כל בו שם אות ט׳. עי׳ חזון למועד שם אות י״ב.

45. אבן יעקב סי׳ מ״ב, עי׳ גשר החיים שם אות ט׳ שצריך לבוא למקום שרוב האחים שם.

a46. כל בו שם אות 7, עי׳ שו״ת חלקת יעקב ח״ג סי׳ קט״ז.

b46. ראה פרק 7 אות a46. וקונטרס לתורה והוראה חוברת י׳ עמו׳ י״א.

c46. כ״ש ממרן שליט״א.

47. עי׳ שו״ת משפטי עזיאל יו״ד ח״ב סי׳ קכ״ט שיניח תפילין בלי ברכה.

48. שערים מצויינים בהלכה סי׳ ר״ד אות ו׳, עי׳ יסודי ישרון ח״א עמו׳ צ״ו לבירור הענין. עי׳ כל בו שם אות ט״ו.

49. ש״ך יו״ד סי׳ שע״ה ס״ק י״ג, כל בו שם אות י׳, אבן יעקב סי׳ מ״ב, עי׳ שו״ת יביע אומר ח״ו יו״ד סי׳ ל״ז שכתב דגדול הבית מצטרף להאבלים שנמצאים שם.

50. גשר החיים שם אות י׳.

51. שו״ת אגרות משה יו״ד ח״א סי׳ רכ״ז, עי׳ פ״ת יו״ד סי׳ שמ״ב ס״ק א׳ שבזמן הזה אסור לעשות החופה אפילו מת האב או האם, עי׳ עוד נועם חלק כ״ד עמו׳ ע״ב.

52. עי׳ שו״ת אגרות משה שם בדבר הכלה שאינה יכולה לטבול קודם הקבורה.

53. עי׳ שו״ת אגרות משה שם, ושו״ת יביע אומר ח״ה או״ח סי׳ מ׳.

54. שו״ע שם סי׳ שמ״ב סעי׳ א׳, עי׳ גשר החיים שם סי׳ ז׳ אות י״ב לבירור הענין.

55. רמ״א שם.

56. ש״ך שם ס״ק ה׳.

57. שו״ת אגרות משה יו״ד ח״א סי׳ רכ״ו, עי׳ כל בו פרק א׳ סי׳ ד׳ אות ז׳ ואות 6 לבירור הענין.

a58. כ״ש ממרן שליט״א הואיל ואין דעתו מיושבת עליו כל היום, ועי׳ רמב״ם פרק ב׳ מהל׳ ביאת המקדש הל׳ י״א — האבל אינו משלח קרבנותיו כל שבעה — וכסף משנה שם, אולם בכל בו שם אות א׳ כתב שנוהגין ימי משתה ושמחה גם ביום השביעי ואין צריך להמתין עד הלילה, כן מצאתי בחכמת אדם כלל קנ״ד סעי׳ ב׳. שוב ראיתי בשו״ת אגרות משה שם שכתב דמסתבר ששבעת ימי המשתה לא ינהגו שוב כלל דהרי אז יהי׳ אחר הזמן.

b58. ש״ך יו״ד סי׳ שמ״ב ס״ק ז׳.

59. גשר החיים שם סי׳ ז׳ אות י״א, עי׳ כל בו שם אות 4, ט״ז שם ס״ק א׳.

60. כל בו שם אות ו׳, עי׳ גשר החיים שם אות א׳ שבאלמן שנשא אלמנה יש להם ג׳ ימי משתה, וכן ראיתי בכל בו שם אות 1.

61. גשר החיים שם.
62. ראה אות 57 גשר החיים שם אות י"א.
63. שו"ע שם.
64. גשר החיים שם אות א'.
65. כל בו שם אות ז', גליון מהרש"א סי' שמ"ב, עי' שו"ת יביע אומר ח"ו יו"ד סי' ל"ד.
66a. עי' שו"ע שם סי' ת"ב סעי' י"ב דאין להודיע לאבל שמת לו מת ומותר להזמינו לכל שמחה, ראה כל בו פרק ד' סי' ב' אות מ"ט שמותרת בתשמיש המטה.
66b. ראה פרק 8 אות 100, גשר החיים פרק כ"ד סי' א' אות ג', שו"ת חלקת יעקב ח"א סי' קל"ב, ועי' דגול מרבבה סי' ת"ב ושו"ת יביע אומר יו"ד ח"ד סי' כ"ח.
67. ראה אות 7.
68. פ"ת שם סי' שע"ה ס"ק ה', עי' ערוך השלחן יו"ד סי' ת"ב ס"ק א' שכתב דבשמועה קרובה לא אמרינן מקצת היום ככולו.
69. ראה פרק 8 אות 102.
70. שו"ע שם סי' א'.
71. ש"ך שם סי' שפ"ח, ט"ז שם סי' ת"ב ס"ק א', כל בו שם אות ז', שו"ת יביע אומר ח"ב סי' כ"ז.
72. כל בו שם אות י"א, משנה ברורה סי' ל"ח אות ט"ז.
73. שו"ע שם סי' שע"ה סעי' י"א, כל בו שם סי' א' אות ט"ז.
74. ש"ך שם סי' שע"ה ס"ק י"ד, כל בו שם אות י"ח.
75. פ"ת שם סי' שפ"ח ס"ק ב', כל בו שם סי' ב' אות 7.
76a. ראה אות 84, עי' כל בו פרק ה' סי' א' אות מ"א שאין להקל רק כשזה ל' יום מהקבורה.
76b. ט"ז שם סי' ת"ב ס"ק ז', כל בו פרק ד' סי' א' אות 24.
77. כל בו שם אות י"ט ואות כ"א.
78. שו"ע שם סי' ת"ב סעי' ז'.
79. שו"ע שם סעי' י'.
80. שו"ע שם סעי' ה'.
81. גשר החיים שם אות ו', עי' כל בו שם סי' ו' אות ל"א וח"ב פרק ד' סי' ב' אות ו'.
82. כל בו ח"א פרק א' סי' ד' אות ט'.
83. כל בו פרק ד' סי' ג' אות ל"ג, שערים מצויינים בהלכה סי' ר"ו אות ב'.
84. ט"ז שם סי' שצ"ז ס"ק ב', גשר החיים שם סי' ב' אות ז', עי' פ"ת ס"ק א' ואבן יעקב סי' נ"ט.
85. שו"ע שם סי' שע"ח סעי' א'.
86. עי' כל בו שם סי' ב' אות א' שאין מברין על מת פחות משנה.
87. פ"ת ס"ק ב'.
88. שו"ע שם סעי' ג'.

89. שו״ע שם סעי׳ ט׳, עי׳ שו״ת יביע אומר ח״ד סי׳ כ״ו שכתב דאין צריך דוקא לחם לסעודת הבראה.
a90. גשר החיים פרק כ׳ סי׳ ב׳ אות ד׳.
b90. חידושי ר׳ עקיבא איגר יו״ד סי׳ שע״ח.
91. ש״ך סי׳ שע״ט ס״ק ו׳, כל בו שם אות י״ג, גשר החיים שם אות י״ד.
92. שו״ת ציץ אליעזר חלק י״א סי׳ ע״א.
93. שו״ע שם סי׳ שע״ט סעי׳ ה׳, אבן יעקב סי׳ נ״ג, עי׳ פ״ת ס״ק ב׳ שמצטרף רק לזימון של ג׳ אנשים ועי׳ משנה ברורה סי׳ נ״ה אות כ״ד.
94. שו״ע שם סי׳ שע״ח סעי׳ ב׳.
95. גשר החיים שם אות ז׳.
a96. שו״ע שם.
b96. כ״ש ממרן שליט״א משום דצריך להאכיל האבל ע״י אחר ואף שהבן קונה האוכל לסעודה זו ממעות שלו אמנם לגבי מידי דאכילה בבית זו הוא רגיל לסמוך על שלחן הוריו ולכן גם לסעודה זו אינו נחשב כאחר להאכיל האבל.
c96. כ״ש ממרן שליט״א וראה נחמו עמי פרק ט״ו סעי׳ י״ג, ראה גשר החיים פרק כ׳ סי׳ ב׳ אות ו׳.
97. כל בו שם אות א׳, אבן יעקב סי׳ נ״א, עי׳ גשר החיים שם אות ד׳, שו״ת יביע אומר ח״ב סי׳ כ״ה שמותר לשתות משלו.
98. שו״ע שם.
99. גשר החיים שם אות ב׳.
100. שו״ע שם סי׳ ת״א סעי׳ ד׳, עי׳ גשר החיים שם אות י׳, שו״ת יביע אומר ח״ד יו״ד סי׳ כ״ו.
101. גשר החיים שם, כל בו שם אות א׳.
102. שו״ע שם סי׳ שע״ח סעי׳ ה׳, עי׳ גשר החיים שם אות י״א שאין להברות אחר ט׳ שעות ביום.
103. שו״ע שם סעי׳ י״א.
104. שו״ע שם סי׳ ת״א סעי׳ ד׳, עי׳ שו״ת יביע אומר ח״ד סי׳ כ״ו שצריך להברותו אחר החג כדברי השו״ע.
a105. כל בו שם אות א׳, עי׳ דעת תורה סי׳ שע״ח ומשנה ברורה סי׳ תע״א אות כ״ב.
b105. עי׳ גשר החיים פרק כ׳ סי׳ ב׳ אות ב׳ וכל בו פרק ד׳ סי׳ ב׳ אות א׳, עי׳ נחמו עמי פרק ט״ו סעי׳ י״ב שכתב דאבל שאינו יכול לצום ביום תענית יכול לאכול משלו.
106. גשר החיים שם אות ט׳ וערוך השלחן יו״ד סי׳ שע״ח ס״ק ו׳.
a107. שו״ע שם סי׳ שע״ט סעי׳ א׳-ב׳, אמנם בגשר החיים שם אות י״ג כתב שהיום לא נוהגין כן, עי׳ כל בו שם אות י״ז-9 דיש נוהגין שאין אומרים שום הרחמן בבית האבל.
b107. שו״ע יוד״ע סי׳ שע״ט סעי׳ ד׳ ועי׳ שו״ת יביע אומר יו״ד ח״ו סי׳ ל״ח דבשבת אין לאומרן אף בלחש.
108. כל בו שם סי׳ א׳ אות י׳, עי׳ חזון למועד פרק י״ג אות ז׳ שכתב דידליקו הנר

בביתו כל השלשים ובבית הכנסת עד אחר היארצייט אמנם בכל בו פרק ד׳ סי׳ א׳ אות 21 כתוב שאין להדליקו אחר השבעה.

109. באר היטב סי׳ תקמ״ח ס״ק א׳, כל בו שם אות 20.
110. באר היטב שם, כל בו שם.
111. כל בו שם, שו״ת יביע אומר ח״ד סי׳ ל״ח, באר היטב שם.
112a. כל בו שם אות י״א, עי׳ שו״ת יביע אומר שם שאין צריך לכסות המראות כשאינן במקום שמתפללים.
112b. נחמו עמי פרק י״ח סעי׳ ט׳.
112c. ט״ז וש״ך יו״ד סי׳ שפ״ו וראה שו״ע ורמ״א סי׳ שפ״ו, ראה עוד ברכי יוסף שם שכתב דנוהגים להתעטף רק כשבאים לנחמו.
113a. שו״ע שם סי׳ שפ״א סעיף א׳.
113b. ראה פרק 8 אות 19.
114. שו״ע שם סעי׳ ג׳.
115a. שו״ע שם סעי׳ ו׳.
115b. ראה פרק 8 אות b23.
116. שו״ע שם סי׳ ש״צ סעי׳ א׳.
117. שו״ע שם סעי׳ ז׳.
118. שו״ע שם סי׳ שפ״ט סעי׳ א׳ וסעי׳ ד׳.
119. שו״ע שם סעי׳ א׳ וסעי׳ ה׳, עי׳ פ״ת שם ס״ק א׳ שלצורך גדול מותר להחליף הבגד ובלבד שילבש אחר תחלה.
120. גשר החיים פרק כ״א סי׳ י׳ אות א׳, פ״ת שם ס״ק ב׳.
121. ערוך השלחן יו״ד סי׳ ש״צ ס״ק ב׳ וראה שו״ע שם סעיף ו׳.
122. שו״ע שם סי׳ שפ״ג סעי׳ א׳, ועי׳ פ״ת שם סי׳ שצ״ה ס״ק א׳, וכל בו שם סי׳ ב׳ אות נ׳ אם בליל ז׳ מותר בתשמיש המיטה. הנה בדבר אשה שבעלה אבל והגיע זמן טבילתה ראה כל בו פרק ד׳ סי׳ ב׳ אות נ׳ שאסורה לטבול אמנם אם הגיע זמן טבילתה בליל ז׳ של אבילות כתוב בפ״ת יו״ד סי׳ קצ״ז ס״ק ח׳ שמותרת לטבול.
123. רמ״א סי׳ שפ״ג סעי׳ א׳, כל בו שם.
124. שו״ע שם סי׳ שפ״ב סעי׳ א׳. הנה בשו״ע שם סי׳ שע״ה סעי׳ א׳ כתוב שחולצים הנעלים בבית הקברות, אמנם ראיתי בשו״ת הר צבי יו״ד סי׳ רצ״א שאין למחות לאבלים החולצים נעליהם רק כשמגיעים לביתם. ועי׳ בשו״ת שרידי אש ח״ב סי׳ קל״ה שבעת ההליכה בשורה ראוי להחמיר כפי המובא בשו״ע, ובדרכן לביתן יוכל לנעלן, ועי׳ עוד בכל בו שם סי׳ א׳ אות 18 לבירור הענין, עי׳ רמ״א יו״ד שס״ב סעי׳ ה׳ וש״ך שם סי׳ שפ״ב ס״ק ג׳, עי׳ עוד מועדי ישרון ח״א פרק ה׳ אותיות 263-265 בדבר מנעל של לבדים שיש בו קצת עור.
125. ש״ך שם סי׳ שפ״ב ס״ק א׳, עי׳ דרכי החיים סי׳ י״ב אות י״ד שאסור להשחיר הנעלים שהוא כמו כיבוס.

126. שו״ת ציץ אליעזר חלק י״א סי׳ ע״ג.
127. כל בו שם סי׳ ב׳ אות נ״ג, ט״ז או״ח סי׳ תקנ״ט ס״ק ד׳.
128. ראה אות 281.
129. ש״ך שם סי׳ שפ״ז.
130. שו״ע שם סי׳ שפ״ז סעי׳ א׳.
131. ערוך השלחן שם אות ג׳.
132. עי׳ שו״ת אגרות משה ח״א סי׳ קל״ו בדבר השיעור לפי מדת האינטשעס, והלום ראיתי בגשר החיים פרק כ׳ סי׳ ה׳ אות י״א דיש מחמירין שכסא לא יהי׳ גבוה מן הארץ יותר מטפח, עי׳ דעת תורה סי׳ שפ״ז.
133. גשר החיים שם, ערוך השולחן שם, עי׳ פ״ת סי׳ שפ״ז ס״ק ב׳.
134. שו״ע שם סי׳ ש״פ סעי׳ ב׳־ג׳.
135. שו״ע שם סעי׳ ד׳־ה׳, כל בו שם סי׳ ד׳ אות י״א, עי׳ דעת תורה סי׳ ש״פ.
136. שו״ע שם סעי׳ ו׳, עי׳ פ״ת שם ס״ק א׳־ב׳.
137. עי׳ כל בו שם אות ד׳ אם האבל מותר למכור חנותו בהתחלת האבלות.

138a. פ״ת שם ס״ק ד׳, ראה פרק 3 אות 41, עי׳ גשר החיים פרק כ״א סי׳ ב׳ אות י״ד לבירור הענין, עי׳ ערוך השלחן יו״ד סי׳ ש״פ ס״ק כ״ח שכתב דשטר מכירה אינו מועיל לחנות.

138b. כ״ש ממרן שליט״א וראה פרק 7 אות 135 אמנם בילקוט יוסף סי׳ י״ב סעי׳ ו׳ כתוב דמותר להאשה להמשיך לעבוד ועי׳ שם אות ו׳ לבירור הענין.

139. שו״ע שם סעי׳ כ״א, עי׳ פ״ת ס״ק ה׳־ו׳, אולם בגשר החיים שם אות ז׳ כתב שהשותף מותר לפתוח החנות אחר ג׳ ימים.
140. גשר החיים שם אות י״ד.
141. כל בו שם אות י״ח.
142. פ״ת שם ס״ק ו׳.

143a. גשר החיים שם אות ג׳, ערוך השולחן יו״ד סי׳ ש״פ ס״ק ו׳.

143b. עי׳ חידושי ר׳ עקיבא איגר יו״ד סי׳ ש״פ שכתב דלא אמרינן בזה מקצת היום ככולו אולם ברמ״א יו״ד סי׳ שצ״ג סעי׳ א׳ כתב שגם מקצת יום ג׳ ככולו, ראה פרק 7 אות 277, עי׳ עוד קונטרס מצבת משה מבעל החכמת אדם אות ד׳ ודעת תורה סי׳ ש״פ לבירור הענין.

144. שו״ע שם סעי׳ י״ח.
145. ש״ך שם ס״ק י״ט.
146. כל בו שם אות י״ב, אולם בגשר החיים שם אות י״ג כתב שזה דוקא אם הנפטר בקש שתתקיים השותפות לזרעו אחריו, ועי׳ באות י׳ לבירור הענין.
147. שו״ע שם סעי׳ כ״ב, גשר החיים שם אות ט״ו, עי׳ שו״ת יביע אומר ח״ג סי׳ ל״א שמותרת להדיח הרצפה.
148. שו״ע שם סי׳ שפ״ט סעי׳ ד׳.
149. שו״ע שם סי׳ ש״פ סעי׳ ב׳, עי׳ כל בו שם אות כ״ד.
150. שו״ע שם סי׳ שצ״א סעי׳ א׳.

151. שו״ע שם סי׳ שפ״ד סעי׳ א׳.
152. שו״ע שם סי׳ ת׳ סעי׳ א׳, עי׳ שו״ת יביע אומר ח״ד סי׳ ל״א שיש מתירים להרהר בדברי תורה.
153. שו״ע שם סי׳ שפ״ד סעי׳ ד׳.
154. גשר החיים שם סי׳ ה׳ אות א׳, כל בו שם סי׳ ב׳ אות מ״א, אולם באות מ״ב מביא מגדולי הפוסקים שמותר לכתוב חידושי תורה, עי׳ שו״ת יביע אומר ח״ב סי׳ כ״ו.
155. כל בו שם, עי׳ גשר החיים שם שכתב דמותר לומר תהלים דרך בקשה ותפלה.
156. ט״ז שם סי׳ ת׳ ס״ק א׳, פ״ת ס״ק ג׳, עי׳ יסודי ישרון ח״ג עמו׳ ע״ג אם מותר לחזור הפרשה בערב שבת, עי׳ ערוך השלחן יו״ד סי׳ ת׳ ס״ק ה׳ שכתב דמי שרגיל ללמוד שיעור קבוע שיכול ללמוד גם בשבת זו, עי׳ עוד דעת תורה סי׳ ת׳ אם יוכל ללמוד פירש רש״י.
157. גשר החיים פרק כ׳ סי׳ ד׳ אות א׳, עי׳ שו״ת יביע אומר ח״ב סי׳ כ״ט שמותר לומר דברי אגדה שם.
158. גשר החיים שם אות ב׳, אמנם באבן יעקב סי׳ נ״ב כתב שהאבל צריך לומר הברייתא שבמסכת מועד קטן דף כ״ז ע״ב — אל תבכו למת וכו׳.
159a. רמ״א שם סי׳ שפ״ד סעי׳ א׳.
159b. ערוך השלחן סי׳ שפ״ד אות ט׳.
160. שו״ת אגרות משה יו״ד ח״ב סי׳ קס״ט.
161a. שו״ת אגרות משה שם סי׳ קע״א.
161b. כ״ש ממרן שליט״א וראה שו״ע יו״ד סי׳ שפ״א סעי׳ א׳ דאשת איש מותרת להתקשט כדי שלא תתגנה על בעלה וכל שכן שמותרת להתקשט עבור שמחת חתן וכלה.
162. ש״ך שם סי׳ שצ״ג ס״ק ד׳, גשר החיים פרק כ״א סי׳ ח׳ אות ח׳, כל בו שם אות מ״ד, עי׳ שם גם בדבר מילה שלא בזמנה. שוב מצאתי בילקוט יוסף סי׳ י״ח סעי׳ י״ב שכתב דמותר להיות סנדק לנכדו.
163. פ״ת שם סי׳ שפ״ט ס״ק ג׳, גשר החיים שם, אולם בכל בו כתוב שאין לנעול מנעליו, עי׳ נועם חלק י״ח עמו׳ ע״ג שכתב דאין ללבוש בגדים מכובסים ומגוהצים.
164. כל בו שם, עי׳ גשר החיים שם שכתב דאם עושים הסעודה בבית האבל מותר להשתתף.
165. ט״ז שם סי׳ ת׳ ס״ק א׳, כל בו שם, אבל בגשר החיים כתוב שיצא מבית הכנסת.
166. עי׳ פ״ת שם סי׳ ת׳ ס״ק א׳ שאפילו במקום שאין מנין אין לקבל שבת קודם זמן מנחה קטנה שהוא שתי שעות וחצי קודם הלילה.
167. כל בו שם סי׳ ו׳ אות א׳, ראה גשר החיים שם סי׳ י״ב אות ג׳ שאבל נוהג אבלות עד שעה ורבע קודם שקיעת החמה ובשעת הדחק יכול לסמוך על האחרונים המקילים מזמן מנחה קטנה שהוא שתי שעות וחצי קודם הלילה, עי׳ שו״ת ציץ אליעזר ח״ז סי׳ מ״ט לבירור הענין, עי׳ ערוך השלחן יו״ד סי׳ ת׳

ס״ק ה׳ שכתב דמזמן מנחה קטנה מבטלים סימני האבלות אבל לא ילבש המנעלים עד שעה ורביע קודם הלילה.

168. כ״ש ממרן שליט״א.

169. רמ״א שם סי׳ שפ״ט סעי׳ ג׳, כל בו שם אות ד׳, עי׳ ערוך השלחן יו״ד סי׳ שפ״ט ס״ק י״א וסי׳ ת׳ ס״ק ה׳ עוד באו״ח סי׳ תקנ״א ס״ק י׳-י״א.

170. גשר החיים שם סי׳ י׳ אות ד׳.

171. עי׳ כל בו שם שכתב דאין ללבוש הטלית של שבת.

172. שו״ע שם סי׳ ת׳ סעי׳ א׳.

173a. משנה ברורה או״ח סי׳ תקמ״ח אות מ׳.

173b. שו״ע שם סי׳ שצ״ט סעי׳ ה׳, ראה פ״ת ס״ק ז׳, עי׳ כל בו שם אות 15 שיש מקילים בערב פסח מחצות ואילך.

174. ש״ך שם ס״ק ט״ז, עי׳ משנה ברורה שם אות מ״ב.

175. ש״ך שם.

176. ש״ך שם ס״ק ו׳, עי׳ כל בו שם אות כ״א.

177. שו״ע שם סעי׳ ב׳, ט״ז ס״ק ז׳, עי׳ פ״ת ס״ק ה׳.

178. שו״ע שם סעי׳ א׳, עי׳ קש״ע סי׳ רי״ט סעי׳ ז׳ שכתב דמותר ללבוש בגדים מגוהצים, עי׳ עוד גשר החיים פרק כ״ג סי׳ ג׳ אות ו׳ שכתב דיכול ללבוש בגדים מכובסים. הנה, בדבר רחיצת כל הגוף בחול המועד, ראה פ״ת סי׳ תפ״א ס״ק ב׳.

179. שו״ע שם, עי׳ פ״ת סי׳ שצ״ט ס״ק א׳ וסי׳ שפ״ד ס״ק א׳ שיכול ללמוד מה שלבו חפץ, וראה גשר החיים פרק כ״ג סי׳ א׳ אות ד׳ וכן בשו״ת יביע אומר ח״ד סי׳ ל״א.

180a. שו״ע שם, ש״ך ס״ק ד׳.

180b. עי׳ גשר החיים שם סי׳ ג׳ אות ז׳.

180c. פ״ת יו״ד סי׳ שצ״ג ס״ק ז׳ וראה ט״ז או״ח סי׳ תקכ״ו שכתב דאם חל שבת במוצאי יום טוב דאין לשנות המקום עד מוצאי שבת.

181. שו״ע שם, עי׳ כל בו שם אות כ״ג שכתב דמותר להשתתף בשמחת בית השואבה.

182a. ראה שו״ת יביע אומר ח״ב יו״ד סי׳ כ״ח, ש״ך שם סי׳ שצ״ט ס״ק א׳.

182b. שו״ע שם.

183. שו״ע שם סעי׳ ו׳.

184. שו״ע שם סעי׳ י״א.

185. ש״ך שם ס״ק ז׳, שו״ת אגרות משה יו״ד ח״א סי׳ רנ״ו.

186. רמ״א או״ח סי׳ תר״ו סעי׳ ד׳, עי׳ גשר החיים שם סי׳ ג׳ אות ב׳ שמותר לרחוץ בחמין וראה משנה ברורה סי׳ תר״ו אות כ״ד.

187. מג״א ס״ק י׳, עי׳ פ״ת יו״ד סי׳ שפ״ז ס״ק א׳ שיש מקילים לאכול הסעודה בישיבה על הכסא וראה שערי תשובה סי׳ תר״ו.

188. רמ״א שם סי׳ תר״ס סעי׳ ב׳, כל בו שם אות כ״ז, עי׳ גשר החיים שם סי׳ ג׳

אות ז׳ שכתב דיכול להקיף ביום טוב וכן בהושענא רבא אבל בחול המועד כדאי לתת לולבו לאחר שלא יהי׳ אבלות בפרהסיא. ראה אות 190 ראה עוד קונטרס לתורה והוראה חוברת י׳ עמו׳ כ׳.

189. כל בו ח״ב פרק ד׳ סי׳ ב׳ אות ח׳, אמנם בגשר החיים שם מובא שמותר להקיף בספר תורה אבל לא ברקודים, ראה שו״ת חלקת יעקב ח״ג סי׳ ע״ה שסובר דאין לאבל לקבל הקפה וראה עוד שו״ת מנחת יצחק ח״ו סי׳ ס״ב דרב הקהילה מותר לקבל הקפה בתוך שנת אבלו.

190. פ״ת שם סי׳ שצ״ט ס״ק א׳, גשר החיים שם, שו״ת חלקת יעקב ח״ג סי׳ ע״ה.

191. כל בו ח״א שם אות כ״ט, עי׳ זר התורה [ראה רשימת הספרים, חזון למועד עמו׳ ל״ו אות ט׳.

192. שו״ע או״ח סי׳ תרצ״ו סעי׳ ד׳.

193a. ט״ז או״ח סי׳ תרע״א ס״ק ח׳ וראה שערי תשובה שם ס״ק י׳.

193b. גשר החיים שם אות ח׳.

194. שו״ע יו״ד סי׳ ת״א סעי׳ ז׳, עי׳ כל בו שם אות ל״ה, מג״א סי׳ תרצ״ו ס״ק ז׳.

195. משנה ברורה סי׳ תרצ״ו אות ט״ז. הנה בט״ז או״ח סי׳ תרצ״ו ס״ק ב׳ כתוב דהליכה מביתו לתפלה אסור אמנם במג״א שם ס״ק ח׳ כתוב שמותר וראה משנה ברורה שם אות י״ג שכתב דהמיקל להתנהג כן לא הפסיד.

196. רמ״א או״ח סי׳ תרצ״ו סעי׳ ד׳, עי׳ משנה ברורה שם שבלילה יתפלל ויקרא המגילה בביתו אם יש לו מנין שם, ראה כל בו שם אות ל״ה.

197. שו״ע או״ח סי׳ תרצ״ו סעי׳ ו׳, עי׳ מג״א ס״ק י״א שלא ישלח לו דבר של שמחה, ע״ע באר היטב או״ח סי׳ תרצ״ו ס״ק ט׳.

198. כ״ש ממרן שליט״א.

199. כל בו שם סי׳ ב׳ אות כ״ב, עי׳ גשר החיים פרק כ״ג סי׳ ד׳ אות ז׳ שמותר לקרא המגילה עם הברכות ועי׳ עוד משנה ברורה סי׳ תרצ״ב אות א׳ שכתב דיכול האבל לקרא את המגילה ובלבד שאחר יברך הברכות.

200. עי׳ שו״ע יו״ד סי׳ ת״א סעי׳ ז׳, עי׳ כל בו שם סי׳ ו׳ אות ל״ה.

201a. כל בו שם סי׳ ב׳ אות נ״ב, עי׳ נועם חלק י״ט עמו׳ רפ״ג שהבכור פטור מלהשתתף בסיום ערב פסח אך למעשה יפדה התענית בממון.

201b. לחם הפנים שעל הקש״ע סי׳ ר״כ, אמנם ביסודי ישרון ח״ו עמוד ל״ב וכל בו פרק ד׳ סי׳ ו׳ אות כ׳ כתבו דאין לנהוג אבלות אחר חצות היום.

202. שו״ע או״ח סי׳ תקנ״ט סעי׳ ו׳, עי׳ פ״ת יו״ד סי׳ שפ״ד ס״ק א׳ שיכול לעלות לתורה ולמפטיר וכן מצאתי בכל בו שם סי׳ ו׳ אות כ״ה, עי׳ משנה ברורה סי׳ תקנ״ט אות כ״ד ומג״א סי׳ תקנ״ט ס״ק י. ראה אות 241.

203. גשר החיים פרק כ׳ סי׳ ה׳ אות י״ב, עי׳ אבן יעקב סי׳ מ״ד שכתב דהמנהג שאין לוקחים דבר מבית אבל רק אם הנפטר מת שם, ועי׳ שו״ת יביע אומר ח״ד סי׳ ל״ה.

204. כ״ש ממרן שליט״א.

205. נועם חלק ט״ז בשער הלכה, עמו׳ ק״ז.

206. רמ״א יו״ד סי׳ שפ״ה סעי׳ ג׳, עי׳ שו״ת ציץ אליעזר ח״ח סי׳ ל״ג שמותר ליתן לו ספר דוקא כשצריך ללמוד ממנו.
207. כל בו ח״ב פרק ד׳ סי׳ א׳ אות ו׳.
208. שו״ת אגרות משה יו״ד ח״ב סי׳ קס״ח, עי׳ שו״ת חלקת יעקב ח״ב סי׳ קס״ט.
209. רמ״א או״ח סי׳ תרצ״ו סעי׳ ו׳, עי׳ באר היטב או״ח סי׳ תרצ״ו ס״ק ט׳, עי׳ עוד שערים המצויינים בהלכה סי׳ קמ״ב אות ז׳ שכתב דאם נשלח לו מנות דמותר לקבלם.
210. רמ״א יו״ד סי׳ שפ״ה סעי׳ ג׳.
211. רמ״א שם סי׳ שע״ו סעי׳ ד׳, עי׳ כל בו ח״א פרק ד׳ סי׳ ב׳ אות י״ח, עי׳ עוד שו״ת יביע אומר ח״ד סי׳ ל״ב שאין לו להתפלל לפני העמוד כשמתאבל על שאר קרובים וכן מצאתי בקש״ע סי׳ ר״י סעיף ה׳.
212. גשר החיים שם סי׳ ג׳ אות ג׳ ופרק י״ב סי׳ ו׳ אות י״א.
213. רמ״א שם סי׳ שפ״ד סעיף ג׳, כל בו שם אות י״ב, חידושי ר׳ ע׳ איגר סי׳ שפ״ד ומשנה ברורה סי׳ נ״ה אות כ״ד.
214. כל בו שם אות י״ט, עי׳ גשר החיים פרק כ״א סי׳ י״ג אות ו׳ שאם המקום רחוק מעט אינו הולך שם תוך ג׳ ימים ואם צריך לעבור בין הרבה אנשים למקום רחוק אינו יוצא כל שבעה אפי׳ אבל על אביו ואמו, ראה פ״ת יו״ד סי׳ שצ״ג ס״ק ב׳, עי׳ חזון למועד פרק י״ג אות ח׳ ועי׳ עוד שו״ת אגרות משה יו״ד ח״ג סי׳ קנ״ח שמותר ללכת לבית הכנסת כשיש לו יארצייט.
215. כ״ש ממרן שליט״א.
216. כ״ש ממרן שליט״א.
217. גשר החיים שם סי׳ ד׳ אות ד׳.
218. פ״ת שם סי׳ שפ״ד ס״ק ב׳, כל בו שם אות י״ז-2 ואות 11, עי׳ שו״ת יביע אומר ח״ד יו״ד סי׳ ל״ב, ראה משנה ברורה סי׳ א׳ אות י״ז.
219. כל בו שם אות י״ז-3, אמנם בגשר החיים פרק כ׳ סי׳ ג׳ אות ה׳ כתוב שצריך לאומרם, ראה משנה ברורה סי׳ קכ״א אות ו׳, עי׳ שו״ת יביע אומר ח״ד יו״ד סי׳ ל״ב.
220. עי׳ כל בו שם שכן הדין בפורים ושושן פורים.
221a. שו״ע או״ח סי׳ קל״א סי׳ ד׳, כל בו שם אות י״ז-4, עי׳ שו״ת משפטי עזיאל או״ח ח״ב סי׳ י״א שאם האבל מתפלל בבית הכנסת צריך לומר תחנון.
221b. גשר החיים פרק כ׳ סי׳ ג׳ אות ד׳.
222. מג״א סי׳ קל״א ס״ק י׳, עי׳ כל בו שם אות 15.
223. כל בו שם אות י״ז-6, אולם במג״א סי׳ קל״א ס״ק י׳ כתוב שאומרים, עי׳ שו״ת יביע אומר ח״ד יו״ד סי׳ ל״ב.
224. פ״ת שם סי׳ שפ״ד ס״ק ב׳.
225. גשר החיים שם אות ח׳, עי׳ כל בו שם אות י״ז-7, שו״ת יביע אומר שם, ראה קונטרס לתורה והוראה חוברת י׳ עמו׳ ח׳.
226. כל בו שם אות י״ז-29.

227a. גשר החיים פרק ט״ז סי׳ ו׳ אות ו׳, עי׳ כל בו שם אות י״ז־30 וכן בפרק ג׳ סי׳ ד׳ אות י׳, עי׳ ערוך השלחן יו״ד סי׳ שמ״ד ס״ק י״ב שכתב דיש נוהגים שאין עושים הזכרה כל השלשים.

227b. מועדי ישרון ח״א פרק א׳ אות 212 ופרק ה׳ אות 338.

228. כל בו פרק ד׳ סי׳ ב׳ אות כ״ט, עי׳ שו״ת ציץ אליעזר חלק י״ד סי׳ ע״ז שכתב דאם נשאר מאבלו פחות משלשה ימים דאין לברכו.

229. כל בו שם אות 30. מג״א סי׳ תקנ״א ס״ק מ״ב, ארחות חיים שם ס״ק מ״ו.

230. באר הגולה יו״ד סי׳ שצ״ג, מג״א סי׳ קל״ה ס״ק כ״ב.

231. כ״ש ממרן שליט״א.

232. רמ״א יו״ד סי׳ שצ״ג סעי׳ ד׳, שו״ת אגרות משה יו״ד ח״א סי׳ רנ״ז. אמנם באבן יעקב סי׳ נ״ח מסיק שאין צריך לשנות מקומו, עי׳ פ״ת ס״ק ו׳.

233. ראה פרק 8 אות 50־48.

234. אבן יעקב סי׳ נ״ח, כל בו שם סי׳ ו׳ אות 3.

235. אבן יעקב שם, נועם חלק כ׳ עמוד שט״ז אות נ״ט.

236. עי׳ שו״ע יו״ד סי׳ שע״ו סעי׳ ג׳ ורמ״א שם סי׳ שפ״ד סעי׳ ג׳ שמצוה להתפלל במקום שמת אפילו אין האבל שם, עי׳ דעת תורה סי׳ שע״ו ושו״ת יביע אומר ח״ד יו״ד סי׳ כ״ט.

237. כל בו שם סי׳ ב׳ אות 14, עי׳ גשר החיים פרק כ׳ סי׳ ג׳ אות ד׳ דבבית שמת המת אין אומרים תחנון אפילו אם אין אבל שם, עי׳ משנה ברורה סי׳ קל״א אות כ׳ ושערי תשובה שם ס״ק י׳.

238. כל בו שם אות ט״ז, עי׳ יסודי ישרון ח״ב עמוד קמ״ד.

239. משנה ברורה סי׳ קל״ה אות מ״ט גשר החיים פרק כ׳ סי׳ ג׳ אות י״ב, ראה רמ״א או״ח סי׳ קל״ה סעי׳ י״ד שכתב דצריך להביא שם הספר תורה יום או יומיים קודם הקריאה ועי׳ ערוך השלחן שם ס״ק ל״ב שכתב דצריך לדקדק שיקרא בו ג׳ פעמים אמנם בזר התורה [ראה רשימת הספרים, חזון למועד] עמו׳ צ״ו אות קמ״ח כתוב דסגי אם הספר תורה שם מעת לעת וגם לא צריך שיהי׳ קורא בה ג׳ פעמים. שוב מצאתי בשו״ת אגרות משה יו״ד ח״ג סי׳ קנ״ח שלפעם אחת אין להביא ספר תורה שם וראה חוברת י׳ בקונטרס לתורה והוראה עמו׳ ח׳ שמרן שליט״א כתב שיש להשתדל לקרוא בבית האבל ג׳ פעמים.

240. שו״ע שם סי׳ שפ״ד סעיף א׳ וכל בו שם סי׳ ו׳ אות ח׳.

241. שו״ע שם סי׳ ת׳ סעיף א׳, ראה שערי תשובה סי׳ תקנ״ד אם מותר לאבל לעלות לתורה בט׳ באב וראה עוד שערים מצויינים בהלכה סי׳ ר״י — הוספות — אם יכול כהן או לוי לעלות לתורה כשאין שם אחר. שוב מצאתי בקונטרס לתורה והוראה חוברת י׳ עמו׳ ה׳ שמרן שליט״א כתב שבחול אף כשאירע ראש חודש לא יעלה האבל לתורה ויאמר למי שקראו שהוא אבל ואסור לקרות בתורה כדי שידעו כולם הטעם שאינו עולה אמנם בשבת אם אין כהן אחר שם, צריך לעלות וראה רמ״א וי״ד סי׳ ת׳ סעי׳ א׳.

242. פ״ת שם ס״ק ה׳.

243a. ט״ז שם סי׳ ת״ב ס״ק ה׳, כל בו שם אות י׳ וסי׳ ב׳ אות י״ז-27.
243b. גשר החיים שם סי׳ ז׳ אות ז׳.
243c. שו״ת לב ארי׳ ח״א סי׳ ל״ד, כל בו פרק ד׳ סי׳ ו׳ אות ח׳, שערים מצויינים בהלכה סי׳ ר״י אות ג׳.
243d. כ״ש ממרן שליט״א משום דאם לא יעלה לתורה הוי אבלות בפרהסיה בשבת משום דכל חתן עולה לתורה בשבת זו.
243e. רמ״א יו״ד שם סי׳ ת׳ סעי׳ א׳ וראה שו״ע שם סי׳ שפ״ד סעי׳ ב׳, עי׳ ש״ך שם ס״ק ג׳ ופ״ת שם סי׳ ת׳ ס״ק ד׳ ועי״ע גשר החיים פרק כ״א סי׳ ה׳ אות ז׳ ושו״ת מנחת יצחק ח״ט סי׳ ק״ל.
243f. כ״ש ממרן שליט״א, עי׳ כל בו פרק ד׳ סי׳ ו׳ אות א׳.
244. עי׳ ט״ז שם סי׳ שפ״ד שמותר לתת לו הגבה וגלילה, אמנם שמעתי ממרן שליט״א שאין כדאי לכבד אותו תוך השבעה.
245. עי׳ גשר החיים שם סי׳ ה׳ אות ז׳ אמנם בכף החיים סי׳ קל״ג אות ט״ז כתב שמותר.
246. מג״א סי׳ קל״א ס״ק י׳, פ״ת שם סי׳ שע״ו ס״ק ב׳, עי׳ שו״ת יביע אומר ח״ד יו״ד סי׳ ל״ג לבירור הענין.
247. כל בו שם סי׳ ב׳ אות י״ז-25, משנה ברורה סי׳ קל״א אות כ׳.
248. ע׳ כל בו שם שצריך האבל לומר הלל.
249. פ״ת שם, עי׳ כל בו שם אות י״ז-26, והלום ראיתי בדרכי החיים סי׳ כ״ג אות ז׳ שמתיר להאבל לומר הלל כשאירע לו ברית והוא אבי הבן.
250. כ״ש ממרן שליט״א ועי׳ גשר החיים פרק כ׳ סי׳ ג׳ אות ז׳, עי׳ עוד מג״א סי׳ קל״א ס״ק י׳ וכל בו פרק ד׳ סי׳ ב׳ אות 18, עי׳ עוד שו״ת יביע אומר ח״ד יו״ד סי׳ ל״ג שכתב דחייב לגמור ההלל ביחד עם הצבור אף כשמתפלל בבית הנפטר.
251. גשר החיים פרק כ׳ סי׳ ג׳ אות ד׳.
252. פ״ת שם סק״ח, כל בו שם אות י״ז-28 ואות כ״א, ראה שו״ת דברי ישראל או״ח סי׳ מ״ג.
253. גשר החיים פרק כ״ג סי׳ ד׳ אות ו׳, כל בו שם, עי׳ משנה ברורה סי׳ תקפ״א אות ז׳.
254. כל בו שם, אמנם בגשר החיים שם אות ה׳ כתוב שמותצר להתפלל עד הלל.
255. רמ״א שם סי׳ שע״ו סעי׳ ד׳, גשר החיים שם אות א׳, אולם באבן יעקב סי׳ מ״ח כתוב שהאבל מותר להתפלל תפלת מנחה בשבת, והלום ראיתי ביסודי ישרון ח״ג עמו׳ ק״ע שגם אין לו להתפלל מנחה ערב שבת, עי׳ פ״ת שם ס״ק ח׳.
256. גשר החיים שם אות ד׳, כל בו שם אות 29, עי׳ ערוך השלחן יו״ד סי׳ שע״ו ס״ק י״ד שכתב דהאבל יכול להתפלל מנחה ומעריב בחול המועד.
257. שו״ע שם סי׳ שפ״ד סעי׳ ג׳, גשר החיים שם אות ב׳-ג׳.
258a. כל בו שם סי׳ ו׳ אות ל״ה, אמנם בגליון מהרש״א סי׳ שע״ו כתוב שמותר להתפלל וכן ראיתי בגשר החיים שם אות ה׳.

258b. כ״ש ממרן שליט״א.

259. עי׳ יסודי ישרון ח״ה עמו׳ תי״א ומסיק שיותר טוב לנדור צדקה וללמוד תורה עבור המת, אמנם בגשר החיים שם אות ח׳ כתוב שמותר להתפלל לפני העמוד כשחל היארצייט אחר השבעה, וראה אבן יעקב שם ושו״ת מנחת יצחק ח״ט סי׳ קל״ד.

260. כל בו שם סי׳ ב׳ אות י״ז-10.

261. אבן יעקב סי׳ ס״א, אמנם בגשר החיים פרק כ׳ סי׳ ג׳ אות ט׳ כתוב שהאבל מתחיל ממזמור שיר ליום השבת ואין אומר במה מדליקין, וגם יש נוהגים שאין אומרים במנחה הפסוק ואני תפלתי, עי׳ כל בו שם אות י״ז. עי׳ שו״ת ציץ אליעזר חלק י״ג סי׳ נ׳ שאומרים במה מדליקין בבית האבל ועי׳ עוד שו״ת יביע אומר ח״ב או״ח סי׳ כ״ט, עי׳ גשר החיים פרק כ׳ סי׳ ג׳ אות ט׳, כל בו פרק ד׳ סי׳ ב׳ אות י״ז-18 ואות י״ז-19 שאומרים שוב הרחמים בשחרית וצדקתך צדק במנחה.

262. כל בו שם אות 26.

263a. שו״ע או״ח סי׳ רס״ח סעי׳ י׳, ראה שו״ת יביע אומר ח״ב סי׳ כ״ט ושו״ת ציץ אליעזר ח״ז סי׳ כ״ג שבירושלים המנהג לומר ברכת מעין שבע בבית אבל.

263b. כל בו פרק ד׳ סי׳ ב׳ אות י״ז-14.

264. כל בו שם אות י״ז-15.

265. כל בו שם אות י״ז-16.

266. כל בו ח״ב פרק ה׳ סי׳ ב׳ אות ד׳, ובאות י״ב כתב שיאמר הקדיש בלי נגון.

267a. עי׳ גשר החיים שם שיתר דיני אבלות מתחילים אחר ההבדלה, עי׳ כל בו ח״א פרק ד׳ סי׳ ו׳ אות י״ט.

267b. רמ״א או״ח סי׳ תקנ״ז סעי׳ ב׳, משנה ברורה סי׳ תקנ״ז אות ז׳.

267c. שו״ע או״ח סי׳ ד׳ סעי׳ י״ח, עי׳ משנה ברורה סי׳ ד׳ אות ו׳ שכתב דבדיעבד יכול לנקות ידיו בכל מידי דמנקי.

268. גשר החיים שם, עי׳ כל בו שם סי׳ ב׳ אות י״ז-21 ומג״א סי׳ רצ״ה.

269. גשר החיים שם, אולם הכל בו שם אות י״ז-22 כתב שאומרים ויתן לך.

270. עי׳ פ״ת שם סי׳ שע״ו ס״ק ב׳ שאם האבל עושה הבדלה, מתחיל מהברכות ואין לו לומר פסוקי דשמחה.

271. כל בו שם אות י״ז-23, יסודי ישרון ח״ה עמו׳ תפ״ז, ראה שערי תשובה סי׳ רצ״ז ס״ק א׳.

272. פ״ת שם סי׳ שצ״א ס״ק א׳, עי׳ כל בו שם אות ל׳.

273. גשר החיים פרק כ״א סי׳ ה׳ אות ד׳.

274. גשר החיים פרק כ׳ סי׳ ג׳ אות י״א, עי׳ כל בו שם אות כ׳ לבירור הענין. ראה אות 221.

275. גשר החיים שם סי׳ ה׳ אות א׳, כל בו שם אות נ״ג, עי׳ דרכי החיים סי׳ ד׳ אות ב׳ שמצות ניחום אבלים כל ימי השבעה ולא רק פעם אחת.

276. גשר החיים שם אות ד׳, כל בו שם.

277. כל בו שם סי׳ א׳ אות ד׳, גשר החיים פרק כ״א סי׳ ב׳ אות ב׳.
278. גשר החיים פרק כ׳ סי׳ ה׳ אות ה׳, כל בו שם סי׳ ב׳ אות נ״ג.
279a. גשר החיים שם אות ב׳, כל בו שם.
279b. כל בו פרק ד׳ סי׳ ב׳ אות נ״ג וערוך השלחן יו״ד סי׳ שצ״ט ס״ק י׳, ראה שו״ע או״ח סי׳ תקמ״ח סעי׳ ו׳ שכתב דאם בא לנחמו בחג אין צריך לנחמו פעם אחרת אחר החג.
279c. כל בו שם, משנה ברורה סי׳ תקמ״ח אות כ״ה.
279d. כ״ש ממרן שליט״א משום דאין להסיח דעת מן החורבן אבל אחר חצות היום דמותר לישב על ספסל או לעשות מלאכה וכו׳ מותר גם לנחמו, עי׳ ערוך השלחן או״ח סי׳ תקנ״ז ס״ק ג׳ שכתב דאין אומרים נחם רק בתחלת מנחה דאז יכולים לקבל תנחומים ועי׳ עוד שו״ת רבבות אפרים ח״ג עמ׳ תכ״ד ועמ׳ רכ״ה.
280a. גשר החיים שם אות ח׳ ועי׳ שו״ת רבבות אפרים ח״ג עמוד תכ״ד.
280b. כ״ש ממרן שליט״א משום דנראה כאילו רוצה להתאבל אמנם בספר נחמו עמי פרק כ״א סעי׳ י״א כתוב דצריך לענות אמן.
280c. שו״ע יו״ד סי׳ שפ״ה סעי׳ ב׳, גשר החיים פרק כ׳ סי׳ ה׳ אות י׳.
280d. גשר החיים פרק ט״ז סי׳ ז׳ אות ב׳ ופרק כ׳ סי׳ ה׳ אות ח׳.
280e. גשר החיים שם אות ג׳, אמנם בט״ז או״ח סי׳ תקכ״ו ופ״ת סי׳ ת׳ ס״ק א׳ כתוב שקורים לאבל שיכנס קודם ברכו.
281. גשר החיים שם, עי׳ בפרק כ״ד סי׳ א׳ אות ט׳ שגם לאבל היושב שבעה לשמועה קרובה נוהגים כן.
282. גשר החיים פרק כ״ג סי׳ ג׳ אות ה׳.
283a. ט״ז או״ח סי׳ תקכ״ו.
283b. שערי תשובה סי׳ תרצ״ו ס״ק ז׳.
283c. ט״ז או״ח סי׳ תרצ״ו ס״ק ב׳.
284a. כ״ש ממרן שליט״א.
284b. גשר החיים פרק כ׳ סי׳ ה׳ אות א׳, שו״ת חלקת יעקב ח״ג סי׳ ל״ח.
285. אבן יעקב סי׳ י״ג.
286a. כל בו ח״ב פרק א׳ סי׳ א׳ אות א׳.
286b. שו״ת אגרות משה או״ח ח״ד סי׳ מ׳, נועם חלק י״ח עמ׳ שי״ד ועי׳ נועם חלק כ״ד שכתב דגם ע״י שליח או מכתב מקיים חלק מן המצוה.
287. גשר החיים פרק כ״א סי׳ ז׳ אות ז׳, עי׳ בשו״ת הר צבי יו״ד סי׳ ר״צ ושו״ת יביע אומר ח״ד סי׳ ל״ה שמותר לתת יד לאבל כשמנחם אותו. והלום מצאתי בזכרון ש״י עמ׳ כ״ז אות י״א שהמהרי״ל לא הי׳ מברך לילדים בליל שבת שבתוך השבעה, שוב מצאתי שו״ת שרידי אש ח״ב סי׳ קל״ה שמותר לתת יד לאבל כשמנחם אותו ועי׳ שו״ת רבבות אפרים ח״ג או״ח סי׳ שע״ה.
288. ש״ך יו״ד סי׳ שפ״ה ס״ק ב׳, עי׳ גשר החיים שם אות ה׳.
289a. שו״ע יו״ד סי׳ שפ״ה סעי׳ א׳.

b289. שו״ת רבבות אפרים ח״ג סי׳ פ״ד וסי׳ שע״ז.

290. ערוך השלחן יו״ד סי׳ שמ״ג אות ד׳, אולם באבן יעקב סי׳ נ״ה כתוב שאחרים מותרים בשאילת שלום שם אבל יש להיזהר שלא ישאלו זה לזה בקול משום מדת דרך ארץ וכן כותב בשו״ת יביע אומר ח״ב סי׳ ל״א.

291. רמ״א יו״ד סי׳ שע״ו סי׳ א׳, אבן יעקב סי׳ מ״ג, עי׳ שו״ת יביע אומר ח״ג סי׳ כ״ז שצריך לקום לפני הספר תורה ומותר לקום לפני תלמיד חכם.

292. גשר החיים פרק כ׳ סי׳ ה׳ אות ט׳.

293. שו״ע יו״ד סי׳ שע״ו סעי׳ א׳ ועי׳ חזון למועד פרק י״ג אות ד׳. שכתב דאם מבחין שקשה לאבל לדבר דמותר לפתוח ראשון

294. רמ״א יו״ד סי׳ שפ״ה סעי׳ א׳.

CHAPTER 8

Laws of the Shloshim and the Yud Bais Chodesh Mourning Periods

SECTION 1: General Laws

1. The *shloshim* commences at the conclusion of *shiva*[1] and continues until the morning of the thirtieth day.[2] The seven days of *shiva* are counted as seven days towards the *shloshim*. (Refer to Chapter 7, Section 5, paragraph 16 for details concerning the *shloshim* period when interment was on *Yom Tov* or *Chol HaMoed*.)

2. With the conclusion of *shloshim*, all obligations of mourning for relatives other than parents cease.

3. Mourners for parents are still subject to certain restrictions until twelve months have elapsed from the onset of *shiva*.[3] Even during a leap year, when an extra month is added to the Jewish lunar calendar, mourners observe only a twelve month period of mourning.[4] Refer to paragraph 1.

4. Any previously expressed wishes of the deceased that the laws of mourning should not be kept should be ignored by the mourner.[5]

5 (a). If the *shloshim* concluded on *Chol HaMoed*, one should refrain from shaving or haircutting until after *Yom Tov*.[6] (Refer to paragraph 9.)

(b). If the *shloshim* concluded during the *Sfirah* or the period between the seventeenth of *Tammuz* and Rosh Cho-

desh Av, shaving and cutting of extremely long hair are permitted.[7a]

(c). If the *shloshim* concluded on *Shabbos*, one is permitted to bathe and don *Shabbos* clothing on Friday as close to *Shabbos* as possible. A mourner for a relative other than a parent may also return to his usual seat in the synagogue on *Shabbos*.[7b]

(d). If the *shloshim* concluded on *Shabbos* which is tomed to daily changes of underwear, unstarched shirts, the *shloshim*[67].

6. All laws of *shloshim* are not in effect for a minor who becomes obligated to observe the *mitzvos* during the *shloshim*.[8] However, the laws of *yud bais chodesh* must be observed for a deceased parent.[8]

7 (a). All laws of *shloshim* are discontinued for a bride or groom who may marry during the *shloshim*[10] from the wedding day until the conclusion of the seven festive days, when the laws of mourning resume. The seven festive days are included in the *shloshim*. (Refer to Section 2, paragraphs 16–18.)

(b). If a relative dies during the seven festive days, all laws of mourning will commence at the conclusion of the seven festive days. (Refer to Chapter 7, Section 1, paragraph 25 for further details.)

(c). The restrictions mentioned in Section 2, paragraph 15, also apply to a bride or groom who is a mourner. However, they may attend a festive meal if *Sheva Brochos* will be recited.[11b]

8 (a). If *Yom Tov* occurs during the *shloshim* for a relative, all laws of *shloshim* are discontinued[12] on *Erev Yom Tov* from the time one needs to prepare for *Yom Tov*.[13]

(b). If *Erev Yom Tov* occurs on *Shabbos*, the restrictions against bathing, haircutting, and shaving one's self, and washing clothes, are discontinued on the previous Friday from the time one needs to prepare for *Shabbos*.[14]

(c). On *Erev Pesach*, the laws of *shloshim* are discontinued as of mid-day.[15]

9. *If *Yom Tov* occurs during the *shloshim* for a parent, then all laws of *shloshim* are discontinued except for haircutting and shaving.[16] However, if the mourner's hair or beard has grown to a length where friends would criticize him[17a] he may shave or take a haircut for *Yom Tov*,[17b] if there is a specific reason such as business or social restrictions.[17c]

SECTION 2: Prohibited Activities

1 (a). Bathing or showering is prohibited except for the removal of foreign material from the body,[18] e.g. dirt, ink or paint.

(b). The mourner may wash separate parts of the body with warm water (no soap[19]) provided that each part is washed on a different day.[20]

(c). A mourner may bathe when so prescribed by a physician.[21] A woman mourner may bathe when preparing for ritual immersion.[22]

2 (a). A mourner may not put on cosmetics, prefumes, colognes, deororants, etc. during the *shloshim*. However, a married woman is permitted to do so.[23a]

(b). One who perspires profusely may use unscented deodorants.[23b]

(c). A married woman may wear jewelry to which she is accustomed.[23c]

3 (a). Haircutting[24] and shaving are prohibited.[25] However, a mourner may cut the hair of children who are not subject to the laws of mourning.[26]

(b). Haircutting and shaving may be resumed immediately after the *shloshim* period has concluded for someone mourning for a relative who is not a parent.[27] *For those in

---

*Laws which apply for the *yud bais chodesh* are indicated by an asterisk.

mourning for their parents, haircuts may not be taken by males until twice their usual time interval[28] between haircuts has elapsed from the time of their last haircut,[29] provided that this time period will fall after the *shloshim* period has concluded. This extended time interval between haircuts must be continued for all subsequent haircuts during the twelve month mourning period.[30] *Shaving may be resumed immediately after the *shloshim* and the time between subsequent shaves until the end of the twelve month period must be two or three times the normal interval between shaves.[31]

4. A mourner may brush or comb his hair for cleanliness only.[32] A married woman may go to a hairdresser[33] but may not have her hair cut or dyed to a different color until after the conclusion of the *shloshim*.[34]

5. A woman in mourning may remove hair from her legs or other parts of the body if she is bothered by its presence.[35] She may not tweeze her eyebrows.

6. A mourner may not cut his nails with a nailfile or a pair of scissors, but may tear the nails by hand.[36] A female mourner may cut her nails in preparation for ritual immersion.[37]

7 (a). *A mourner may not purchase[38a] or wear new expensive clothing[38b] (even if bought before the mourning began). During the *shloshim*,[39] everyday clothing may be purchased, washed or dry cleaned[40a] and worn if someone else wears the clothing for a brief while[40b] before the mourner wears them.[41] Clothes that are newly dyed are treated in the same manner as new clothes.[42a] If someone is accustomed to daily changes of underwear, unstarched shirts, stockings or socks and similar types of clothing that absorb perspiration, he need not have someone else wear them first.[42b]

*Laws which apply for the *yud bais chodesh* are indicated by an asterisk.

(b). *Everyday shoes may be bought and worn without requiring that someone else wear them first.[43]

(c). A mourner may buy clothes for his wife and family who are not in mourning. Similarly, household utensils, e.g. dishes, glasses, etc. which are urgently required may also be purchased.

8. All clothing belonging to the mourner should not be starched or dry cleaned during the *shloshim*.[44]

9. During the *shloshim*, *Shabbos* clothes may not be worn on *Shabbos*. However, clothing which would demean the *Shabbos* should not be worn.[45]

10 (a). *A mourner may not buy a house or rent an apartment unless a great loss would be incurred otherwise. If the woman of the house is the mourner, then these restrictions do not apply.[46]

(b). *One's dwelling place may not be painted and new furniture may not be purchased. If the woman of the house is the mourner, then these restrictions do not apply.[47]

11. *A mourner must change from his usual seat in the synagogue[48] to a seat at least seven and a half feet away,[49] but the new seat may not be an honorable one.[50] However one is not required to change to another seat in the home.[51] (Refer to Chapter 7, Section 7, paragraph 10 regarding a rabbi or a student who must change his seat and if a mourner should change his or her seat on *Shabbos*[52] or *Yom Tov*.[53] This law also applies to a student in a *Bais HaMedrosh*.)

12. *A *kittel* should be worn by a groom during the *chupah*[54] but not on *Rosh HaShanah*, *Yom Kippur* or at the *Pesach Seder*.[55]

13. *The mourner should not refrain from leaning on the left side during the *Seder*.[56]

14. *Listening to music is prohibited. Consequently one

*Laws which apply for the *yud bais chodesh* are indicated by an asterisk.

should not attend movies, theatrical productions, operas or concerts, nor should one listen to records.[57] All programs and sports not falling under this criterion of joy may be attended or watched even if music is heard incidentally during the program,[58] e.g. commercials and intermissions.

15. (a). *A mourner may not attend any joyous occasion or social gathering even if no music will be played.[59] Thus a mourner may not attend a wedding,[60] *Bar Mitzvah* dinner,[61] *Sheva Brochos, Tnayim,*[62] wedding anniversary parties, parties for a new house,[63a] and all festive dinners. It is preferable that these events should not take place in the home of a mourner even if the mourner is not present.

(b). *A mourner may attend the engagement party of a child.[63b]

(c). *A bride may attend a shower given in her honor.[63c]

(d). *If a mourner is accustomed to gather with several friends or relatives even at a meal, he or she may continue to do so during the mourning period.[63d]

16 (a). A mourner who wishes to remarry after his wife's death must wait until the holidays of *Pesach, Shevuos,* and *Succos* have passed in any sequence.[64a]

(b). A widow may not remarry until ninety two days after her husband's death.[64b]

17. A groom or bride may marry, enjoy the seven festive days and have marital relations during the *shloshim* if the groom has no children and cancellation of the wedding would entail a great financial loss. Otherwise, they must wait until after the *shloshim*.[65]

18. A mourner who is incapable of caring for himself or who has small children requiring care may marry during the *shloshim*[66] but must refrain from marital relations until after the *shloshim*.[67]

19. *A parent or grandparent in mourning may attend

*Laws which apply for the *yud bais chodesh* are indicated by an asterisk.

the entire wedding of a child or grandchild and sit at the head table but should partake of the meal at various tables so they do not appear as invited guests with reserved seats.[68] They may shave for the wedding but not take a haircut. A brother, sister, stepfather or stepmother to the bride or groom may only attend the *chupah* and the reception before the *chupah*. An uncle or aunt should only attend if they are extremely close with the bride or groom.[69a] These relatives may also shave if they are embarrassed to attend unshaven. They may receive a *Brocha* at the *Chuppah*.[69b]

20 (a). *Shaving or taking a haircut is prohibited for a mourner who is a *mohel, sandek*, or father of a child undergoing circumcision.[70] These individuals[71] may bathe, wear *Shabbos* clothes,[72] and may attend the meal following the circumcision[73] unless they are in mourning for a parent in which case they may only attend the meal after the *shloshim* period has ended.[74] Another mourner present at the circumcision may not attend the meal,[75] but should partake of some food before leaving.[76] If the circumcision is taking place in the home of a mourner, he may participate in the meal.[77]

(b). *A mourner may attend a *Sheva Brochos* or a meal following a circumcision on a *Shabbos* or *Yom Tov* after the *shloshim* if the meal is a small family affair.[78] In addition, all those permitted to attend a wedding[79] may also attend a *Sheva Brochos* or a meal following a circumcusion even during the *shloshim* provided the meal takes place on *Shabbos* or *Yom Tov*.[80]

21. *A mourner who is redeeming his first born son or a *Kohen* participating in the ceremony[81] may attend the entire meal and wear *Shabbos* clothes.[82] This law also applies to the mother of the child.[83]

22. *If a *Bar Mitzvah* is to take place in a hotel on *Shabbos*, the mourner should not attend; nor may he attend

*Laws which apply for the *yud bais chodesh* are indicated by an asterisk.

prayer services at a place specifically being used to celebrate a *Bar Mitzvah*.⁸⁴

23. *If a *Bar Mitzvah* dinner was already planned and a great loss will be incurred if it is to be cancelled, then parents or grandparents who are mourners may attend provided that there is no music. The meal should be eaten at various tables and not at the head table.⁸⁵

24. *A mourner eating in a dining facility such as a Yeshiva cafeteria or at a convention may remain until the end of the meal if there is no music.⁸⁶

25. *A woman mourner may attend any festive functions after *shloshim* if her husband is embarassed to attend without her.⁸⁷

26 (a). A mourner may attend a *Shalom Zochor*,⁸⁸ a *kiddush* after services, provided a meal is not served,⁸⁹ᵃ an engagement reception with no meal or music, drink *lechaim* with friends, and attend a graduation.

(b). *A mourner may attend a tea or other gathering in a bungalow colony, provided a meal is not served.⁸⁹ᵇ

27. *A mourner may extend the greeting of *Shalom* or respond to it. However, others should refrain from greeting him.⁹⁰ (Refer to the laws of *shiva* regarding other greetings,⁹¹ e.g. good morning, Chapter 7, Section 8, paragraph 8.)

28 (a). *The laws for sending or receiving *Shalach Manos* on *Purim* are the same as that which applies during *shiva*.⁹²ᵃ (Refer to Chapter 7, Section 5, paragraph 22a and Section 6, paragraph 2c.)

(b). *The mourner should eat the festive meal with the family and should not participate in the masquerade.⁹²ᵇ

(c). *On *Purim*, a teacher who is a mourner may receive gifts from the students.⁹²ᶜ

(d). *On *Purim*, a rabbi may receive *Shlach Monos* from his congregants etc.⁹²ᵈ

*Laws which apply for the *yud bais chodesh* are indicated by an asterisk.

(e). *On *Chanukah*, a teacher who is a mourner may receive gifts from the students.⁹³ᵃ

(f). *A teacher may remain at a *Purim* or *Chanukah* party, but should refrain from participating in the singing and dancing.⁹³ᵇ

29 (a). *During the mourning period, a mourner should refrain from sending any gifts.⁹⁴ᵃ

(b). *If a wife is a mourner, her spouse is permitted to send gifts to others. When the husband is a mourner, his wife may send gifts purchased with money she was given for the household after all expenses have been paid.⁹⁴ᵇ

(c). *A mourner may be given a present by a spouse if the mourner must purchase it anyway.⁹⁴ᶜ

(d). *One may give an engagement ring to a fiancé who is a mourner. A mourner may give an engagement ring to a fiancé.⁹⁴ᵈ

30. *A mourner should not go on a pleasure journey.⁹⁵ However, after the *shloshim*, he may go on a necessary business trip,⁹⁶ but it is preferable that he refrain from family sightseeing outings.

31. *A rabbi in mourning may perform a wedding ceremony but may not attend the reception or dinner.⁹⁷

32. *A rabbi or cantor in mourning who must attend a dinner for a professional purpose may also eat at the dinner.⁹⁸

33. *A mourner who is a music teacher may continue teaching.⁹⁹ᵃ A student of music who is a mourner may only continue his lessons if music is to be his profession.⁹⁹ᵇ

SECTION 3: Laws Applying when Delayed Notification of Death Occurs

1. If the news of a relative's death (not a parent) arrives

*Laws which apply for the *yud bais chodesh* are indicated by an asterisk.

after the thirtieth day from the time of death,[100] even after sunset following the thirtieth day,[101] it is sufficient to remove one's shoes[102] or sit for a brief period of time[103] on a stool[104] of less than twelve inches in height.[105] The meal of condolence need not be served.[106]

2 (a). *If the delayed news concerns a parent's death, in addition to the foregoing, the laws of *yud bais chodesh* come into effect even though the laws of *shiva* and *shloshim*[107] are suspended.[108] For this reason, a mourner may not begin shaving until it is visible that he is in need of a shave.[109] (Refer to Section 2, paragraph 3 concerning the laws of haircutting and shaving during the *shloshim* and *yud bais chodesh* periods.)

(b). *The *yud bais chodesh* concludes twelve months after the time of death.[110]

3 (a). *If the delayed news was conveyed to the mourner during prayers, the mourner should conclude the prayers and then remove his shoes or sit on a low stool.[111]

(b). If the mourner did not remove his shoes or sit on a low stool on the day when he was informed of the death of a relative, he should do so on any subsequent day.[112]

4. *If notification occurs on *Shabbos*, *Yom Tov* or *Chol HaMoed*, he should remove his shoes or sit on a low stool after *Shabbos* or after *Yom Tov* has ended.[113]

SECTION 4: Additional Laws of Yud Bais Chodesh

1. *A mourner may participate in the meal of a *siyyum* any time after *shloshim*.[114] However, a mourner may attend the *siyyum* itself even during the *shloshim*.

2. *After *shloshim*, a mourner may accept the honorarium of being the guest of honor at a dinner where there is no music[115] or may attend a dinner for a charity if there is a pos-

*Laws which apply for the *yud bais chodesh* are indicated by an asterisk.

sibility his donation will be greater if he attends the affair.[116]

3. (a). *During the entire first year, a mourner, when referring aloud to a deceased parent should say *HaReni Kaporas Mishkovo*[117] while others add *Zichrono Livrochah.*[118] If the mourner writes about a deceased parent, one should only add *Zichrono Livrochah.*[119]

(b). *After the year is concluded, *Zichrono Livrochah* should always be added when mentioning a deceased person.[120]

4. *It is a custom to learn *Mishnayos* for the deceased during the entire[121] mourning period.[122] (Refer to Chapter 9, Section 1, paragraph 4 for laws concerning one who learns *Mishnayos* for several people.)

1. ראה פרק 7 אות 1.
2. שו״ע יו״ד סי׳ שצ״ה סעי׳ א׳, עי׳ כל בו פרק ה׳ סי׳ א׳ אות ד׳ אם אמרינן מקצת היום ככולו לגבי תספורת.
3. שו״ע שם סעי׳ ג׳, עי׳ כל בו שם אות 34 שמביא שיטות הפוסקים דגם ביום האחרון של השנה אמרינן מקצת היום ככולו.
4. שו״ע שם סי׳ שצ״א סעי׳ ב׳, עי׳ כל בו שם וסי׳ ד׳ אות ו׳.
5. רמ״א שם סי׳ שמ״ד סעי׳ י׳, עי׳ פ״ת ס״ק ג׳, ובכל בו שם סי׳ א׳ אות ל״ז כתב כשיש טעם נכון יכולים לפסוק כדברי הש״ך ס״ק ט׳ ששומעים לו בנוגע האבלות של י״ב חודש, גליון מהרש״א סי׳ ש״צ.
6. כל בו שם אות 15. עי׳ שיורי ברכה סי׳ שצ״ט סעי׳ ד׳ ושערי תשובה סי׳ תקל״א ס״ק ז׳.

a7. מג״א או״ח סי׳ תקנ״א ס״ק י״ח, כל בו שם אות י״ג, ראה ט״ז או״ח סי׳ תקנ״א ס״ק י״ד ומשנה ברורה שם אות פ״ז.

b7. רמ״א יו״ד סי׳ ת׳ סעי׳ ב׳, עי׳ פ״ת ס״ק ו׳ אם מותר להתגלח וכן בדגול

*Laws which apply for the *yud bais chodesh* are indicated by an asterisk.

מרבבה לענין תספורת, ראה פ"ת שם בענין נטילת צפרנים. עי' עוד בשו"ת יביע אומר ח"א יו"ד סי' כ"ו.

c7. כ"ש ממרן שליט"א.

8. שו"ע יו"ד סי' שצ"ו סעי' ג', גשר החיים פרק כ"א סי' ט"ו אות ה'.

9. פ"ת שם ס"ק ד'. ערוך השולחן יו"ד סי' שצ"ו ס"ק ח' ועי' גשר החיים פרק י"ט סי' ג' אות ג' שהמיקל יש לו על מי לסמוך.

10. ראה אות 65.

a11. פ"ת שם סי' שצ"ב ס"ק ב', כל בו שם אות 9, שו"ת יביע אומר ח"ה סי' ל"א.

b11. שו"ע או"ח סי' תקל"א סעי' ז' וסי' תקמ"ח סעי' ח'.

12. עי' כל בו שם אות י"ז שכתב דע"י הרגל גם בטל גזרת ל' לאלו שאסורים להתחתן עד אחר השלשים.

13. רמ"א שם סי' שצ"ט סעי' ג', ראה גשר החיים פרק כ"ג סי' ב' אות ד' שמפלג המנחה כבר נקרא סמוך לחשיכה, וכעת ראיתי בזכרון ש"י עמו' כ"ט אות ל"ט שכתב דיש נוהגין להסתפר ולרחוץ מחצות היום. עי' ש"ך ס"ק י' שצריך להמתין עד סמוך לחשיכה גם כשחל היום טוב אחר יום ז'. עי' עוד בערוך השולחן שם סי' שצ"ט ס"ק י"ט דבערב יום כיפור מותר להתגלח אפי' בבוקר.

14. שו"ע יו"ד סי' שצ"ט ג', עי' פ"ת ס"ק ו' אם נוהגין שאר דיני אבלות עד הרגל.

15. רמ"א שם, גשר החיים שם סי' ג' אות ג', עי' יסודי ישרון חלק ו' עמו' ל"ב בבירור הענין.

16. שו"ע שם סעי' ד', רמ"א שם סי' ש"צ סעי' ד', עי' דעת תורה סי' שצ"ט.

a17. עי' כל בו שם אות 5 שכתב שאין צריך גערה ממש אלא שיעור הראוי שיגער לו חבירו.

b17. שו"ת יביע אומר ח"א סי' כ"ה, שו"ת חלקת יעקב ח"א סי' קל"ד, כל בו שם אות ה' —)חסר(—.

c17. שו"ת יביע אומר ח"א סי' כ"ה, שערי תשובה סי' תקל"א ס"ק ז'.

18. שו"ע שם סי' שפ"א סעי' א', פ"ת ס"ק א'־ב'. אולם השערים מצויינים בהלכה סי' ר"ט אות ב' כתב שהיום נוהגין להתיר רחיצה במים פושרין אחר השבעה. הנה שמעתי ממרן שליט"א שמותר לרחוץ פניו ידיו ורגליו גם במים פושרין, עי' דעת תורה סי' שפ"א ושערים מצויינים בהלכה — הוספות — סי' ר"ט ושו"ת יביע אומר ח"ד יו"ד סי' ל"ד.

19. כ"ש ממרן שליט"א, עי' מג"א סי' תקנ"א ס"ק מ"א, ראה ערוך השלחן יו"ד סי' שפ"א ס"ק ד' שכתב דמותר להשתמש בבורית.

20. כ"ש ממרן שליט"א דהכי יש לפרש — פניו ידיו ורגליו — המובא בשו"ע שם.

21. כל בו שם אות ט"ז.

22. שו"ע שם סעי' ה'.

a23. שו"ע שם סעי' ו'.

b23. כ"ש ממרן שליט"א היות והוא משתמש בהם רק כדי שלא להזיע ואין זה אלא כמו סיכה לרפואה שמותרת וראה עמ' 106 אות 21.

c23. שערים מצויינים בהלכה — הוספות — סי׳ רי״א אות י״א וראה פרק 7 אות 126.

24. עי׳ כל בו שם אות 1 אם אשה מותרת בתספורת אחר השבעה.

25. שו״ע שם סי׳ ש״צ סעי׳ א׳, עי׳ כל בו ח״ב פרק ה׳ סי׳ א׳ אות ב׳ ולאחר בירור הענין מסיק שלאלו המגלחים זקנם כל יום יש להתיר להתגלח אחר השבעה לצורך פרנסה.

26. כל בו ח״א פרק ה׳ סי׳ א׳ אות 6. בית הלל סי׳ שפ״ט.

27. שו״ע שם סעי׳ ד׳.

28. כ״ש ממרן שליט״א, ושיעור גערה המובא ברמ״א שם הוא משום דבזמנם לא היו רגילין להסתפר כפי מנהגנו, עי׳ שו״ת אגרות משה יו״ד ח״ג סי׳ קנ״ו ושו״ת יביע אומר ח״א יו״ד סי׳ כ״ה.

29. כל בו שם אות 4.

30. כל בו שם אות 5, אמנם בפ״ת ס״ק ד׳ מובא שאחר פעם הראשונה מסתפר כדרכו, ולכן בשעת הדחק יש להקל, עי׳ שו״ת אגרות משה שם.

31. כ״ש ממרן שליט״א, עי׳ פ״ת שם.

32. ש״ך שם ס״ק ג׳, ראה שו״ת יביע אומר ח״ד יו״ד סי׳ ל״ד.

33. שו״ע שם סעי׳ ו׳.

34. רמ״א שם סעי׳ ה׳.

35. ש״ך שם, עי׳ דעת תורה סי׳ ש״צ.

36. שו״ע שם סעיף ז׳, עי׳ גשר החיים פרק כ״א סי׳ י״א אות ט׳.

37. ט״ז שם ס״ק ב׳, כל בו שם אות י״ד, דעת תורה שם.

a38. כ״ש ממרן שליט״א הואיל והאבל אסור בכל מיני שמחה, ראה שו״ע שם סי׳ שצ״א סעי׳ א׳.

b38. רמ״א שם סי׳ שפ״ט סעי׳ ג׳.

39. עי׳ פ״ת יו״ד סי׳ שפ״ט ס״ק ד׳ שאבל על אביו או אמו אסור בכיבוס או גיהוץ עד שיש גם גערה או הרגל.

40. ש״ך סי׳ שפ״ט ס״ק ד, כל בו שם אות 35, אמנם בגשר החיים פרק כ״א סי׳ י׳ אות ג׳ כתב שבבגד חדש צריך אחר ללבשו ב׳ או ג׳ ימים. ראה שו״ת מנחת יצחק ח״י סי׳ מ״ד.

a40. ראה מועדי ישרון פרק ה׳ אות 103.

41. שו״ע שם סי׳ שפ״ט סעי׳ א׳, אמנם הערוך השלחן אות ו׳ כתב שעכשיו אין נזהרין לתת לאחר ללבוש הכתונת. עי׳ כל בו פרק ד׳ סי׳ ב׳ אות נ״ד כשקנה כובע האם זה בכלל הדין של בגד חדש.

a42. גשר החיים פרק כ״ב סי׳ א׳ אות ג׳ וסי׳ ב׳ אות ג׳.

b42. פ״ת שם ס״ק ב׳.

43. כ״ש ממרן שליט״א, הנה שמעתי ממרן שליט״א שנעלים אינם בכלל הדין של בגד חדש ואף שכתוב בשו״ע או״ח סי׳ תקנ״ו סעי׳ ז׳ שאסור לתקן נעלים וראה משנה ברורה שם אות מ״ז שכתב דאסור ללבשם כשהם חדשים אמנם אבלות

דרבים שאני דהחמירו טפי. ובדבר אם מותר להשחיר הנעלים ראה פרק 7 אות 125 שאסור אמנם בשו"ת יביע אומר ח"ג או"ח סי' ל"א כתוב שמותר.

44. כ"ש ממרן שליט"א הואיל והבגדים מגוהצים בנקוי גמור ומוחלקים במגהץ לכן לא מהני מה שאדם אחר לובשם תחילה לשעה קצרה. אמנם הגשר החיים שם אות ב' כתב שלפי הש"ך ס"ק ג' שמתיר ללבוש בגדים מגוהצים אם לובשם אחר תחילה, יש להקל אפילו בבגדים מגוהצים במגהץ ונקוי גמור, עי' בשערים מצויינים בהלכה סי' רי"א אות ג' שאבלים הלובשים בגדים מגוהצים סומכים על השו"ע ס"ק ח' — יש מי שאומר דהאידנא ליכא איסור גיהוץ שהרי אמרו גיהוץ שלנו ככיבוס שלהם.

45. רמ"א שם סעי' ג'. ראה פרק 7 אות 169.

46. ראה אות 38 ואות 87.

47. ראה שם, כעת מצאתי בזכרון ש"י אות י"ח (דיני שבת ורגל) שאין להדיח הרצפה. עי' פרק ז' אות 147.

48. שו"ע יו"ד סי' שצ"ג סעי' ב', ובאבן יעקב סי' נ"ח כתוב שגם באבל על אביו ואמו אין צריך לשנות מקומו יותר משלשים יום, עי' נועם ח"כ עמו' שי"ז אות ס' שכתב דצריך לשנות מקומו גם בעמידה אמנם בשו"ת ציץ אליעזר ח"ז סי' מ"ט כתוב שלא צריך.

49. פ"ת שם סי' שצ"ג ס"ק ז'.

50. עי' גשר החיים פרק כ"ב סי' ג' שכתב דמעיקר הדין צריך לשנות ממזרח למערב, רק אם יושב אצל הדלת יכול לשנות מצפון לדרום או להיפוך.

51. ראה פרק 7 אות 234, חכמת אדם סי' קס"ז סעי' ב' אולם בגליון מהרש"א סי' שצ"ג כתוב דצריך לשנות מקומו בבית.

52. ראה פרק 7 אות 232-235.

53. תמיהני על הבעל גשר החיים שכתב בפרק כ"ג סי' ג' אות ו' שאין משנה מקומו ברגל ואיך נעלם ממנו הדין שאין הרגל מבטל דיני אבלות הנוהגין כל י"ב חדש.

54. כ"ש ממרן שליט"א הואיל ולובשו לזכור יום המיתה ויועיל לתשובה.

55. מג"א סי' תע"ב ס"ק ה', ערוך השלחן או"ח סי' תר"י ס"ק ב', עי' ט"ז או"ח סי' תע"ב ס"ק ג' וסי' תר"י ס"ק ג' שכתב דצריך ללובשו ועי' עוד שערים מצויינים בהלכה סי' קי"ח אות י' וראה עוד קונטרס לתורה והוראה חוברת י' עמו' ו'.

56. גשר החיים פרק כ"ג סי' ג' אות י' וכל בו פרק ד' סי' ו' אות ל' וראה משנה ברורה סי' תע"ב אות י"ג שכתב דיסב בשינוי וראה הוספות.

57. ראה אות 38 ורמ"א שם סי' שצ"א סעיף ג'.

58. כ"ש ממרן שליט"א משום שזה כשאר דברים העושים לבלות ולבטל הזמן ולאו דוקא כשרוצים לשמוח. אולם כעת מצאתי בדרכי החיים סי' י"ד אות א' שאסור לשחוק במשחקים.

59. רמ"א שם סי' שצ"א סעי' ב', ט"ז שם סי' שפ"ה ס"ק א', כל בו פרק ה', סי' א', אות כ"ג.

60. עי׳ כל בו שם אות 24 שכתב דאם אין שם רק חופה וסעודה מותר להשתתף כשיש איזה צורך וראה שו״ע ורמ״א שם סעיף ג׳.
61. כל בו שם אות כ״ז, אמנם בפ״ת שם סי׳ שצ״א ס״ק ה׳ מתיר לילך אם הנער דורש או שזה ממש ביום שנעשה בר מצוה, עי׳ גשר החיים פרק כ״ב סי׳ ב׳ אות ו׳ שכתב דמותר להשתתף ובלבד שלא יהי׳ שום מזמוטי שמחה.
62. כל בו שם אות כ״ח, עי׳ גליון מהרש״א שם.
63a. עי׳ כל בו שם אות ל׳ שמותר לילך אם דורשים שם דברי תורה, וראה שו״ת אגרות משה יו״ד ח״ג סי׳ קס״א.
63b. כ״ש ממרן שליט״א היות והוא צריך להתעסק בעניני התנאים ושאר צרכי החתונה.
63c. ראה פרק 8 אות 116.
63d. כ״ש ממרן שליט״א משום דסעודת שמחת מריעות אינו אלא אם המשתתפים אינם באים שם אלא ע״י הזמנה או סיבה מיוחדת ולא כשהקרובים וידידים מבקרים זה לזה בלי שום סיבה מיוחדת ועי׳ שו״ת אגרות משה יו״ד ח״ג סי׳ קס״א.
64a. שו״ע שם סי׳ שצ״ב סעי׳ ב׳, כל בו שם אות כ׳, עי׳ פ״ת שם ס״ק א׳-ד׳ וראה שו״ת יביע אומר ח״ו או״ח סי׳ מ״ג וראה עוד שו״ת דברי ישראל יו״ד ח״ב סי׳ נ״ג שכתב דבנשתטית אין צריך להמתין ג׳ רגלים להתחתן.
64b. ש״ך יו״ד סי׳ שצ״ב ס״ק ב׳.
65. שו״ע שם סעי׳ ג׳, כל בו שם אות י״ז, עי׳ גשר החיים פרק כ״א אות 10 שאם כבר קבעו זמן החופה מותר להחתן לכתחילה כשלא קיים החתן פרי׳ ורבי׳ כהכרעת השו״ע ורמ״א שם סעי׳ ב׳ ועי׳ עוד שו״ת יביע אומר ח״ו או״ח סי׳ מ״ג.
66. שו״ע שם.
67. ש״ך שם ס״ק ז׳, ט״ז יו״ד סי׳ שצ״ב ס״ק ו׳.
68. שו״ת אגרות משה יו״ד ח״ב סי׳ קע״א.
69a. כ״ש ממרן שליט״א משום דיש לשער שעל אלו מצטער החתן או הכלה אם לא יהיו אצל החופה ובפרט שעיקר השמחה כשיהיו שם בשעת הסעודה והם עוזבים אחר החופה, עי׳ אבן יעקב סי׳ נ״ו שכתב דאחר השלשים מותר להיות אצל הסעודה וראה אותיות 60-59.
69b. רמ״א שם סי׳ שצ״א סעיף ג׳.
70. כל בו שם אות 11, פ״ת סי׳ ש״צ ס״ק א׳ וסי׳ שצ״ג ס״ק ד׳, עי׳ דעת תורה סי׳ ש״צ ושו״ת יביע אומר ח״ה יו״ד סי׳ ל״א.
71. עי׳ בית לחם יהודה יו״ד סי׳ שצ״א שמפרש דהסנדק היינו מי שיושב על הכסא בשעת המילה ולא מי שנושא התינוק, וראה גשר החיים פרק כ״א סי׳ ח׳ אות י׳ שכתב דגם הסנדק מותר להשתתף בסעודה ועי׳ שם בבירור הענין.
72. רמ״א שם סי׳ שצ״א סעי׳ ב׳.
73. ט״ז שם ס״ק ג׳.

74. רמ״א שם.

75. רמ״א שם, גשר החיים שם אות ו׳, עי׳ שו״ת לב ארי׳ ח״ב סי׳ כ״ח שמתיר גם לסבא של הילד להשתתף בסעודה, והלום ראיתי בשערים מצויינים בהלכה סי׳ רי״ב אות א׳ שכתב דהאנשים המשתתפים בסעודה זו סומכים על מה שכתוב ברמ״א שם שבסעודת מצוה מותר ליכנס כשאין בה שמחה.

76. רמ״א שם סי׳ רס״ה סעי׳ י״ב.

77. רמ״א שם סי׳ שצ״א סעי׳ ב׳, אמנם בגשר החיים כתב שלא נהגינן כן רק לבעלי ברית ופדיון הבן.

78. כל בו שם אות ל״א.

79. ראה אות 68 ואות 69.

80. גשר החיים שם אות י״ב, ושמעתי ממרן שליט״א שבחול אין להשתתף בסעודת שבע ברכות דפעמים אפילו ההורים אינם משתתפים גם משום סיבה אחרת.

81. כ״ש ממרן שליט״א, ואפילו יש שם כהן אחר מותצר להשתתף בו היות שנדחה חיובי האבלות כשגורם הפסד ממון להאבל.

82. כל בו שם אות כ״ו.

83. שו״ת שבות יעקב ח״ב סי׳ ק״ב.

84. כ״ש ממרן שליט״א הואיל והמקום מיוחד לשמחה, עי׳ שו״ת אגרות משה יו״ד ח״ג סי׳ קס״א שכתב דאם הוא קרוב או ידיד שמוכרח לילך דיכול להתיר לו.

85. ראה אות 68.

86. כ״ש ממרן שליט״א משום שהמקומות האלו יש להם דין כחדר אוכל בביתו.

87. שו״ת אגרות משה יו״ד ח״א סי׳ רנ״ה, עי׳ אבן יעקב סי׳ נ״ו שכתב דרק בסעודת מצוה אפשר לסמוך על היתר זה. ועי׳ עוד כל בו שם אות ל״ג.

88. בית לחם יהודה שם, שאילת יעב״ץ ח״ב סי׳ ק״פ, ראה שו״ת אגרות משה יו״ד ח״ג סי׳ קס״א.

a89. עי׳ אבן יעקב סי׳ נ״ו שמותר להשתתף גם אם יש סעודה שם כשגורם אבלות בפרהסיא דהיינו ששואלים עליו למה הוא לא משתתף.

b89. כ״ש ממרן שליט״א.

90. שו״ע שם סי׳ שפ״ה סעי׳ א׳, עי׳ שו״ת ציץ אליעזר ח״ח סי׳ ל״ג שהאבל מותר לתת שלום לחברו גם כשיודע שהוא יתן לו שלום בחזרה. שוב מצאתי בשו״ת רבבות אפרים ח״ה סי׳ תקנ״ז שאסור לכתוב להאבל דברי שלום.

91. ראה פרק 7 אות 288, עי׳ באר היטב ס״ק ד׳ שאחר ל׳ מותר לומר לו צפרא טבא.

a92. ראה שם אות 197 ואותיות 209-206.

b92. כ״ש ממרן שליט״א ועי׳ רמ״א יו״ד סי׳ שצ״א סעי׳ ב׳ ומג״א סי׳ תרצ״ו ס״ק ז׳.

c92. ראה פרק 8 אות 93, עי׳ נועם חלק כ״ד עמו׳ רכ״ג.

d92. שערים מצויינים בהלכה סי׳ קמ״ב אות ז׳.

a93. כ״ש ממרן שליט״א היות ונחשב לו כחלק מהפרנסה ולא כמתנה בעלמא.

Shloshim and the Yud Bais Chodesh Period

93b. כ"ש ממרן שליט"א וראה פרק 8 אות 99a.

94a. דרכי החיים סי' י"ד אות ז' ערוך השלחן או"ח סי' תרצ"ו אות ח'.

94b. כ"ש ממרן שליט"א משום דיש לשער שבעלה לא יבקש ממנה העודף וממילא המעות שלה והמתנה רק ממנה.

94c. כ"ש ממרן שליט"א.

94d. כ"ש ממרן שליט"א שמותרת לקבלה משום שנחשב אצלה כקבלת סבלונות וגמירת השידוך.

95. גשר החיים שם סי' ז' אות ט'.

96. שו"ע שם סי' ש"פ סעי' כ"ה, עי' ערוך השלחן אות ל"ג שהיום גם על אביו ואמו לא צריך גערה ומותר לצאת אחר השלשים.

97. כל בו שם אות כ"ד, עי' אבן יעקב סי' נ"ו שמותר לדרוש אצל הסעודה, ובשערים מצויינים בהלכה שם אות ד' מובא מגדולי הפוסקים שגם מותר לאכול שם.

98. כ"ש ממרן שליט"א.

99a. חזון למועד פרק י"ז אות ס"ח, כל בו פרק ה' סי' א' אות 33 וערוך השלחן יו"ד סי' שצ"א ס"ק י"ד.

99b. כל בו שם אות ל"ב, שו"ת מנחת יצחק ח"א סי' קי"א.

100. ש"ך שם סי' ת"ב ס"ק ה', כל בו שם אות ל"ח. ראה פרק 7 אות 66.

101. כל בו שם אות מ"א, ילקוט יוסף סי' ל"ד סעי' ו'.

102. שו"ע שם סי' ת"ב סעי' ב', אמנם בערוך השלחן אות ה' כתב שעיקר האבלות שישב על הקרקע, וכן מצאתי בגשר החיים פרק כ"ד סי' ב' אות ב' שצריך ישיבה על הקרקע אפילו כשחלצו הנעלים.

103. גשר החיים שם, עי' שו"ת יביע אומר ח"ב סי' כ"ח שצריך ישיבה של רבע שעה.

104. שו"ע שם, עי' כל בו שם אות מ"ה שעל אביו ואמו צריך לסגור החנות.

105. ראה פרק 7 אות 132.

106. שו"ע שם סעי' ג'.

107. ט"ז שם ס"ק ב'.

108. שו"ע שם סעי' ב'.

109. עי' שו"ת ישכיל עבדי ח"ז סי' מ"ב שגם בשמועה רחוקה אין גערה פחות משלשים יום, אמנם בשו"ת יביע אומר ח"א סי' כ"ו כתב שאם פגע הרגל תוך השלשים מותר להסתפר.

110. שו"ע שם סעי' א'.

111. כל בו שם אות מ"ג וגם כתב דאין לומר תחנון, עי' משנה ברורה סי' ל"ח אות ט"ז שכתב דצריך לחלוץ התפילין אם ע"י השמועה יבא לבכי.

112. שו"ת ציץ אליעזר ח"ז סי' מ"ט.

113. שו"ע שם סעי' ו'.

114. ש"ך שם סי' רמ"ו ס"ק כ"ז, כל בו שם אות כ"ט.

115. כ״ש ממרן שליט״א הואיל ואבלות י״ב חדש משום כבוד אב ואם, יש לשער שהם מוחלים על כבודם כשמכבדים בנם.
116. כ״ש ממרן שליט״א היות וחז״ל התירו דבר האבד אפילו תוך השלשים, אמנם בנוגע להשתתף בסעודה כזו כדאי להמתין עד אחר השלשים.
117. שו״ע ורמ״א שם סי׳ ר״מ סעיף ט׳, כל בו שם אות ל״ה, ע׳ יסודי ישרון ח״ה עמוד ג׳ אות 2 ואבן יעקב סי׳ מ״ט לבירור הענין.
118. כל בו פרק א׳ סי׳ ג׳ אות ב׳.
119. רמ״א שם.
120. שו״ע שם.
121. אבן יעקב שם, כל בו פרק ה׳ סי׳ ב׳ אות י׳ וגשר החיים פרק ל׳ סי׳ ט׳ אות ג׳.
122. ערוך השלחן יו״ד סי׳ שע״ו ס״ק י״ג וגשר החיים שם, ע׳ חזון למועד פרק כ״ד אות ו׳.

CHAPTER **9**

Laws of Kaddish and Prayer Services During Shloshim and Yud Bais Chodesh Periods

SECTION 1: Obligations of Reciting the Kaddish and Prayer Services

1 (a). A son[1] is obligated to say *Kaddish*[2] for a parent during the eleven months[3] commencing with the beginning of the *shiva* period,[4] or after interment.

(b). If one was a mourner saying *Kaddish* for a parent and during the eleven month period the other parent dies, one may recite *Kaddish* for the second parent during the twelfth month of the first parent.[5]

(c). If one was informed of the death during the twelfth month after the death, one should say *Kaddish* the entire month.[6] If one was informed after this time, there is no necessity to say *Kaddish*.[7]

2. A parent who had previously expressed a desire that *Kaddish* not be recited should be ignored.[8]

3. All the sons[9] must be informed of the death of a parent in order to recite *Kaddish*.[10] However, if they are already reciting the *Kaddish* for one parent and the other parent dies, then one is not obligated to inform them.[11]

4 (a). If the deceased left no sons and someone is hired or volunteered to recite *Kaddish*,[12a] that person may not say *Kaddish* for any other person[12b] and he need not mention the name of the deceased before reciting *Kaddish*[13a].

(b). One who learns *Mishnayos* for several deceased

people must learn a separate *Mishna* for each person and should mention the name of the deceased. (Refer to Chapter 8, Section 4, paragraph 4.)

(c). One may say *Kaddish* or may learn *Mishnayos* for several deceased people if a separate *Kaddish* is recited or a *Mishna* is learned for each deceased person. The name of the deceased should be mentioned before the *Kaddish* is recited.[13b]

5. One should recite *Kaddish* for a deceased who died as a result of a *Kiddush Hashem*.[14]

6. One should recite *Kaddish* for a deceased even if the death resulted from an intentional suicide if no other mourner is deprived of this *Kaddish*.[15]

7. If someone was drowned or was killed but the body was not recovered and a competent Rabbinical Court permitted the mourners to say *Kaddish*, they recite the *Kaddish* only for eleven months from when the permission was received, even if the body is later recovered and interred.[16]

8. An orphan may recite *Kaddish* for a stepfather or a stepmother if he does not deprive other mourners from a *Kaddish*.[17]

9. The obligation to recite *Kaddish* is only for a thirteen-year-old deceased male and a twelve-year-old deceased female. However, one may recite *Kaddish* for a minor if no other mourner is deprived of this *Kaddish*.[18]

10. Anyone except a son who is saying *Kaddish* should do so for eleven months and three weeks.[19]

11 (a). A son is also obligated to lead the daily services,[20] even when he must change from his usual *Nusach*.[21] He may serve as the leader even in the twelfth month if he doesn't cause other mourners to lose their turn.[22] (Refer to the laws of *shiva* regarding the leading of prayer services on *Shabbos*, *Yom Tov*, and days on which *Tachnun* is not said,[23a] Chapter 7, Section 7, paragraph 17.)

(b). A mourner has priority over one who will recite the *Slichos*.[23b]

(c). During the year of mourning, a mourner should receive *Maftir* as many times as possible.[23c]

12. One should not say *Kaddish*, even if previously requested to do so by the deceased, unless one of his parents is deceased.[24] However, one may lead the services without having a deceased parent.

SECTION 2: Priorities Among Mourners for the Recitation of the Kaddish and the Prayer Services

1. One who is in mourning for both parents has an equal obligation to recite the *Kaddish* and lead the services as a mourner for a single parent.[25]

2. A mourner during *shloshim* has priority, for leading the services and reciting the *Kaddish*, over a person who is observing a late *shloshim* as a result of being first notified of the death after the burial or because the burial did not occur on the day of death.[26]

3 (a). A mourner whose *shloshim* observance was cancelled by a *Yom Tov* still has equal privileges with other *shloshim* mourners until his thirty day period has expired although he is already observing the *Yud Bais Chodesh*.[27a]

(b). A mourner whose *shiva* observance was cancelled by a *Yom Tov*, has priority for leading the services and reciting the *Kaddish* over a person who is observing the *shloshim* period until this seven day period has expired, although he is already observing the laws of *shloshim*.[27b]

4 (a). A mourner during *shloshim* has priority over a mourner observing the *Yud Bais Chodesh*.[28a]

(b). This law does not apply when both people are hired or one volunteers to recite the *Kaddish* or lead the services for the deceased.[28b]

5. If the deceased left no sons, then all relatives are equal in regard to reciting *Kaddish* for the deceased or leading the services.[29] However, others in mourning for parents may not be deprived of all their rights. Refer to the following paragraph for further details.

6. A hired person[30a] or volunteer does not have the same rights as a mourner and must compromise concerning the recitation of *Kaddish* and leading the prayer services.[30b] However, in a *Yeshiva* or other institution, where the institution benefits from the practice of furnishing someone to say *Kaddish*, a mourner doesn't have the same rights and must compromise with the hired people of the institution.[31]

7. A non-member of a synagogue has the same privileges as a member with regard to leading the services and reciting *Kaddish* during the year of mourning[32] unless the entire congregation agrees that a member has priority over a non-member. If there is another synagogue in the vicinity where the non-member can fulfill his obligation, then the member has all the privileges.[33a]

8. In the event that there are two mourners who are in the same mourning period, they both must make their compromise as to who will say *Kaddish* and lead the service at the time of each service.[33b]

SECTION 3: Additional Laws Concerning the Kaddish

1. One may recite the *Kaddish* or lead the prayer service only when a *minyan* is present.[34]

2. A mourner may interrupt his recitation of *Pesukai Dezimrah* in order to recite the *Kaddish*.[35]

3. The *Kaddish* after the reading of the *Torah*[36] or *Megillah*[37] and after a minyan has been learning *Torah* should be recited by a mourner if one is present.[38]

4. A mourner may recite the *Kaddish* word for word together with other mourners.[39]

5. If one arrives after other mourners have already begun reciting the *Kaddish*, he should omit the *Kaddish*.40

6. A mourner who must travel for business or other compelling reasons and will not have a *minyan* to recite *Kaddish* is not required to refrain from travelling.41

SECTION 4: Additional Laws Concerning the Prayer Service

1. On the day a person concludes his obligation of saying the *Kaddish*, he should be called to the reading of the *Torah*.42

2. A mourner may be a *Baal Koreh* on *Shabbos* or *Yom Tov*,43a and read the *Megillah* on *Purim*.43b

3. On *Yom Tov*, a mourner who is a *Kohen* should leave the synagogue before the *Birchas Kohanim*44 unless he is the only *Kohen* present, in which case he should remain and participate.45 However if the mourner is the rabbi of the congregation, he does not leave at all and should participate.46

4. A mourner may not blow the *Shofar* on *Rosh HaShanah*.47

5. The laws pertaining to *lulav*, *hakafos*, and the kindling of the *Chaunukah* lights are the same as the laws pertaining to the above during the *Shiva* period.

1. עי׳ פ״ת יו״ד סי׳ שע״ו ס״ק ג׳, שו״ת מנחת יצחק ח״ד סי׳ ל׳, שו״ת משפטי עזיאל או״ח ח״ב סי׳ ג׳, כל בו פרק ה׳ סי׳ ב׳ אות 33 שאין לבת לומר קדיש.
2. ראה גשר החיים פרק ל׳ סי׳ ג׳-ד׳, כל בו שם אות א׳ ואות כ״ו בבירור המקור וטעמי תקנת הקדיש. ראה פרי ישורון ח״א עמו׳ 208.
3. רמ״א יו״ד סי׳ שע״ו סעי׳ ד׳, ראה כל בו שם אות י׳ שמביא המנהג להפסיק יום אחד קודם חדש האחרון, ובגשר החיים שם סי׳ ט׳ אות ג׳ כתב שיש אומרים קדיש דרבנן בחודש האחרון, עי׳ אבן יעקב סי׳ מ״ט ויסודי ישורון ח״א עמו׳ רכ״ד אות ט׳ לבירור הענין, ראה קונטרס לתורה והוראה חוברת י׳ עמו׳ ו׳ שמרן שליט״א כתב דאין לומר אף קדיש דרבנן בחודש האחרון אמנם הקדיש שאומרים אחר סיום מסכת יכול לאומרו.
4. נקה״כ שם, ראה גשר החיים שם אות י׳ שכתב דחושבין י״א חדש משעת הקבורה גם לפי שיטת הט״ז, עי׳ יסודי ישרון שם אות ט׳ בבירור הענין.
5. כל בו שם אות 18, עי׳ גשר החיים שם אות ח׳ שכתב שיפסיק ביום ראשון ואחרון בחדש הי״ב של מת הראשון. ראה נועם חלק י״ח עמו׳ ש״י.
6. כ״ש ממרן שליט״א, עי׳ גשר החיים שם אות ו׳ שכתב דביום האחרון של החדש אין לומר קדיש אם לא ששמע באותו יום.
7. יסודי ישרון שם אות ט׳, עי׳ כל בו שם אות כ״ו שכדאי לומר קדיש גם אחר השנה אם לא שמע קודם שנגמר שנת האבלות.
8. אבן יעקב סי׳ מ״ז, עי׳ כל בו שם אות א׳ שכתב דצריך לקיים צוואתו. ראה שו״ת יביע אומר ח״ו יו״ד סי׳ ל״א לבירור הענין.
9. כל בו שם אות 24.
10. רמ״א שם, כל בו שם אות א׳.
11. כל בו שם אות 6, עי׳ שו״ת ציץ אליעזר ח״ז סימן מ״ט שקדיש אחד עולה לשניהם אפילו להסוברים שבאנשים אחרים אין הדין כן, עי׳ עוד פרי ישרון עמו׳ 220 שכתב דצריך להודיע שיאמר קדיש בשביל מת אחר.

12a. עי׳ שו״ת ישכיל עבדי ח״ז סי׳ ד׳ (השמטות) שמותר לומר קדיש על אשתו הראשונה הגם שיש לו כעת אשה אחרת.

12b. שו״ת אגרות משה יו״ד ח״א סי׳ רנ״ד, אמנם בשו״ת ציץ אליעזר ח״ז סי׳ מ״ט ואבן יעקב סי׳ נ׳ התירו, עי׳ שו״ת מנחת יצחק ח״ג סי׳ קמ״ד שצריך הנשכר להודיע למשכיר שכבר נשכר לאחר, וכעת מצאתי בשו״ת חלקת יעקב ח״ג סי׳ קנ״ג שאבל על אביו ואמו אל יאמר קדיש בחדש הי״ב על מת אחר היות ויש בזה בזיון להוריו, עי׳ נועם חלק כ״ג עמו׳ רכ״ח שכתב דאין להתפלל עבור אחד מהוריו ונפטר אחר.

a13. ראה כל בו שם אות כ״ג שצריך לומר לפני אמירת הקדיש לטובת פלוני בן פלוני.

b13. ראה אותיות 12-13, עי׳ שו״ת דברי ישראל או״ח סי׳ מ״ו שכתב דצריך לומר שם הנפטר ושם אביו.

14. כל בו שם אות כ״ה, פרי ישורון ח״א עמו׳ 236.

15. גשר החיים פרק כ״ה סי׳ ב׳ אות ז׳, יסודי ישרון שם אות ד׳, עי׳ שו״ת ציץ אליעזר ח״י סי׳ מ״א שכתב דחייב לומר קדיש עבור ישראל מומר שמת על מטתו, אמנם בגשר החיים פרק ל׳ סי׳ ח׳ אות י׳ מסיק כדברי הש״ך שאין לומר עליו קדיש, עי׳ עוד שו״ת יביע אומר חלק ו׳ סי׳ ל״ו שכתב דצריך לומר קדיש אף על המאבד עצמו לדעת.

16. כל בו שם אות ט׳, עי׳ גשר החיים שם סי׳ ט׳ אות י״א בבירור הענין.

17. לקוטי מאיר פרק י״ז סי׳ ב׳, כל בו שם אות כ״ב, עי׳ עוד פרי ישורן עמו׳ 240.

18. פ״ת שם ס״ק ג׳, כל בו אות כ׳ ואות 32, שו״ת ציץ אליעזר ח״ז סי׳ מ״ט, עי׳ גשר החיים שם סי׳ ח׳ אות ט׳ שכתב דאם הקטן הי׳ בר דעת צריך לומר עליו קדיש. עי׳ עוד פרי ישורון ח״א עמו׳ 237 ושו״ת להורות נתן ח״ו סי׳ ק״ב.

19. כל בן שם אות 19, אולם בגשר החיים שם סי׳ ט׳ אות ד׳ כתוב שיאמר קדיש שנה שלימה. ועי׳ יסודי ישרון ח״א עמו׳ רכ״ה שדינו כאבל ממש. שוב מצאתי בקונטרס לתורה והוראה חוברת י׳ עמו׳ ו׳ שכתב מרן שליט״א שלמחלל שבת צריך לומר קדיש שנה שלמה ועי׳ עוד עמו׳ ט׳.

20. רמ״א שם.

21. כל בו שם אות 8.

22. כ״ש ממרן שליט״א הואיל ועל המנהג להפסיק אמירת הקדיש בחדש הי״ב מפקפקים הרבה מגדולי הפוסקים וגם יש לו אמתלא שהוא כסתם איש שמתפלל לפני העמוד. עי׳ חזון למועד פרק כ״ד אות ו׳ ועי׳ כל בו פרק ה׳ סי׳ ב׳ אות י׳ אולם ברמ״א יו״ד סי׳ שע״ו סעי׳ ד׳ כתוב דאין מתפללים ראה קונטרס לתורה והוראה שם עמו׳ י׳.

a23. ראה פרק 7 אות 253-258.

b23. מטה אפרים סי׳ תקפ״א סעי׳ ל״א אולם במג״א סי׳ תקפ״א ס״ק ז׳ כתב שהוא קודם לאבל ולמי שיש לו יארצייט, עי׳ ערוך השלחן שם ס״ק ו׳ ושערים מצויינים בהלכה — הוספות — סי׳ קכ״ח אות ו׳.

c23. רמ״א יו״ד סי׳ שע״ו סעי׳ ד׳ וראה שו״ת רבבות אפרים ח״ה סי׳ תקנ״ו לבירור הענין וראה עוד שו״ת ציץ אליעזר חלק ט״ז סי׳ ל״א.

24. כל בו שם אות 37. עי׳ פרי ישורון ח״א עמו׳ 237 וראה פ״ת יו״ד שע״ו ס״ק ד׳ ורמ״א או״ח סי׳ קל״ב סעי׳ ב׳, עי׳ עוד רמ״א שם שכתב דאם אין אביו ואמו מקפידין דיכול לאומרו אפילו מי שיש לו הורים אמנם שמעתי ממרן שליט״א דהיום לא נוהגים כן ועי׳ שו״ת יביע אומר ח״ג יו״ד סי׳ כ״ו.

25. כל בו שם אות 24, עי׳ נועם חלק כ״ג עמו׳ רכ״ז שלאבל על אביו יש קדימה לגבי אבל על אמו.

26. כ״ש ממרן שליט״א הואיל ומעיקר התקנה חייב להתפלל ולומר קדיש מיום המיתה ורק משום אנינות פטור עד הקבורה ולכן אבל שהוא תוך ל׳ מיום המיתה עדיף ממנו.

a27. גשר החיים שם סי׳ י׳ אות ב׳, ראה ש״ך יו״ד סי׳ שע״ו ס״ק ח׳, משנה ברורה סי׳ תקמ״ח אות נ״ב.

b27. ראה אות a27.

a28. ש״ך ס״ק י׳, גשר החיים שם אות ב׳.

b28. כ״ש ממרן שליט״א אולם ראוי ליתן זכות התפילות לשכיר שהוא תוך השלשים.

29. עי׳ פ״ת שם ס״ק ז׳ שראוי ליתן קדיש לבן בנו, אמנם בשו״ת תשובה מאהבה המובא שם מסתפק בכמה פרטים בנוגע להנ״ל ומסיק שאין להאריך בדבר שאין לו שורש בש״ס. ראה בית הילל סי׳ שע״ו.

a30. עי׳ מג״א סי׳ קל״ב ס״ק ב׳ שכתב דיש יותר זכות שיאמר איש אחר קדיש בשכר משיאמר אחד בחנם.

b30. שו״ת אגרות משה יו״ד ח״ב סי׳ קע״ג אמנם בפ״ת שם וכן גשר החיים שם אות ז׳ כתב דשכיר או אפילו קרוב נדחה מפני מי שהוא אבל על אביו או אמו, והנה יש להסתפק כשאין לנפטר בן, האם השכיר צריך לעשות פשרה עם יתר האבלים (אב או אח) כשהם בתוך השלשים, ראה שו״ת אגרות משה שם בדבר אבל ששלח שלוחו לומר קדיש ולהתפלל במקומו.

31. כ״ש ממרן שליט״א.

32. גשר החיים שם אות ט׳.

a33. כ״ש ממרן שליט״א.

b33. קונטרס לתורה והוראה חוברת י׳ עמו׳ ה׳.

34. ראה פרק 5 אות 59, עי׳ כל בו שם אות י״ח אם מותר לצרף קטן למנין.

35. כל בו שם אות ט״ז, עי׳ שערי תשובה סי׳ נ״א ס״ק ג׳.

36. כל בו שם אות י״ט, גשר החיים שם סי׳ ח׳ אות ב׳.

37. גשר החיים שם סי׳ ז׳ אות ג׳.

38. מג״א או״ח סי׳ ס״ט ס״ק ד׳, אולם בגשר החיים שם סי׳ ח׳ אות י״א כתב שבדיעבד יש לסמוך על הט״ז לומר קדיש אחר למודו כשיש שם מנין.

39. פ״ת שם ס״ק ו׳, כל בו שם אות ט״ו, גשר החיים שם סי׳ י׳ אות י״ב, פרי ישורון ח״א עמו׳ 250. עי׳ שו״ת ציץ אליעזר ח״ט סי׳ ט״ו שלכתחלה אין לומר קדיש ביחד וע״ע שו״ת רבבות אפרים או״ח ח״ג סי׳ פ׳.

40. גשר החיים שם, עי׳ שו״ת חלקת יעקב ח״ב סי׳ קל״ח שכתב דמותר לומר קדיש הגם שלא שמע או אמר שום מזמור קודם אמירת הקדיש, ע״ע שו״ת דברי ישראל או״ח סי׳ מ״ו שכתב דמותר לומר קדיש יתום אף שבא לבית הכנסת אחר שאמרו עלינו לשבח.

41. ראה פרק 8 אות 116, עי׳ דרכי החיים סי׳ ל״ג אות י״א שכתב דצריך לשכור איש אחר שיאמר קדיש בעבורו.

42. כל בו שם אות י״ב.

43a. כ״ש ממרן שליט״א שאין דומה לתפלה שמביא לידי שמחה.

43b. ראה פרק 7 אות 199, עי׳ משנה ברורה סי׳ תרצ״ב שכתב דאחר יברך הברכות כשהאבל קורא להוציא הרבים וע״ע בארחות חיים סי׳ תרצ״ו ס״ק ה׳.

44. רמ״א או״ח סי׳ קכ״ח סעי׳ מ״ג.

45. כל בו שם סי׳ א׳ אות ל״ו, עי׳ יסודי ישרון ח״ב עמו׳ ע״ז לבירור הענין, עי׳ עוד משנה ברורה סי׳ קכ״ח אות קנ״ט שכתב דאם אין שם שני כהנים חוץ מהאבל דמותר האבל לישא כפיו אולם במג״א שם ס״ק ס״ו כתב שלא יעלה אבל לדוכן אפילו אם אין שם כהן אחר, ראה קונטרס לתורה והוראה חוברת י׳ עמו׳ ה׳ שכתב דאם אמר לו ביחוד לעלות או אם אין שם אלא שני כהנים וקרא השליח צבור כהנים דצריך לישא את כפיו.

46. כ״ש ממרן שליט״א הואיל וחשוב בפרהסיא אם הרב יצא מבית הכנסת.

47. קש״ע סי׳ קכ״ח סעי׳ ח׳, כל בו שם, עי׳ מטה אפרים סי׳ תקפ״ה סעי׳ ז׳ שמותר כשיש לו חזקה של כמה שנים או שהוא הגון ביותר, ועי׳ עוד כף החיים, או״ח סי׳ תקפ״ט ס״ק ד׳.

CHAPTER 10

Laws Pertaining to the Monument

SECTION 1: Services for the Erection of the Monument

1 (a). A monument should be erected as soon as possible after the *shiva* has concluded.[1] However, one should not schedule the service on a day when *Tachnun*[2a] is not recited, or within thirty days before *Yom Tov*.[2b]

(b). A metal plate may not be placed in front of a grave as a substitute for a monument.[2c]

2. The service of the formal erection of the monument should consist of the following:

(a) recitation of several chapters of the Psalms.[3]

(b) recitation of the Mourner's *Kaddish*, if there is a *minyan* present.[4a] Refer to paragraph 3 and the mourner's *Kaddish* is recited even during the twelfth month after interment.[4b]

(c) eulogy[5].

(d) *Molei Rachamim*.[6] (Refer to Chapter 12, Section 3, paragraphs 19–23.)

3. If one learns *Mishnayos* at a gravesite, one should stand at least seven and a half feet from the grave.[7]

4. Unveiling of the stone has no origin in Jewish tradition.

5. Although one has remarried, one may still attend the service for a deceased spouse.[8]

SECTION 2: General Laws

1 (a). When inscribing the Hebrew dates of birth and

Laws Pertaining to the Monument   147

death, it is advisable to avoid mentioning the English dates.[9] However, if one insists, it is permissible to also include these dates.[10a]

(b). No numbers may be placed on a monument to indicate the location of the grave in the cemetery.[10b]

2 (a). If an additional name was given for reasons of ill health, it should be inscribed on the monument only if the deceased regained his health for thirty days after receiving the name.[11a] (Refer to Appendix.)

(b). The name of the deceased and the father's name should be inscribed on the monument.[11b]

3. It is advisable not to mount a photograph of the deceased on the monument.[12]

4. A person should not erect a double monument while only one grave is being used.[13]

5 (a). It is prohibited to derive any benefit from the monument. Therefore, one may not step, sit, lean on, or sell a monument.[14] One may donate a monument for a poor person's grave.[15]

(b). One may benefit from a monument belonging to a non-Jew.[16]

6. One may photograph a monument.[17]

7. If one must erect two monuments for both parents, he may erect either one first. However, if one can only afford to erect one monument, then the parent who dies first should have the monument first.[18]

8. A monument which was set aside for a parent may not be erected for a son.[19]

9. If a monument was erected for a parent and then a son or daughter died and the body cannot be located, it is permissible to add the name of the son or daughter to the parent's monument.[20] The same is true for a missing body of any other immediate relative.

10 (a). If one purchases a double stone and after the second person was interred, there was not enough space to write an appropriate inscription, no erasure of the first per-

son's inscription is permitted. One may only use smaller letters to make the second inscription.[21]

(b). Likewise, when repairing a stone or replacing it with a new one, none of the praise written about the deceased may be erased or omitted.

11. If the remains of several people are buried in a common grave, one may not add the names of other people buried there to the monument of one of the other people.[22]

12. If the deceased previously requested that no monument be erected, the family should merely erect a small simple stone.[23]

13. There is no obligation to erect a monument for a minor until an age when it is generally accepted to do so.[24]

14. One may erect a monument to honor a deceased whose grave is not known.[25]

15 (a). The planting of flowers or trees at a grave site is forbidden.[26] However, it is permissible to plant the area with grass and keep the plot clean and free of weeds.[27a]

(b). The relatives of the deceased are not obligated to do so unless it was previously agreed upon.[27b]

1. כל בו פרק ה׳ סי׳ ג׳ אות ב׳, שו״ת מנחת יצחק ח״ד סי׳ ק״ז, אבן יעקב סי׳ מ״ד וראה שו״ת יביע אומר ח״ד יו״ד סי׳ ל״ג.

2a. שו״ת מנחת יצחק ח״ג סי׳ נ״א־נ״ב.

2b. כל בו שם אות ז׳.

2c. שו״ת אגרות משה יו״ד ח״ג סי׳ קנ״ד.

3. ראה פרק 12 אות 62.

4a. ראה שם אות 63, עי׳ שו״ת יחוה דעת ח״ו סי׳ ה׳.

4b. כ״ש ממרן שליט״א משום דהמנהג שלא לומר קדיש בחודש זה אינו אלא בשעת התפלה.

5. כל בו שם אות ז׳.
6. ראה פרק 12 אות 63.
7. ראה פרק 5 אות 16 ופרק 2 אות 38.
8. שו״ת שרידי אש ח״ב סי׳ קל״ו.
9. גשר החיים פרק כ״ח סי׳ ג׳ אות ד׳, כל בו שם אות ה׳, שו״ת ציץ אליעזר ח״י סי׳ ל״ו ושו״ת דברי ישראל יו״ד סי׳ כ׳.

a10. כל בו שם, עי׳ שו״ת ציץ אליעזר ח״ח סי׳ ח׳ וח״ט סי׳ י״ד שידקדק לכתוב בסמוך גם התאריך העברי.

b10. שו״ת אגרות משה יו״ד ח״ג סי׳ קי״ז.

a11. כל בו שם אות ט׳, גשר החיים שם אות ג׳, עי׳ שו״ת חלקת יעקב ח״א סי׳ קס״ה שבאיש אין להזכיר השם כל זמן שלא עלה לתורה.

b11. גשר החיים פרק כ״ח סי׳ ג׳ אות א׳.

12. כל בו שם אות ד׳.
13. שו״ת אגרות משה יו״ד ח״ב סי׳ קנ״ג, אמנם בכל בו שם אות ח׳ כתב שמותר וכן מצאתי בשו״ת רבי עזריאל סי׳ רנ״ח.
14. רמ״א יו״ד סי׳ שס״ד סעי׳ א׳, ש״ך ס״ק ג׳, פ״ת ס״ק ג׳, והלום ראיתי בגשר החיים פרק כ״ז סי׳ ג׳ אות ג׳ שמצבה העומד בצד הקבר כמנהגנו, אסורה בהנאה רק מדרבנן משום כבוד המת, ועי׳ אבן יעקב סי׳ ל׳ בבירור הענין. עי׳ גליון מהרש״א סי׳ שס״ד ושו״ת אגרות משה ח״ג סי׳ קנ״ד, עי׳ עוד מנחם אבלים עמו׳ מ״ב שכתב דאם לא הניחוה כתיקונה ועדיין שם המת לא נכתב עליה דמותר למוכרה.
15. שו״ת אגרות משה יו״ד ח״א סי׳ רמ״ה וסוף סי׳ רכ״ח, גשר החיים שם אות ט״ו, כל בו שם אות ט״ז, שו״ת ישכיל עבדי ח״ו סי׳ כ״ב ושו״ת יביע אומר יו״ד ח״ו סי׳ ל״ו.
16. כל בו שם אות י״ט.
17. כל בו שם אות י״ד.
18. כ״ש ממרן שליט״א והטעם משום דהדין שהוא ואמו חייבים בכבודו אינו לאמר מיתה וממילא חייב להקים מצבה למי שמת ראשון, עי׳ כל בו שם אות י״ב שכתב דתמיד יש להקדים את של אביו.
19. כל בו שם אות 4.
20. כ״ש ממרן שליט״א הואיל וזה לכבודו שיהי׳ זכרון לבנו או לבתו.
21. שו״ת אגרות משה יו״ד ח״א סי׳ רכ״ח, אמנם בכל בו שם אות כ״א כתב דמותר למחוק קצת מהשבחים.
22. כ״ש ממרן שליט״א והטעם דאולי יש לו הקפדה ועוברים באיסור גזל.
23. כל בו שם אות י״ג.
24. גשר החיים פרק י״ב סי׳ ו׳ אות י״ג.
25. שו״ת משפטי עזיאל יו״ד ח״ב סי׳ כ״ב, שו״ת מערכי לב סי׳ מ״ב, אולם בשו״ת מנחת יצחק ח״א סי׳ כ״ט כתב שאין לעשות כן.

26. כל בו פרק ג׳ סי׳ א׳ אות ט״ז, שו״ת מנחת יצחק ח״א סי׳ ל״ב, עי׳ שו״ת ציץ אליעזר ח״ז סי׳ מ״ט פרק י״ב דיש מקומות שלא נהגו איסור בנטיעת אילנות שם. ראה שו״ת שרידי אש ח״ג סי׳ קי״א ושו״ת יביע אומר ח״ג יו״ד סי׳ כ״ד.

a27. גשר החיים פרק כ״ז סי׳ א׳ אות ב׳ ועי׳ שו״ת אגרות משה יו״ד ח״ג סי׳ קנ״ד.

b27. שו״ת אגרות משה יו״ד ח״ג סי׳ קנ״ד.

CHAPTER **11**

Laws of Yizkor

1. *Yizkor* is recited at the following times:[1] *Yom Kippur*, *Shemini Atzeres*, the last day of *Pesach*, and the last day of *Shevuos* even when one of these days occurs on a *Shabbos*.[2]

2 (a). *Yizkor* must be recited for a deceased parent.[3] In addition, *Yizkor* may also be recited for all deceased relatives and friends[4] if the person reciting *Yizkor* has a deceased parent.[5]

(b). The name of the deceased and his or her father's name should be mentioned.[6]

3. It is preferable to recite *Yizkor* with a *minyan* but it may be recited alone if no *minyan* is available.[7] It is strictly forbidden to violate any halachic (religious) precept merely to recite *Yizkor* with a *minyan*.

4. *Yizkor* is recited in the synagogue after the reading of the Torah portion. When praying alone, one should recite *Yizkor* before *Av Ha'Rachamim*.[8] If *Yom Tov* coincides with *Shabbos*, *Yizkor* is recited after *Yekum Purkon*.

5. *Yizkor* should be recited during the first year after the death.[9]

6 (a). When mentioning several names, parents should receive precedence. If both parents are deceased, either may be mentioned first.[10]

(b). Names of men and woman may be mentioned together.[11] However, suicides and other known sinners should be mentioned separately.[12]

7. A person with both parents alive should not remain in

the synagogue while *Yizkor* is being recited. A cantor may remain in order to lead the services.[13]

8. One who already is allowed to say *Yizkor* for a deceased parent may also say *Yizkor* for a deceased spouse, even after remarriage.[14]

9 (a). One who resides in Israel but is temporarily outside Israel during a *Yom Tov*, should recite *Yizkor* on the eighth day of *Pesach* or the second day of *Shevuos*.[15a]

(b). One who resides outside Israel but is temporarily visiting there during *Yom Tov*, should recite *Yizkor* on the seventh day of *Pesach* or the first day of *Shevuos*. However, if a *Yom Tov* minyan is available on the eighth day of *Pesach* or the second day of *Shevuos*, one may recite *Yizkor* with this *Minyan*.[15b]

10. One is not obligated to recite *Yizkor* for a minor although it is traditionally accepted to do so.[16]

11. One should light a candle for the deceased.[17] (Refer to laws of the *Yahrzeit* for details as to the type of candles permitted and the proper time of kindling. Chapter 12, Section 3, paragraphs 13 and 16.)

1. גשר החיים פרק ל"א סי' ב' אות ד', כל בו פרק ה' סי' ד' אות כ"ז. עי' שו"ת ציץ אליעזר חלק י"ב סי' ל"ט לבירור הענין.
2. כל בו שם אות כ"ט.
3. כל בו שם אות ל"ג.
4. גשר החיים שם אות ג'.
5. ראה אות 13.
6. גשר החיים שם אות י', יסודי ישרון ח"ד עמו' תל"ז.
7. כל בו שם אות ל'.
8. כ"ש ממרן שליט"א.
9. גשר החיים שם אות ז', וגם סובר שאפילו מת ביום טוב ועדיין לא נהג אבלות

גם כן מזכירין נשמתו, עי׳ כל בו שם אות ל״ו ועי׳ עוד שו״ת ציץ אליעזר חלק י״ד סי׳ נ״ט.

10. ראה פרק 12 אות 66.

11. כל בו שם אות ל״ב, אבל כדאי לסדר אנשים לבד ונשים לבד.

12. כ״ש ממרן שליט״א, אמנם בכל בו שם אות ל״א כתב שמותר להזכירם בין שאר המתים.

13. כל בו שם אות כ״ט. שו״ת ציץ אליעזר שם, שו״ת רבבות אפרים או״ח ח״א סי׳ שמ״ב.

14. כל בו שם אות ל״ד, גשר החיים שם אות ט׳.

15a. שו״ת אגרות משה או״ח ח״ג סי׳ צ״ב.

15b. כ״ש ממרן שליט״א ועי׳ שו״ת רבבות אפרים או״ח ח״א סי׳ שמ״ב לבירור הענין.

16. גשר החיים שם אות ח׳, וראה בפרק י״ב סי׳ ו׳ אות י״ד שכתב דמותר להזכיר נשמות אפילו עבור הנפלים.

17. גשר החיים שם פרק ל״א סי׳ ב׳ אות ה׳.

CHAPTER 12

Laws of Yahrzeit

SECTION 1: Laws Concerning for whom Yahrzeit is Observed

1. One is only obligated to observe the *Yahrzeit* for parents[1] but one may observe the *Yahrzeit* of other relatives, especially when they have left no children.

2. One who is remarried may observe the *Yahrzeit* of a deceased spouse as long as the present spouse is unaware of the practice,[2] e.g. no *Yahrzeit* candle should be lit in the home.

3. There is no obligation to observe *Yahrzeit* for a minor.[3]

SECTION 2: Laws Pertaining to the Fixing of the Yahrzeit Day

1. *Yahrzeit* is generally observed on the yearly anniversary of the day of death.[4] However, if interment took place three days or more after death then the *Yahrzeit* of the first year only is observed on the anniversary of the interment.[5] Any subsequent *Yahrzeit* is dated from the day of death.

2 (a). If the burial was delayed until the third day after death or longer and the deceased is then buried in a different city, the *Yahrzeit* observer may observe the first *Yahrzeit* from the day he stopped travelling with the deceased. If other children did travel with the deceased to the interment site, then all the children should observe the first *Yahrzeit* from the day of interment if they live in the same city.[6a]

(b). If the majority of the children did not travel with the deceased, the first *Yahrzeit* is observed on the day that the deceased was removed from the city.[6b]

3 (a). When death occurs after sunset, the *Yahrzeit* is observed from the following day.[7] Similarly, when there is doubt as to the exact day of death, the latter day is observed.[8]

(b). In the case of doubt, the person observing the *Yahrzeit* cannot deprive a mourner or another *Yahrzeit* observer from leading the services or saying the *Kaddish*.[9]

4. If death occurred before sunset, but after an early *Maariv*, the *Yahrzeit* is still observed on the same day as the death.[10]

5. If the day of death is unknown, the *Yahrzeit* is observed from the day of interment.[11] (Refer to paragraph 3b.)

6. If it is not possible to determine the exact day of death or the day of interment, the *Yahrzeit* observer should choose a certain day.[12] This day may not be the same day as the *Yahrzeit* of the other parent,[13] and this person cannot deprive a mourner or another *Yahrzeit* observer from leading the services or reciting the *Kaddish*.[14]

7. If death occured in a different time zone, the *Yahrzeit* is kept according to the date in the place where death occurred.[15]

8. If death occurred in the month of *Adar* in a year which was not a leap year, *Yahrzeit* should be observed in both months of *Adar* in a leap year.[16] If the *Yahrzeit* in the first month of *Adar* was kept on the day of interment, in the second *Adar*, the *Yahrzeit* is kept according to the day of death.[17]

9. If death occurred on the first day of *Rosh Chodesh Kislev* or *Teves* which is the thirtieth day of the previous month, and in the following year there is only one day *Rosh Chodesh* (i.e. no thirtieth day), *Yahrzeit* is observed on *Rosh Chodesh*.[18a] Similarly, if death occurs on the thirtieth day of the first month of *Adar* and the following year is not a leap

year, when *Adar* has only twenty-nine days, the *Yahrzeit* is observed on *Rosh Chodesh Nisson*.[18b]

10. If death occurred in a year when there is only one day *Rosh Chodesh Kislev* or *Teves*, then in a year in which there are two days *Rosh Chodesh*, the *Yahrzeit* is observed on the second day of *Rosh Chodesh*.[19]

11 (a). If death occurred during a leap year, the *Yahrzeit* is subsequently always observed in the same month and on the same day that the death[20] occurred even if thirteen months have elapsed.[21a]

(b). If the death occurred during a leap year in the month of *Adar*, the *Yahrzeit* is observed in the same month that the death occurred in any leap year thereafter.[21b]

12. If death occurs on the first day of *Rosh Chodesh Adar* (which coincides with the thirtieth day of *Shevat*) and the following year is a leap year, the *Yahrzeit* is only observed on the first day of the first month of *Adar*.[22]

SECTION 3: Laws Concerning One's Conduct on a Yahrzeit

1. On the first *Yahrzeit*, the laws of *Yud Bais Chodesh* apply.[23] On subsequent years, one need only refrain from attending weddings on the *Yahrzeit*.[24]

2. In a leap year, the *Yahrzeit* is observed on the day the parent died (even though there are thriteen months in that year).[25] However, the laws of mourning on the *Yahrzeit* day do not apply, even on the first *Yahrzeit*.[26]

3. One should not get married on a *Yahrzeit* day.[27] However, one may get married on a day which would necessitate the *Yahrzeit* occurring on one of the seven festive days.[28]

4 (a). One should fast during the *Yahrzeit* day between the *Amud HaShachar* and nightfall.[29] Those who are unable to fast should abstain from eating meat and drinking wine.[30]

(b). One may fast on a *Yahrzeit* occurring on the day before *Chaunkah* or *Purim*.[31]

5. Attendance at a *siyyum* does not abrogate a son's responsibility to fast on a *Yahrzeit*, if it is his normal practice to fast.[32]

6. If the *Yahrzeit* occurs on a day when *Tachnun* is omitted, the son or daughter should not fast.[33]

7. A father, *Mohel*, and *Sandek* should not fast if the *Yahrzeit* was on the day of the *Bris*.[34]

8. A father and a *kohen* participating in a *Pidyon HaBen* should not fast.[35]

9. A bride or groom should not fast if a *Yahrzeit* occurs during the seven festive days.[36]

10 (a). On the *Shabbos* before the *Yahrzeit*, the son should receive *Maftir*[37] or at least an *Aliyah* and the *Molei Rachamim* for the deceased is said after the Torah reading at the *Mincha* service.[38] The son should lead the service during *Musaf* and also the Saturday night *Maariv*[39] service if there is no mourner present.[40a]

(b). If the *Yahrzeit* occurs after *Yom Tov*, the mourner should receive *Maftir* on *Yom Tov* and not on the previous *Shabbos*.[40b]

(c). If the *Yahrzeit* occurs on a *Shabbos* or *Yom Tov*, the son should receive *Maftir* on that day. He is not required to receive *Maftir* or lead the *Musaf* services the week before.[41]

11 (a). On the day of the *Yahrzeit*, the son should lead the services beginning with *Maariv* and concluding with *Mincha*. He should also recite the *Kaddish* on the day of the *Yahrzeit*.[42] (For further details concerning this law refer to Chapter 7, Section 7, paragraph 17.) If the Torah is read on that day, he should be called to the Torah[43] and the *Molei Rachamim* should be said. If the Torah is not read, then he should receive an *Aliyah* on the day closest to the *Yahrzeit* when the Torah is read.[44a]

(b). *Tachnun* should be recited even on a day when one is observing a *Yahrzeit* for a great Torah scholar.[44b]

(c). The son of the deceased should lead the services even if there are mourners during the *shloshim* also in attendance.⁴⁵ It does not matter if the son is not a member of the congregation and the mourners are members, if this is the only synagogue in the vicinity. However, if the members of the synagogue adopted a rule that a non-member has no rights when a member is in mourning, then the mourner takes precedence.⁴⁶ᵃ

(d). A mourner who is observing a *Yahrzeit* in both *Adar* months of a leap year for a death which occurred in a non-leap year during the month of *Adar*, does not have priority over a mourner or one observing a definite leap year *Yahrzeit* for reciting *Kaddish*⁴⁶ᵇ or leading the prayer services.⁴⁶ᶜ

(e). Even when mourners are present, a person who is hired to observe the *Yahrzeit* should lead the services.⁴⁷ A person observing the *Yahrzeit* for his parents has priority over a hired person,⁴⁸ or an adopted son.

(f). A person observing the *Yahrzeit* on time has priority for saying *Kaddish* and leading the services over a person observing a late *Yahrzeit* in the first year (as a result of the interment occurring on the third day after death or later),⁴⁹ or if the day of *Yahrzeit* is in doubt because the actual day of death is not known.⁵⁰

(g). In the event of a conflict, all parties concerned should come to a compromise. (Refer to Chapter 9, Section 2, paragraph 8 for further details.)

12. In the event that there is no *minyan* available or the son forgets to observe the *Yahrzeit*, then another day should be chosen to observe the *Yahrzeit* for that year.⁵¹

13 (a). A candle should be lit for the duration of the *Yahrzeit*. When several children live in one apartment, one candle is sufficient. If one is observing more than one *Yahrzeit*, a separate candle should be lit for each deceased. The candles should be allowed to go out by themselves.⁵²

(b). If the *Yahrzeit* is on *Shabbos* or *Yom Tov*, the candles must be kindled before the day begins. If the *Yahrzeit* is on the second day of *Yom Tov*, the candle may be kindled only if enough light is produced so that some benefit is derived from it.[53]

(c). During the time between sunset and nightfall before *Shabbos* or the first day of *Yom Tov*, a non-Jew may be asked to kindle the *Yahrzeit* candle if one neglected to do so earlier.[54]

14. Candles should also be kindled during the services.[55]

15. A candle should be kindled for the deceased before *Yom Kippur*.[56]

16. The candle should consist of a wick and parrafin.[57] A flashlight or a gas lamp is permissible if it is movable.[58]

17. One should visit the gravesite on the *Yahrzeit*[59] except when it falls on a day when *Tachnun* is not recited. In such a case, the visit should be made on the day before the *Yahrzeit*.[60] One is not obligated to incur a great expense in order to visit the gravesite.[61]

18. At the gravesite, one should recite selections from the Psalms,[62] the *Molei Rachamim*, and if there is a *minyan* present,[63a] also the *Kaddish*.[63b] One may learn *Mishnayos*[64] if one stands at least seven and a half feet from the grave.[65] (Refer to Chapter 10, Section 1, paragraph 3 and Chapter 5, Section 4, paragraph 1.)

19 (a). One who visits the gravesites of both parents or recites *Molei Rachamim* for both parents may mention either parent first.[68a]

(b). When reciting a *Molei Rachamim*, the name of the deceased and his or her father's name should be mentioned.[66b]

20. One may mention several deceased relatives in one *Molei Rachamim*.[67] However, one should mention parents in a separate *Molei Rachamim*.[68]

21. One who has parents may recite the *Molei Rachamim*.[69]

22. The *Molei Rachamim* should not be said on a day when *Tachnun* is not recited.[70] During the *Shabbos* when the

blessing of the new moon is said, this prayer may only be recited at the *Mincha* services. (Refer to the laws concerning the days when *Tzidduk HaDin* may not be recited,[71] Chapter 5, Section 4, paragraph 5.)

23. There is no obligation to recite the *Molei Rachamim* for a deceased minor.[72]

24. When leaving the gravesite, it is customary to leave a pebble or some grass on the monument.[73]

25. One may not visit the same grave twice in one day[74] unless one specifically intended to return there before leaving the cemetery.[75]

1. רמ״א יו״ד סי׳ שע״ו ס״ק ד׳.
2. כל בו פרק ה׳ סי׳ ד׳ אות ל״ד, עי׳ שו״ת ציץ אליעזר ח״ח סי׳ ל״ד שכתב דגם שלא בפני׳ אין להזכיר נשמת אשתו שמתה, ואם רוצה לזכות את נשמתה צריך לשכור אחר לשמור היאָרצייט.
3. שו״ת ציץ אליעזר ח״ז סי׳ מ״ט.
4. רמ״א שם סי׳ ת״ב סעי׳ י״ב.
5. ש״ך שם ס״ק י׳, ראה שו״ת יביע אומר ח״ה סי׳ ל״ב שאפילו בשנה ראשונה שומרים היאָרצייט ביום המיתה, עי׳ כל בו שם אות ב׳, וכעת מצאתי בשו״ת חלקת יעקב ח״א סי׳ קל״ב שפוסקים כדברי הש״ך רק אם יש ג׳ ימים שלמים מיום המיתה וראה עוד שו״ת אגרות משה יו״ד ח״ג סי׳ קס״ו ומשנה ברורה סי׳ תקס״ח אות מ״ד וקונטרס לתורה והוראה חוברת י׳ עמו׳ ח׳.

6a. כ״ש ממרן שליט״א שלא יהי׳ חוכא ואטלולא אם אחד יתפלל ויתענה ביום ההוא והשני ביום שלאחריו.

6b. כ״ש ממרן שליט״א.

7. כל בו שם אות ב׳, שו״ת אגרות משה יו״ד ח״ג סי׳ קנ״ט, עי׳ גשר החיים ח״ב פרק כ״ח אות ח׳ שכתב דבשנה הראשונה צריך לשמור היארצייט ביום הקבורה; ובשאר השנים ישמור את היארצייט ביום המוקדם לבין השמשות אם מת 17 דקות אחר השקיעה.
8. שו״ת לב ארי׳ ח״ב סי׳ י״ב, עי׳ כל בו שם אות 19 שיתענה ביום הראשון וכן מצאתי בשו״ת חלקת יעקב ח״ב סי׳ צ״ז, עי׳ חכמת אדם כלל קע״א סעי׳ י״ג ושו״ת אגרות משה יו״ד ח״ג סי׳ קנ״ט. שוב מצאתי בשו״ת מנחת יצחק ח״ז

סי׳ ק״ג שכתב דאם מצא המת כמה שעות אחר השקיעה והגופה היתה קרה דקובעים היארצייט ביום שלפניו ואם לאו קובעים אותו ביום זה.

9. כל בו שם.

10. כל בו שם אות ב׳, פ״ת יו״ד סי׳ שע״ה ס״ק ו׳.

11. כ״ש ממרן שליט״א.

12. מג״א או״ח סי׳ תקס״ח ס״ק כ׳.

13. שו״ת מנחת יצחק ח״א סי׳ פ״ג, כל בו שם אות י׳, עי׳ פרי ישרון עמו׳ 246 ונועם חלק כ״ג עמו׳ רכ״ג.

14. מג״א שם.

15. שערים מצויינים בהלכה סי׳ רכ״א אות ג׳, שו״ת חלקת יעקב ח״ב סי׳ ק״א, עי׳ כל בו שם אות י״ג.

16. רמ״א או״ח סי׳ תקס״ח סעי׳ ז׳, עי׳ כל בו שם אות י״א, וכעת ראיתי בקש״ע סי׳ רכ״א סעיף ג׳ שכתב דבאדר שני אין להשיג גבול אחרים ועי׳ עוד שו״ת אגרות משה יו״ד ח״ג סי׳ ק״ס.

17. שו״ת אגרות משה יו״ד ח״ג סי׳ ק״ס.

a18. ערוך השלחן או״ח סי׳ תקס״ח אות ט״ו, עי׳ מג״א ס״ק כ׳ דתליא באיזה יום שמרו היאָרצייט הראשון ואם הי׳ חשון חסר אז קובעים היאָרצייט לעולם בכ״ט לחשון, אמנם בקש״ע שם סעי׳ י׳ כתב דצריך להתפלל לפני העמוד בר״ח אם לא ישיג גבול אחרים ועי׳ בירור הלכה או״ח עמו׳ קכ״ט ושו״ת אגרות משה יו״ד ח״ג סי׳ קנ״ט, ראה ט״ז או״ח סי׳ תקס״ח ס״ק ד׳ שכתב דשומרים היארצייט ביום כ״ט חשון וראה עוד שערי תשובה סי׳ תקס״ח ס״ק ט״ז.

b18. שו״ת אגרות משה יו״ד ח״ג סי׳ קנ״ט, הנה בערוך השלחן או״ח סי׳ תקס״ח ס״ק ט״ו כתוב שצריך לשמור היארצייט ביום א׳ דראש חודש אדר וכן ראיתי בגשר החיים ח״א פרק ל״ב אות י׳ וכל בו פרק ה׳ סי׳ ד׳ אות י״א, עי׳ בירור הלכה או״ח ח״ג עמו׳ קל״ה לבירור הענין.

19. כל בו שם אות י״ב, עי׳ בירור הלכה ח״א עמו׳ קל״א ושערי תשובה סי׳ תקס״ח ס״ק ט״ז.

20. פ״ת יו״ד סי׳ ת״ב ס״ק ג׳, ראה שערי תשובה שם אמנם בילקוט יוסף פרק כ״ב סעי׳ י״ח כתוב שבשנה ראשונה צריך לשמור היארצייט ביום ששלמו השנים עשר חודש.

a21. פ״ת שם ס״ק ו׳, עי׳ כל בו שם אות ו׳ ואות י״א.

b21. רמ״א יו״ד סי׳ ת״ב סעי׳ י״ב, ש״ך שם ס״ק י״ב ועי׳ כל בו פרק ה׳ סי׳ ד׳ אות י״א ובירור הלכה או״ח ח״א עמו׳ קכ״ה לבירור הענין.

22. כל בו שם אות י״ב. עי׳ בירור הלכה ח״א עמו׳ קל״ג.

23. רמ״א יו״ד סי׳ שצ״ה סעי׳ ג׳ וסי׳ ת״ב סעי׳ י״ב.

24. פ״ת יו״ד סי׳ שצ״א ס״ק ח׳, כל בו שם אות ד׳.

25. ראה אות 20.

26. שו״ת שבט סופר יו״ד סי׳ ק״ז, כל בו שם אות ו׳, עי׳ ש״ך יו״ד סי׳ שצ״ה ס״ק ג׳.

27. ראה אות 23 ואות 24.
28. ראה אות 36.
29. רמ״א שם, עי׳ רמ״א או״ח סי׳ תקס״ח סעי׳ ז׳ שכתב דאם מת באדר בשנה פשוטה המנהג להתענות באדר ראשון בשנה מעוברת ויש מחמירין להתענות בב׳ אדרים, ועי׳ מג״א שם ס״ק כ׳, ש״ך יו״ד סי׳ ת״ב ס״ק י״א, שו״ת אגרות משה יו״ד ח״ג סי׳ ק״ס וכל בו פרק ה׳ סי׳ ד׳ אות י״א לבירור הענין.
30. כל בו שם אות 2.
31. שו״ע או״ח סי׳ תרפ״ו סעי׳ א׳, עי׳ כל בו פרק ה׳ סי׳ ד׳ אות ג׳ שכתב דבערב חנוכה אין להתענות, ועי׳ עוד משנה ברורה סי׳ תרפ״ו אות א׳ לבירור הענין.
32. ש״ך יו״ד סי׳ רמ״ו ס״ק כ״ז, עי׳ כל בו שם אות ג׳.
33. רמ״א יו״ד סי׳ ת״ב סעי׳ י״ב, עי׳ כל בו שם אות ג׳.
34. פ״ת שם סי׳ ת״ב ס״ק ה׳, עי׳ חזון למועד פרק כ״ט אות ו׳ ושו״ת יביע אומר ח״א או״ח סי׳ ל״ד.
35. פ״ת שם ס״ק ד׳, גשר החיים פרק ל״ב אות ז׳.
36. פ״ת שם, כל בו שם אות ג׳.
37. כל בו שם אות כ״ד, עי׳ רמ״א שם סי׳ שע״ו סעי׳ ד׳, עי׳ עוד שו״ת יחוה דעת ח״ה סי׳ נ״ט.
38. כל בו שם אות כ״א.
39. רמ״א שם, כל בו שם אות כ״ד, עי׳ דרכי החיים סי׳ ל״ד אות י״ב שיש נוהגין להתפלל גם קבלת שבת ופסוקי דזמרה.
40a. כל בו שם אות כ״ה, גשר החיים שם אות ב׳, אמנם בכל בו פרק ד׳ סי׳ ב׳ אות 25 כתב שבעל היאָרצייט קודם אפילו לבן ל׳.
40b. כ״ש ממרן שליט״א.
41. גשר החיים שם אות ב׳, עי׳ כל בו פרק ה׳ סי׳ ד׳ אות כ״ד שכתב דגם אם חל היארצייט בשבת יעלה למפטיר בשבת הקודם, עי׳ עוד שו״ת יחוה דעת שם.
42. רמ״א שם, כל בו שם אות ט״ו. עי׳ פרי ישורון ח״א עמו׳ 244 לבירור הענין.
43. מג״א או״ח סוף סי׳ רפ״ב.
44a. גשר החיים שם אות ב׳.
44b. שו״ת יביע אומר ח״ג או״ח סי׳ י״א.
45. כל בו שם אות ט״ו, עי׳ גשר החיים פרק ל׳ סי׳ י׳ אות ב׳ שבן ל׳ קו״ם לבעל יאָרצייט ויתן לבעל היאָרצייט להתפלל רק מאשרי ובא לציון אמנם באות ג׳ כתב שבעל היאָרצייט קודם לאבל תוך י״ב חודש. שוב מצאתי בקונטרס לתורה והוראה חוברת י׳ עמו׳ י״א שכתב מרן שליט״א דמי שהוא בתוך שלשים יש לו זכות קדימה לבעל היארצייט.
46a. כ״ש ממרן שליט״א.
46b. ראה מג״א סי׳ תקס״ח ס״ק כ׳ שכתב דבאלו הימים צריך ליתן לו קדיש אחד אולם באלי׳ רבה שם ס״ק ז׳ כתב שאין צריך ליתן לו הקדיש אלא באדר ראשון ועי׳ כל בו פרק ה׳ סי׳ ד׳ אות י״א.

c46. כ״ש ממרן שליט״א משום דאין הספק מוציא מהודאי אמנם בגשר החיים פרק ל״ב אות י׳ כתב דיכולים לדחותו באדר שני רק כשלא דחו אותו האבלים באדר ראשון וראה פרק 12 אות 16.

47. שו״ת אגרות משה יו״ד ח״ב סי׳ קע״ג אמנם בגשר החיים פרק ל׳ סי׳ י׳ אות ז׳ כתב דהשכרי שנותנים לו חלק בתפלות וקדישים, רק נותנים לו הנ״ל כלפי אבל תוך י״ב חודש אבל כלפי בן שלשים או יארצייט על אב או אם אין להם זכות כלל בתפלה ובשני הקדישים שאחר עלינו ואין כאלקינו.

48. כ״ש ממרן שליט״א שהראשון יש לו יותר זכות מהשני שהוא שליח מאחר.

49. כ״ש ממרן שליט״א משום דעיקר התקנה לשמור היארצייט ביום המיתה.

50. כ״ש ממרן שליט״א משום דהחיוב יותר על הודאי לשמור היארצייט.

51. כל בו שם אות י׳.

52. כל בו שם אות ט״ז.

53. גשר החיים פרק ל״ב אות ד׳, עי׳ כל בו שם שביום טוב מותר להדליקו בבית הכנסת ובאות 31 כתב שבשבת יבקש נכרי להדליקו, עי׳ עוד שו״ת ציץ אליעזר ח״ו סי׳ י׳ וח״ז סי׳ ל״ב שכתב דמותר להדליקו בבית הכנסת ביום שמזכירין בו הזכרת נשמות, ועי׳ עוד משנה ברורה סי׳ תקמ״ח אות ג׳ שכתב דצריך להדליק הנר ע״י נכרי כשאינו נהנה כלל מאור הנר. שוב ראיתי בשו״ת יביע אומר ח״ג יו״ד סי׳ י״ט שכתב דהמדקדקים נזהרים להנות מאורן אחר שמדליקים אותו.

54. מג״א או״ח סי׳ רס״א ס״ק ו׳.

55. כל בו שם ואות 32.

56. רמ״א או״ח סי׳ תר״י סעי׳ ד׳. עי׳ כל בו שם אות י״ז אם די להדליק נר אחד עבור אביו ואמו שנפטרו וראה אות 52.

57. כל בו שם אות 30.

58. כ״ש ממרן שליט״א הואיל וצריך להיות ניכר שהדליקו עבור היאָרצייט, עי׳ כל בו שם שמביא היתר להשתמש בנר חשמלי, וכן מצאתי בגשר החיים שם, עי׳ שו״ת יחוה דעת ח״ה סי׳ ס׳.

59. גשר החיים שם אות ה׳, כל בו שם אות י״ח.

60. גשר החיים שם.

61. כ״ש ממרן שליט״א הואיל והאר״י זלה״ה כתב שכדאי למנוע מלבקר קברים וכל שכן שאין חייב להוציא ממון הרבה בשביל זה.

62. גשר החיים שם, ונוהגים לומר פרקים הללו — ל״ג, ט״ז, י״ז, ע״ב, צ״ד, ק״ד, ק״ל, ואותיות שמו של הנפטר ואותיות נשמה מפרק קי״ט.

a63. ראה פרק 5 אות 49, עי׳ שו״ת יחוה דעת ח״ו סי׳ ה׳.

b63. גשר החיים שם.

64. כל בו שם אות י״ט, עי׳ גשר החיים שם שהיום לא נוהגין כן אפילו חוץ לד׳ אמות מהקברים.

65. ראה פרק 5 אות 16 ופרק 2 אות 38.

a66. כל בו שם אות 36, ועי׳ באות כ״ב שכתב שמי שמת קודם הוא, יקדים לכל דבר.

b66. שו״ת יביע אומר ח״ב או״ח סי׳ י״א ועי׳ שם שכתב דלנקבה נראה דצריך להזכיר שם האם.

67. כל בו שם אות 35, עי׳ שו״ת ציץ אליעזר ח״ז סי׳ מ״ט וחלק ט״ז סי׳ ל״ה, עי׳ עוד נועם חלק כ״ד עמו׳ רכ״ח.

68. כ״ש ממרן שליט״א שמשום כבודם יש להזכירם בפני עצמם.

69. כל בו שם אות כ״א.

70. שו״ת אגרות משה או״ח ח״ב סי׳ ע״ד, אמנם בכל בו פרק ג׳ סי׳ ד׳ אותיות י״ג-י״ד כתב שביום היאָרצייט יש לאמרו בכל עת, עי׳ אבן יעקב סי׳ ו׳-ז׳ בבירור הענין.

71. ראה פרק 5 אות 54.

72. כל בו שם אות י״א.

73. באר היטב או״ח סי׳ רכ״ד ס״ק ח׳, שו״ת יביע אומר ח״ד סי׳ ל״ה.

74. מג״א סי׳ תקפ״א ס״ק ט״ז, גשר החיים פרק כ״ט אות ט״ז.

75. כ״ש ממרן שליט״א דכל זמן שלא הסיח דעת מהקבר מותר לחזור שם, עי׳ באבן יעקב סי׳ מ״ד שמותר לבקר פעם שני׳ אם נתחדש לו דבר שרוצה לבקש ולא ידע מזה כשהלך שם בפעם ראשונה.

רשימת הספרים שהובאו בחיבור זה*

אבן יעקב — לר׳ אליעזר יהודה וולדינברג, אב״ד בירושלים
אלי׳ רבה — לר׳ אלי׳ שפירא זצ״ל, ר״מ בפראג
ארחות חיים — לר׳ נחמן כהנא זצ״ל, אב״ד ספינקא
באר הגולה — לר׳ משה רבקש זצ״ל, מווילנא
באר היטב — לר׳ זכרי׳ מענדל זצ״ל, אב״ד בעלז
באר היטב — לר׳ יהודה אשכנזי זצ״ל, דיין בטיקטין
ביאור הגר״א — לרבינו אליהו זצ״ל מווילנא
בירור הלכה — לר׳ יחיאל אברהם זילבר, מבני ברק
בית הילל — לר׳ הילל זצ״ל, אב״ד זאלקווי
בית לחם יהודה — לר׳ צבי הירש ב״ר עזריאל זצ״ל, מווילנא
ברכי יוסף — לר׳ חיים יוסף דוד אזולאי זצ״ל
גליון מהרש״א — לר׳ שלמה איגר זצ״ל, אב״ד פוזנא
גשר החיים — לר׳ יחיאל מיכל טוקצינסקי זצ״ל, מנהל הרוחני דישיבת עץ חיים בירושלים
דגול מרבבה — ראה שו״ת נודע ביהודה
דעת תורה — לר׳ שלום מרדכי הכהן שבדרן זצ״ל, אב״ד ברעזאן
דרכי החיים — לר׳ גרשון אפרים מארבער זצ״ל, מאנטווערפן
דרכי חיים ושלום — לר׳ חיים אלעזר שפירא זצ״ל, אב״ד מונקאטש
דרכי משה — ראה רמ״א
זכרון בצלאל — לר׳ שרי׳ דבליצקי, מבני ברק
זכרון ש״י — לר׳ משה קליין זצ״ל
חזון איש — לר׳ אברהם ישעי׳ קרליץ זצ״ל מבני ברק
חזון למועד — לר׳ חנוך זונדל גרוסברג, מירושלים
חידושי ר׳ ע׳ איגר — לר׳ עקיבא איגר זצ״ל, אב״ד פוזנא
חכמת אדם — לר׳ אברהם דאנציג זצ״ל מו״צ בווילנא
טורי זהב — לר׳ דוד הלוי זצ״ל, אב״ד אוסטרהא
ילקוט יוסף — לר׳ יצחק יוסף, ראש הכולל חזון עובדי׳ בירושלים
יסודי ישרון — לאאמו״ר ר׳ גדלי׳ פעלדער, אב״ד טאָראנטא
כל בו — לר׳ יקותיאל יהודה גרינוואלד זצ״ל, אב״ד קאלומבוס
כסף משנה — ראה שלחן ערוך
כף החיים — לר׳ יעקב חיים סופר זצ״ל מירושלים

---

*) לא השתמשתי בתוארים שלא לפגוע ח״ו בכבודם וכבר אמרו גדול מרבן שמו (תוס׳ עדיות פ״ג–ה״ד).

כתר כהונה — ראה כל בו
ליקוטי מאיר — לר׳ מאיר הלוי שטינברג זצ״ל, חבר ביה״ד בלונדון
לתורה והוראה — קונטרס לבירור בעיות בהלכה, ניו יארק
מאירת עינים — לר׳ יושע וולק כהן זצ״ל
מגן אברהם — לר׳ אברהם אבלי זצ״ל, מקאליש
מטה אפרים — לר׳ אפרים זלמן מרגליות זצ״ל, מבראדי
משנה ברורה — לר׳ ישראל מאיר הכהן זצ״ל, מראדין
מקראי קודש — ראה שו״ת הר צבי
נועם — שנתון לבירור בעיות בהלכה, ירושלים
נחלת צבי — ראה יסודי ישרון
נחמו עמי — לר׳ משה צבי נאה, מפתח תקוה
נקודות הכסף — ראה שפתי כהן
ערוך השלחן — לר׳ יחיאל מיכל עפשטיין זצ״ל, אב״ד נובהרדוק
פרי ישרון — ראה יסודי ישרון
פרי מגדים — לר׳ יוסף תאומים זצ״ל, אב״ד פראנקפורט דאדר
פתחי תשובה — לר׳ אברהם צבי הירש אייזענשטאט זצ״ל, אב״ד אוטיאן
קול דודי — לר׳ דוד פיינשטיין מניו יורק
קצור שלחן ערוך — לר׳ שלמה גאנצפריד זצ״ל, דיין באונגוואר
רמ״א — לרבנו משה איסרליש זצ״ל
רמב״ם — לרבנו משה בן מיימון זצ״ל
רמת רחל — ראה אבן יעקב
שאילת יעבץ — לר׳ יעקב זצ״ל מעמדין
שאילת ישרון — ראה יסודי ישרון
שו״ת אגרות משה — למור״ר ר׳ משה פיינשטיין, ר״מ דמתיבתא תפארת ירושלים בניו יארק
שו״ת בית יצחק — לר׳ יצחק יהודה שמעלקיש זצ״ל, אב״ד לבוב
שו״ת דברי ישראל — לר׳ ישראל וועלץ זצ״ל, ראב״ד בודאפעסט
שו״ת דברי מלכיאל — לר׳ מלכיאל צבי הלוי טננבוים זצ״ל, אב״ד לומזה
שו״ת דובב מישרים — לר׳ דוב בעריש ווידענפעלד זצ״ל, ר״מ דישיבת כוכב מיעקב בירושלים
שו״ת הר צבי — לר׳ צבי פסח פראנק זצ״ל, אב״ד ירושלים
שו״ת חלקת יעקב — לר׳ מרדכי יעקב ברייש, אב״ד ציריך
שו״ת חתם סופר — לר׳ משה סופר זצ״ל, אב״ד פרעסבורג
שו״ת יביע אומר — לר׳ עובדי׳ יוסף, רב הראשי לארץ ישראל
שו״ת יד יצחק — לר׳ אברהם יצחק גליק זצ״ל, אב״ד טאלטשווא
שו״ת ישכיל עבדי — לר׳ עובדי׳ הדאי׳ זצ״ל, חבר ביה״ד הגדול בירושלים
שו״ת לב ארי׳ — לר׳ ארי׳ ליב גרוסנס, חבר ביה״ד בלונדון
שו״ת מחזה אברהם — לר׳ אברהם מנחם הלוי שטיינבערג זצ״ל, אב״ד בראדי

שו״ת מלמד להועיל — לר׳ דוד צבי הופמאן זצ״ל, ראש ביהמ״ד לרבנים דברלין
שו״ת מערכי לב — לר׳ יהודה ליב צירלסין זצ״ל, אב״ד קעשינוב
שו״ת מנחת יצחק — לר׳ יצחק יעקב ווייס, ראב״ד בירושלים
שו״ת משפטי עזיאל — לר׳ בן ציון מאיר חי עזיאל זצ״ל, רב הראשי לארץ ישראל
שו״ת נודע ביהודה — לר׳ יחזקאל הלוי לנדא זצ״ל, אב״ד פראג
שו״ת ציץ אליעזר — ראה אבן יעקב
שו״ת קול מבשר — לר׳ משולם ראטה זצ״ל, אב״ד טשרנוביץ
שו״ת רבבות אפרים — לר׳ אפרים גרינבלט, ממעמפיס
שו״ת רבי עזריאל — לר׳ עזריאל הילדעסהיימער זצ״ל, אב״ד בברלין
שו״ת שבות יעקב — לר׳ יעקב רישא זצ״ל, אב״ד מיץ
שו״ת שבט סופר — לר׳ שמחה בונם סופר זצ״ל, אב״ד פרעסבורג
שו״ת שרידי אש — לר׳ יחיאל יעקב וויינברג זצ״ל
שו״ת תשובה מאהבה — לר׳ אליעזר פלעקלס זצ״ל, מפראג
שלחן ערוך — למרן ר׳ יוסף קארו זצ״ל
שערי תשובה — לר׳ חיים מרדכי מרגליות זצ״ל, אב״ד דובנא
שערים מצויינים בהלכה — לר׳ שלמה זלמן ברוין, רב בברוקלין, ניו יורק
שפתי כהן — לר׳ שבתי הכהן זצ״ל, מווילנא

GLOSSARY

Adar — The twelfth month in the Jewish year. In a leap year there are two months of Adar.
Aliyah — One who is called to the reading of the Torah.
Amud HaShachar — morning star.
Alos HaShachar — rising of the morning star.
Aninus — state of being an *onen*.
Asher Yatzar Eschem BaDin — blessing recited at graveside.
Ato Chonantonu — the prayer recited in *Shemoneh Esrei* at the conclusion of *Sabbos* or *Yom Tov*.
Av — the fifth month of the Jewish year.
Baal Koreh — one who reads aloud from the Torah for the congregation.
Bar Mitzvah — the thirteenth birthday of a boy, when he becomes obligated to perform all the *mitzvos*.
Beis HaMedrash — study hall.
Bimah — the table at the center of the synagogue generally used for the reading of the Torah.
Birchas Avaylim — the section added by mourners in Grace After Meals.
Birchas HaMozon — Grace After Meals.
Birchas HaShachar — the blessings recited at the start of the morning services.
Birchas HaTorah — blessings recited for Torah learning at the beginning of morning services or at an *aliyah*.
Birchas Kohanim — the Priestly blessing.
Boruch HaMavdil — prayer recited at the conclusion of *Shabbos* or *Yom Tov*.
Bracha — blessing.
Bris — circumcision performed on eighth day of boy's life.
B'somim — spices.
Chanukah — Festival of Lights.
Chevra Kadisha — the group of people who prepare the dead for burial.

Glossary

Chol HaMoed — the Intermediate Days of *Pesach* and *Succos*.
Choson Bereishis — first *aliyah* in reading beginning of the Torah on *Simchas Torah*.
Choson Torah — last *aliyah* in reading of Torah on *Simchas Torah*.
Chupah — wedding ceremony.
Dayan HaEmes — blessing one recites when one hears bad news.
Erev Pesach — the day preceding *Pesach*.
Erev Yom Tov — the day preceding the beginning of a holiday.
Esrog — one of the four *minim* used on *Succos*.
Gelilah — rerolling of *Sefer Torah* during the services before returning the Torah to the Ark.
Hagbah — the raising of a *Sefer Torah* during the services.
HaGomel — the blessing recited after having survived a dangerous circumstance.
Hakafos — custom of circling the synagogue seven times on *Simchas Torah*.
Halacha — the body of laws according to the Torah.
Hallel — additional Prayer of Praise recited on *Rosh Chodesh* and holidays.
HaMokim Yenachem Eschem — "may the L-rd comfort you amongst the other Mourners of Zion and Jerusalem," said to mourners upon taking leave of them during *shiva*.
Hareni Kaporas Mishkovo — "I should be his atonement," to be said after mentioning a deceased parent's name during the first year after death.
Havdalah — the prayer recited at the end of *Shabbos* and *Yom Tov*.
Kaddish — prayer recited by a child of the dead for eleven months after death or on the *Yahrzeit*.
Key Malochov — verse in Psalm 91.
Kiddush — small celebration tendered in honor of a joyous occasion.
Kiddush HaShem — sanctification of the Name of G-d referring to dying for Torah principles.
Kislev — the ninth month of the Jewish year.
Kittel — white overgarment in which the deceased is buried. It is also used during his lifetime on *Pesach* and *Yom Kippur*.
Kohen (Kohanim) — priest(s).
K'riah — the rending of garments.

Lulav — one of the four *minim* used on *Succos*.
Maariv — evening services.
Maftir — final portion in the reading of the Torah.
Mamzer — one born of certain marriages prohibited by the Torah.
Megillah — Book of Esther read on Purim.
Mikvah — a pool of water used for ritual immersion.
Milah — circumcision.
Mincha — afternoon services.
Minhag Ashkenaz — the laws or customs of Jews of European extraction.
Minyan — ten men who constitute a quorum.
Mitzvah (Mitzvos) — Torah precept(s).
Mohel — one who performs a circumcision.
Molei Rachamim — a memorial prayer.
Moras HaMachpelah — site of the graves of Abraham, Isaac, Jacob, etc.
Musaf — additional prayer recited on *Shabbos*, *Yom Tov* and *Rosh Chodesh*.
Nidus — laws concerning the menstrual cycle.
Nissan — the first month of the Jewish year.
Nusach — liturgical custom of prayer.
Omer — the counting of forty-nine days between *Pesach* and *Shevuos*.
Onen — a mourner from the time of death until burial.
Pesach — Passover.
Pesukei Dezimrah — all the Psalms recited at the beginning of the morning service.
Pesukim — verses from any part of the Torah.
Pidyon HaBen — redemption of the firstborn son.
Plag HaMincha — one hour and a quarter before sunset.
Rosh Chodesh — first day of the lunar month and sometimes the thirtieth day of the previous month.
Rosh HaShanah — the holiday celebrating the New Year.
Sandek — one who holds the infant during circumcision.
Seder — ceremonial meal on the first two nights of *Pesach*.
Sefer — book.
Sfirah — the seven weeks that are counted between *Pesach* and *Shevuos*.

Shabbos — the Sabbath.
Shacharis — morning prayers.
Sholom Zochor — celebration of the arrival of a son on the first Friday night after his birth.
Shalach Monos — the sending of food from one to another on Purim.
Shaliach Tzibbur — one who leads the congregation in prayer.
Shemini Atzeres — eighth day of *Succos*, considered a seperate holiday.
Shemoneh Esrei — main portion of the daily prayers recited silently in a standing position.
Sheva Brochos — the seven festive days celebrated for a bride and groom after marriage.
Shevat — the eleventh month of the Jewish year.
Shevuos — Pentacost, occurs seven weeks after *Pesach*.
Shin — second to last letter in the Hebrew alphabet.
Shiva — the seven days of mourning immediately after burial.
Shloshim — the thirty days immediately after burial.
Shnayim Mikroh — the custom of reviewing the weekly Torah portion: twice in the Hebrew and once in the *Onkelus* version.
Shofar — ram's horn blown on Rosh HaShanah.
Shushan Purim — day after Purim.
Simchas Torah — the holiday immediately following *Succos* celebrating the completion of the reading of the Torah.
Siyyum — celebration in honor of the completion of a specific portion of Torah learning.
Slichos — prayers added to the morning service in the days preceding *Rosh HaShanah* or on a fast day.
Succos — Tabernacles.
Sukkah — a hut built outside the home for use on *Succos*.
Tachnun — prayers after *Shemoneh Esrei*
Taharah — ritual preparation of the deceased for burial.
Talis — prayer shawl.
Talis Koton — four-cornered garment worn specifically for the mitzvah of tzitzis.
Tammuz — the fourth month of the Jewish year.
Tefillin — phylacteries.
Teves — the tenth month of the Jewish year.

Tisha B'Av — the ninth day of *Av*.
Tnayim — refers to engagement celebration.
Tumah — defilement.
Tzadik — righteous person.
Tzidduk HaDin — prayer recited at burial or immediately thereafter.
Tzitzis — fringes added to four-cornered garment.
Vidui — confession.
Yahrzeit — the annual commemoration of the day of death.
Yekum Purkon — prayer recited on *Shabbos* before *musaf*.
Yizkor — memorial prayer for the dead recited on the holidays before *musaf*.
Yishtabach — last prayer of *Pesukei Dezimrah*.
Yom Kippur — Day of Atonement.
Yom Tov — holiday.
Yosheiv B'seiser — Psalm 91.
Yud Bais Chodesh — the first twelve months after death.
Zemun — the verses added prior to *Birchas Hamozon* when recited by three or more men.
Zichrono Livrochah — "May his memory be blessed," to be said after mentioning the name of a deceased.

INDEX

Adoption
  kaddish, 138
  shiva, 82
Aliyah
  final recital of Kaddish, 141
  Shabbos, 98
  shiva, 95, 98
  Yahrzeit, 157
Asher Yatzar Eschem BaDin, 53
Autopsy, 40

Baal Koreh
  Shabbos, 141
  shiva, 98
  Yom Tov, 141
Bar Mitzvah
  shiva, 93
  shloshim, 124, 125, 126
Bride
  delayed news, 86
  funeral, 37
  Kohen, 75
  k'riah, 4
  onen, 14
  shiva 84, 85
  shloshim, 85, 120, 124, 125
  Yom Tov, 85
Bris
  Shabbos, 125
  shiva, 92
  shloshim, 125
  Yahrzeit, 157
  Yom Tov, 125
Business
  onen, 17
  shiva, 90

Candle
  Chol HaMoed, 88, 89
  respect for the dead, 28
  shiva, 88, 89
  Yahrzeit, 154, 158, 159
  Yizkor, 152
  Yom Tov, 88, 89
Casket, 35, 36, 41, 60
Cemetery, 53–63
  food, 54
  grass, 54
  greeting, 53
  Kohen, 72
  prayers, 54
  procession, 37
  smoking, 54
  tearing grass, 55
  Torah study, 54
  women, 39
  Yom Tov, 37
Cemetery workers' strike
  onen, 15
Changing clothes
  k'riah, 4, 8
  onen, 17
  Shabbos, 17, 93
  shiva, 89, 93
  Yom Tov, 93
Changing seat
  shiva, 98
  shloshim, 123
  Yom Tov, 94
Chanukah
  Hallel, 99
  meal of condolence, 88
  onen, 19
  shiva, 95
  shloshim, 127
Chol HaMoed
  candle, 88, 89
  delayed news, 86, 119
  festive occasions, 94
  interment, 93, 94

k'riah, 5, 18
leading the services, 99
marital relations, 93
meal of condolence, 88
onen, 21
reinterment, 62
shloshim, 119, 120
tearing grass, 55
Convert
   gravesite, 57
   k'riah, 3
   shiva, 81, 82
Cremation, 42, 59

Dayan HaEmes, 1–2
Delayed news, 85–87, 127–128
   bride and groom, 86
   Chol HaMoed, 86, 119
   Dayan HaEmes, 1–2
   death after sunset, 87
   k'riah, 15
   meal of condolence, 128
   removal of shoes, 128
   Shabbos, 86, 128
   shaving, 128
   shloshim, 87
   sitting on low stool, 128
   Tefillin, 85, 86
   time zone, 87
   Yom Tov, 86, 128
   yud bais chodesh, 128
Death after sunset
   delayed news, 87
Divorce
   funeral, 38
   k'riah, 3
   onen, 14
   shiva, 81

Embalming, 42
Eruv Pesach
   meal of condolence, 88
   shiva, 95
   shloshim, 121

siyyum, 95
Eruv Shabbos
   meal of condolence, 88
   onen, 17
   shiva, 92
Eruv Yom Tov
   meal of condolence, 88
   shloshim, 120
Eulogy, 39–40
   Molei Rachamim, 40
   monument, 146
   onen, 16, 39
   Pesach, 39
   reinterment, 62
   Shabbos, 40
   Shevous, 39
   Succos, 39
   synagogue, 39
   Tachnun, 39
   Yom Tov, 37, 40

Festive Occasion
   Chol HaMoed, 94
Food
   cemetery, 54
Footwear, 40
Funeral, 36–39
   bride and groom, 37
   divorced person, 38
   infant, 37
   minyan, 38
   non-Jewish service, 38
   pregnant woman, 38
   procession, 37
   Shabbos, 37
   Torah study, 38
   Yom Kippur, 37
   Yom Tov, 37

Gossip, 41
Grass
   cemetery, 54
   gravesite, 160
Gravesite, 54, 55

ceremony, 55, 56, 57
convert, 57
grass, 160
infant, 56
mixed marriage, 57
reinterment, 60, 61, 62
Shabbos observer, 57
spouse, 57
Yahrzeit, 159
Greeting
 cemetery, 53
 onen, 16
 Shabbos, 96
 shiva, 101, 102
 shloshim, 126
Groom, refer to Bride

Haircutting
 onen, 16, 17
 shloshim, 121, 122, 125
Hallel
 Chanukah, 99
 prayers, 98, 99
 Rosh Chodesh, 98, 99
 Shabbos, 99
Hired person
 Kaddish, 137, 138, 139

Incubator
 k'riah, 4
 onen, 15
Infant
 circumcision, 58
 Dayan HaEmes, 1, 2
 funeral, 37
 gravesite, 56
 Kaddish, 58
 Kohen, 73, 75
 k'riah, 4
 milah, 58
 name, 58
 onen, 15
 procession, 58
 respect for the dead, 30

Rosh HaShanah, 58
Taharah, 31
Yom Tov, 58, 59
Interment
 ashes, 59
 blood, 59
 Chol HaMoed, 93, 94
 shovel, 55
 tearing grass, 55
 Yom Tov, 93, 94

Kaddish, 137–141
 adoption, 138
 hired person, 137, 138, 139
 infant, 58
 informing son, 137
 minor, 138
 minyan, 56, 140
 missing corpse, 138
 monument, 146
 non-member, 140
 onen, 16
 reinterment, 62
 Shabbos, 100
 shiva, 92, 97
 suicide, 138
 Torah study, 140
 travel, 141
 twelfth month, 137
 Yahrzeit, 157, 158
Kittel
 onen, 19
 Pesach, 123
 Rosh HaShanah, 123
 shrouds, 35
 Yom Kippur, 123
Kohen, 72–76
 airplane, 73
 armed forces, 73
 ashes, 74
 Bircas Kohanim, 141
 bride and groom, 75
 cemetery, 72
 doctor, 73

funeral chapel, 74
hospital, 72
infant, 73, 75
limb, 75
location of grave, 75
minor, 75
mamzer, 74
monument, 74
museum, 73
non-Jew, 73
non-relative, 76
onen, 18, 20
organ, 75
pregnant woman, 74
reinterment, 75
Shabbos, 74
shiva, 81
suicide, 75
transplant, 74
K'riah, 3–9
  bride and groom, 4
  changing clothing, 4, 8
  Chol HaMoed, 5, 18
  convert, 3
  Dayan HaEmes, 1
  delayed news, 5
  divorce, 3
  incubator, 4
  infant, 4
  interment in Israel, 4
  mental illness, 8
  minor, 5
  missing corpse, 5
  physical infirmity, 3
  reinterment, 5
  rented garments, 4
  respirator, 4
  ribbon, 3
  Shabbos, 5, 9
  suicide, 4
  utensil, 6, 7
  work clothes, 7
  Yom Tov, 5, 9

Leading the services
  Chol HaMoed, 99
  Purim, 99
  Shabbos, 99
  shiva, 100
  shloshim, 138
  Yahrzeit, 155, 157, 158
  Yom Tov, 99
  Yud bais chodesh, 138

Marital relations
  Chol HaMoed, 93
  onen, 17
  shloshim, 124
  Yom Tov, 93
Meal of condolence, 87–88
  Chanukah, 88
  Chol HaMoed, 88
  delayed news, 128
  Eruv Pesach, 88
  Purim, 88
  Rosh Chodesh, 88
  Shabbos, 88
  Yom Tov, 88
Milah,
  infant, 58
  onen, 20
Minor
  Kaddish, 138
  Kohen, 75
  k'riah, 5
  minyan, 96
  monument, 148
  onen, 14
  respect for the dead, 30, 35
  shiva, 82
  shloshim, 120
  Yahrzeit, 154, 160
  Yizkor, 152
  Yud bais chodesh, 120
Minyan
  funeral, 38
  Kaddish, 56, 140

Index

minor, 96
onen, 16
reinterment, 62
respect for the dead, 28
shiva, 96
Yahrzeit, 159
Yizkor, 151
Missing corpse
  Kaddish, 138
  k'riah, 5
  monument, 147
  onen, 15
  reinterment, 62
  shiva, 81
Mixed-marriage
  gravesite, 57
Molei Rachamim
  eulogy 40
  monument, 146
  shiva, 97
  Yahrzeit, 157, 159, 160
Monument, 146–148
  Asher Yatzar Eschem BaDin, 53
  benefit from, 147
  deceased spouse, 146
  double monument, 147
  English date of death, 147
  erection, 146, 147
  eulogy, 146
  inscription, 147, 148
  Kaddish, 146
  Kohen, 74
  minor, 148
  Mishnayos, 146
  missing corpse, 147
  Molei Rachamim, 146
  name, 147
  photograph, 147
  planting flowers, 148
  planting grass, 148
  Tachnun, 146
  unknown grave, 148
  Yom Tov, 146

Moras HaMachpelah, 53
Non-Jewish service, 38
Onen
  Asher Yatzar Eschem BaDin, 53
  beverage, 17
  bride and groom, 14, 21
  business, 17
  cemetery workers' strike, 15
  changing clothes, 17
  Chanukah, 19
  Chol HaMoed, 21
  Dayan HaEmes, 1
  divorce, 14
  Eruv Shabbos, 17
  eulogy, 16, 39
  greeting, 16
  haircutting, 16, 17
  incubator, 95
  infant, 15
  Kaddish, 16
  kittel, 19
  Kohen, 18, 20
  marital relations, 17
  meat, 16, 17
  milah, 20
  minor, 14
  minyan, 16
  missing corpse, 15
  mitzvos, 15, 16
  Omer, 19
  Pesach, 19
  prayers, 15–21
  Purim, 19, 21
  redemption of first born, 20
  reinterment, 15
  search for leven, 19
  Shabbos, 17
  shaving, 17
  shiva, 19
  Simchas Torah, 19
  spices, 17
  Succos, 18

suicide, 15
Tefillin, 15, 16, 20–21
Tisha B'Av, 19
Torah study, 16, 17, 18
transferal of corpse, 14, 15
travel, 15, 16
wedding, 17
Yahrzeit, 16
Yom Kippur, 18
Yom Tov, 18, 21
Orphan
  Kaddish, 138

Pesach
  eulogy, 39
  kittel, 123
  onen, 19
  Seder, 123
  shiva, 94
  Yizkor, 151
Prayers
  cemetery, 54
  Hallel, 98, 99
  Motzoei Shabbos, 100
  new moon, 100
  onen, 15–21
  respect for the dead, 28, 30
  Shabbos, 92, 99
  shiva, 97, 98, 99
  Slichos, 99
Pregnant woman
  funeral, 38
Procession
  cemetery, 37, 38
  infant, 58
Purim
  condolence, 101
  leading the services, 99
  meal of condolence, 88
  onen, 19, 21
  shiva, 95, 96
  shloshim, 126

Redemption of first born
  onen, 20
  shiva, 92
  shloshim, 125
  Yahrzeit, 157
Reinterment, 60–63
  Chol HaMoed, 62
  eulogy, 62
  gravesite, 60, 61, 62
  Kaddish, 62
  Kiddush Hashem, 60
  Kohen, 75
  k'riah, 5
  minyan, 62
  misplacing of corpse, 60
  missing corpse, 62
  onen, 15
  removal of earth, 62
  shiva, 62
  Tefillin, 62
  Yom Tov, 62
Respect for the dead, 28–42
  candle, 28
  infant, 30
  minor, 30, 35
  minyan, 28
  mirror, 29
  prayers, 28, 30
  Shabbos, 29, 30
  spilling liquids, 29, 30
  suicide, 30
  Tefillin, 30
  Torah study, 30
  viewing deceased, 36
  watching deceased, 30, 42
  Yom Tov, 30
Respirator
  k'riah, 4
Rosh Chodesh
  Hallel, 98, 99
  meal of condolence, 88
  Yahrzeit, 155,–156

Index

Rosh HaShanah
  infant, 58
  kittel, 123
  shiva, 94

Sefer Torah, 98
Shabbos
  Aliyah, 98
  Asher Yatzar Eschem BaDin, 53
  Baal Koreh, 141
  Bris, 125
  changing clothes, 17, 93
  condolence, 100
  Dayan HaEmes, 1
  delayed news, 86, 128
  eulogy, 40
  funeral, 37
  greeting, 96
  Hallel, 99
  Kaddish, 100
  Kohen, 74
  k'riah, 5, 9
  leading the services, 99
  meal of condolence, 88
  onen, 17
  prayers, 92, 99
  respect for the dead, 29, 30
  shiva, 92
  shloshim, 120, 123
  Torah study, 92
  Yahrzeit, 157, 158
  Yizkor, 151
Shalom Zochor
  shiva, 93
  shloshim, 126
Shaving
  delayed news, 128
  onen, 17
  shloshim, 121, 125
Shemini Atzeres
  shiva, 94
  Yizkor, 151

Shevous
  eulogy, 39
  shiva, 94
  Yizkor, 151
Shiva, 80–102
  adoption, 82
  aliyah, 95, 98
  Baal Koreh, 98
  Bar Mitzvah, 93
  bathing, 89
  bed, 90
  bride and groom, 84, 85
  Bris, 92
  business, 90
  candle, 88, 89
  changing clothes, 89
  changing seat, 98
  Chanukah, 95
  child care, 91
  combing hair, 90
  commencement, 80, 81
  conclusion, 80
  convert, 81, 82
  cosmetics, 89
  Dayan HaEmes, 2
  divorce, 81
  Eruv Pesach, 95
  Eruv Shabbos, 92
  gifts, 96
  greeting, 101, 102
  haircutting, 89
  illness, 82
  jewelry, 90
  Kaddish, 92, 97
  Kiddush, 93
  Kohen, 81
  laundering, 89, 91
  leading the services, 100
  letter, 83
  marital relations, 90
  minor, 82
  minyan, 96

mirror, 89
missing corpse, 81
Molei Rachamim, 97
music, 92
nailcutting, 89
objects in mourner's home, 96
observance, 81, 82
onen, 19
Pesach, 92
prayers, 97, 98, 99
primary mourner, 83, 84
Purim, 95, 96
redemption of first born, 92
reinterment, 62
Rosh HaShanah, 94
Shabbos, 92
Shalom Zochor, 93
shaving, 89
Shemini Atzeres, 94
Shevous, 94
shloshim, 93, 94
shoes, 90
sitting position, 90
Succos, 94, 95
suicide, 82
Tachnun, 97
Tisha B'Av, 95
Torah study, 92
travel, 82
wedding, 92
Yahrzeit, 98
Yom Kippur, 94
Yom Tov, 93
Shloshim, 119–129
  Bar Mitzvah, 124, 125, 126
  bathing, 121
  bride and groom, 85, 120, 124, 125
  Bris, 125
  cafeteria, 110
  changing of seat, 123
  Chanukah, 127
  Chol HaMoed, 119, 120
  clothes, 122, 123
  combing hair, 122
  convention, 126
  cosemtics, 121
  delayed news, 87
  entertainment, 123
  Eruv Pesach, 121
  Eruv Yom Tov, 120
  furniture, 123
  gifts,
  greeting, 126
  haircutting, 121, 122, 125
  household utensils, 123
  Kiddush, 126
  laundering, 123
  leading the services, 138
  leap year, 119
  marital relations, 124
  minor, 120
  music, 123
  nailcutting, 122
  painting, 123
  parties, 124, 126
  Purim, 126
  redemption of first born, 125
  Sfirah, 119
  Shabbos, 120, 123
  Shalom Zochor, 126
  shaving, 121, 125
  Sheva Brochos, 125
  shiva, 93, 94
  siyyum, 128
  Three weeks, 119
  travel, 127
  wedding, 125
  Yom Tov, 120, 121
Simchas Torah
  onen, 19
Siyyum
  Eruv Pesach, 95
  shloshim, 128
  Yahrzeit, 157
  Yud bais chodesh, 128
Spouse
  gravesite, 57

Yizkor, 152
Succos
  eulogy, 39
  onen, 18
  shiva, 94, 95
Suicide
  Kaddish, 138
  Kohen, 75
  k'riah, 4
  onen, 15
  respect for the dead, 30
  shiva, 82
  Yizkor, 151
Synagogue
  eulogy, 39

Tachnun
  eulogy, 39
  monument, 146
  shiva, 97
  Tzidduk HaDin, 56
  Yahrzeit, 157
Taharah, 31–34
  compensation, 31
  decomposition of corpse, 31
  hemorrhaging, 32
  infant, 31
  non-Jew, 41
  organ, 36
  relatives, 31
Tearing grass
  cemetery, 55
  Chol Hamoed, 55
  interment, 55
  Yom Tov, 55
Tefillin
  delayed news, 85, 86
  onen, 15, 16, 20, 21
  primary mourner, 84
  reinterment, 62
  respect for the dead, 30
Time Zone, 86, 87
Tisha B'Av
  onen, 19

shiva, 95
Tzidduk HaDin, 56
Torah study
  cometery, 54
  funeral, 38
  Kaddish, 140
  onen, 16, 17, 18
  respect for the dead, 30
  Shabbos, 92
  shiva, 92
Transplants, 40
Tumah, refer to Kohen
Tzidduk HaDin, 55–57

Washing hands, 54
Wedding
  cantor, 127
  onen, 17
  rabbi, 127
  shiva, 92
  shloshim, 125
  Yahrzeit, 156

Yahrzeit, 154–160
  Aliyah, 157
  Bris, 157
  candle, 154, 158, 159
  deceased spouse, 154
  different time zone, 155
  fast, 156
  gravesite, 157
  Kaddish, 157, 158
  leading the services, 155, 157, 158
  leap year, 156
  minor, 154, 160
  minyan, 159
  Mishnayos, 159
  Molei Rachamim, 156, 159, 160
  onen, 16
  redemption of first born, 157
  Rosh Chodesh, 155, 156
  Shabbos, 157, 158
  shiva, 98

siyyum, 157
sunset, 155
Tachnun, 157
travel, 154
unknown day, 155
wedding, 156
Yom Kippur, 159
Yom Tov, 157, 158, 159
Yizkor, 151–152
Yom Kippur
    funeral, 37
    kittel, 123
    onen, 18
    shiva, 94
    Tzidduk HaDin, 56
    Yahrzeit, 159
    Yizkor, 151
Yom Tov
    Asher Yatzar Eschem BaDin, 53
    Baal Koreh, 141
    bride and groom, 85
    Bris, 125
    candle, 88, 89
    cemetery, 37
    changing clothes, 93
    changing seat, 94
    condolence, 100
    Dayan HaEmes, 1
    delayed news, 86, 128
    eulogy, 37, 40
    festive occasion, 93
    funeral, 37
    infant, 58, 59
    interment, 93, 94
    k'riah, 5, 9
    leading the services, 99
    marital relations, 93
    meal of condolence, 88
    monument, 146
    onen, 18, 21
    parts of corpse, 59
    reinterment, 62
    respect for the dead, 30
    shiva, 93
    shloshim, 120, 121
    tearing of grass, 55
    Yahrzeit, 157, 158, 159
Yud bais chodesh
    delayed news, 128
    guest of honor, 128
    HaReni Kaporos Mishkovo, 129
    leading the services, 138
    minor, 120
    siyyum, 128
    zichrono livrochah, 129

לוח ראשי תיבות

או"ח — אורח חיים
אע"פ — אף על פי
ד"ה — דיבור המתחיל
חו"מ — חושן המשפט
ח' — חלק
ט"ז — טורי זהב
יד"ח — ידי חובתו
יו"ד — יורה דעה
כ"ש — כך שמעתי
מג"א — מגן אברהם
נקה"כ — נקודות הכסף
סי' — סימן
סעי' — סעיף
ס"ק — סעיף קטן
עי' — עיין
ע"ע — עיין עוד

ע"י — על ידי
עכ"פ — על כל פנים
עמו' — עמוד
ע"פ — על פי
פרמ"ג — פרי מגדים
פ"ת — פתחי תשובה
צה"כ — צאת הכוכבים
ק"ש — קריאת שמע
קש"ע — קיצור שלחן ערוך
רוה"פ — רוב הפוסקים
ר"ח — ראש חודש
רמ"א — רבנו משה איסרליש
שו"ע — שלחן ערוך
שו"ת — שאלות ותשובות
ש"ך — שפתי כהן
שמו"ע — שמונה עשרה

תפארת בנים אבותם

לזכר ולעילוי נשמות

אמי מורתי החשובה, הצנועה והחסודה

הרבנית **הענא אידל** בת הרב הגאון ר׳ **ישכר דוב** ע״ה

שנלקחה מאתנו במבחר ימיה

והיתה ידועה לתהלה ולתפארת, מהני נשי שנטרין לברייהו עד דאתי מבי רבנן

נפטרה יום ד׳, כ׳ אדר ב׳, שנת תשל״ח

זקני הגדול בתורה ויראה ומעשים טובים מגזע ישרים ומתלמידי גאוני הדור

הרב הגאון ר׳ **ישכר דוב** בן מוה״ר **אהרן** זצ״ל

למשפחת **טייכנר**

אשר השקיע מכוחותיו בי וגם הי׳ לי לעזר ולסעד בכל עדן ועדן

למען אוכל להגיע עד הלום

הי׳ רב דביהכ״נ שארית ישראל, בראנקס, נוא יארק

נפטר יום א׳, ט״ז מר חשון שנת תשל״ד וזי״ע

סבתי הצדקת הרוממה, הצנועה והחסודה

הרבנית **עטיא חי׳** בת ר׳ **דוד** ע״ה

נפטרה ע״ש, י״ח ניסן, שנת תש״נ

זקני נדיב לב ויקר רוח, רודף צדקה וחסד

ר׳ **צבי** בן ר׳ **יוסף ארי׳** ז״ל

למשפחת **פעלדער**

נפטרה עיוה״כ, שנת תשכ״ט

ולסבתי הדגולה, החשובה והצנועה

מרת **אסתר ליפשא** בת הרב **גדליהו הלוי** ע״ה

נפטרה ה׳ אדר, שנת תרפ״ד

תהא נשמתם צרורות בצרור החיים

ספר זה מוקדש

לזכר נשמת

ר׳ אהרן ב״ר שלמה אדלער ז״ל
נפטר י״א מנחם אב, שנת תרפ״ז

ולזכר נשמות הקדושות שנהרגו על קדוש השם בימי הזעם
על ידי הרשעים הארורים ימח שמם במחנות דאכאו ובוכנוואלד
ה׳ ינקום דמם

ר׳ יונה ב״ר יהודה משה בלום ז״ל
מרת ריז בת ר׳ יעקב בלום ע״ה
מרת בתי׳ בת ר׳ יוסף אדלער ע״ה

ארץ אל תכסי דמם — ינקום ד׳ נקמת דם עבדיו השפוך

תהיינה נשמותיהם צרורות בצרור החיים

מעומקא דלבא אביע תודתי החמה לחותני ר׳ משה אדלער נ״י
ורעיתו גיטל תחי׳ על עזרתם הנפלאה להוצאות הדפוס.

ישלם ד׳ פעלם ובכל אשר יפנו יצליחו לטובה וברכה וירוו רוב נחת
מכל יוצאי חלציהם

התודה וברכה לקרן התורה דוואשינגטאן הייטס, נוא יארק

לזכרון עולם יוחק בספר

דודתי החשובה עדינת הנפש

מרת **רחל לאה** בת ר' **מאיר** ע"ה

למשפחת **פעלדער**

שנלקחה מאתנו במבחר ימיה והשיבה נשמתה ליוצרה

ביום שבת קודש, י"ח אדר, שנת תשמ"ב

תהא נשמתה צרורה בצרור החיים

מעמק הלב אביע בזה הכרת טובה

לדודי היקר, עושה צדקה וחסד בכל עת

ר' **יעקב פעלדער** נ"י

שנדב להוצאת הספר תרומה נכבדה ברוח נדיבה לזכר נשמתה, יתברך משמים בברכה והצלחה ונחת מיוצ"ח שיחיו וימלא ה' כל משאלות לבו לטובה ולברכה.

ולז"נ אביו נדיב לב יקר רוח

ר' **צבי** ב"ר **יוסף ארי'** ז"ל

נפטר עיוה"כ, שנת תשכ"ט

ולז"נ אמו הדגולה והחסודה

פרידא בת ר' **יעקב** ע"ה

נפטרה ט' שבט, שנת תשל"ח

תהא נשמתם צרורות בצרור החיים

מזכרת עולמים

לז"נ ר' **ברוך מרדכי** כ"ר **ראובן הלוי** ז"ל

נפטר ו' תמוז שנת תשכ"ג

ולז"נ **יענטא** בת ר' **צבי הירש** ע"ה

נפטרה י"ז סיון, שנת תשל"ד

ולז"נ **שרה** בת ר' **ברוך מרדכי הלוי** ע"ה

נפטרה י' ניסן, שנת תשכ"ח

ולז"נ **ראובן** ב"ר **ישראל הלוי** ז"ל

נפטר י"א שבט, שנת תרצ"ז

תהא נשמתם צרורות בצרור החיים

הציב להם זכרון

ע"י דודי היקר והנכבד מאד

הרב **משה סעלעוואן** ומשפחתו